DISRUPTION LIVE

DISRUPTION LIVE

POUR EN FINIR AVEC LES CONVENTIONS

par Jean-Marie Dru

et ses collaborateurs

Adaptation française Pascal Dupont

Village Mondial

L'édition originale de cet ouvrage a été publiée aux États-Unis par John Wiley & Sons, Inc., New York, sous le titre **Beyond Disruption**.

ISBN : 2-7440-6035-6

à
M.-V.,
P.-M.,
F.-M.,
N.,
C.
et
M.

« Quand le changement
au sein d'une institution
se fait plus lent que
le changement à l'extérieur,
la fin n'est pas loin.
La seule question est alors :
Quand ? »

JACK WELCH

Pour en finir avec les conventions

DISRUPTION

LIVE

Ouvrage collectif sous la direction de Jean-Marie Dru

LA DISRUPTION

Plus qu'un mot,
plus qu'un livre,
plus qu'une méthode,
c'est un mode de pensée.

C'est une nouvelle façon d'être encore mieux au service de nos clients
et de leur signaler de nouvelles opportunités.

Une façon de définir comment les marques devraient se développer.

L'objectif au travers duquel notre réseau devrait être vu dans le monde.

La manière dont nos agences devraient travailler jour après jour.

C'est penser dans l'audace,
vendre des idées téméraires,
générer des profits étonnants pour nos clients.

La Disruption implique la destruction des choses acquises
et leur remplacement par quelque chose de nouveau et d'osé.

C'est peut-être ce que l'on a à vendre de plus puissant,
peut-être ce que tout le monde attend de nous.
Ce qui nous définit le mieux.

Lee Clow

Think different.

La Disruption est née au début des années 1990.

La méthode fut initialement conçue par notre agence de publicité parisienne. Elle était destinée à produire des stratégies plus provocantes, donner aux marques plus de substance et de poids, et les amener à rompre avec les situations établies. À créer une « disruption », en somme.

Rapidement, la Disruption s'est révélée plus importante que nous l'avions envisagée, plus large, en tout cas, que le simple conseil en publicité. Elle est apparue pertinente pour la vie des affaires au sens large – pour la gestion des marques, mais aussi des entreprises. Peu à peu, elle a évolué vers un mode de pensée qui encourage les entreprises à créer et à gérer le changement à tous les niveaux de leur organisation.

Notre source d'inspiration est venue de quelques réussites du monde des affaires, d'exemples de marques qui avaient réalisé des croissances exponentielles dans un environnement pourtant stagnant. Toutes partageaient quelques traits communs. Toutes avaient battu en brèche les conventions de leur secteur, d'une manière ou d'une autre, soit dans l'innovation produit, soit dans l'attitude marketing ou dans la publicité. Et toutes exprimaient très clairement la direction dans laquelle elles s'étaient engagées.

La Disruption a été mise au point comme un moyen de remettre en cause le statu quo, de contester l'ordre établi.

Notre premier livre, **Disruption**[1], livrait les principes de la méthodologie. Ce second tome dévoile la Disruption appliquée, la Disruption en action. Les années qui séparent les deux livres ont permis de vérifier l'efficacité de la méthode. En regardant comment l'idée a évolué dans la pratique, vous pourrez plus facilement envisager les modes d'application de la Disruption dans votre entreprise, quel que soit votre domaine d'activité.

Dès le départ, la Disruption a été pensée comme un processus en trois temps :

Convention **Disruption** **Vision**

On commence par identifier la somme des Conventions qui inhibent la pensée et l'imagination, pour mieux les mettre en pièces au travers d'une idée radicalement nouvelle et inattendue. C'est le travail de la Disruption. Mais cette étape ne peut être franchie que si l'on possède une Vision à terme, c'est-à-dire une intention claire de la direction vers laquelle aller et le chemin à couvrir dans l'avenir.

Telle est, résumée, la formule imaginée il y a quelques années. À travers ce nouveau livre, vous allez voir que le concept a évolué jusqu'à développer une culture qui lui est propre. Les prochaines deux cents pages contiennent des dizaines d'exemples de disruptions. Parmi les plus connues sur le plan international, on peut citer, chez nos clients, celles réalisées pour Absolut, Apple, Nissan depuis les États-Unis, Sony PlayStation des deux côtés de l'Atlantique, McDonald's, TAG Heuer et Danone en Europe.

Chacun de ces cas est détaillé dans le chapitre « Sept cas de Disruption ».

En attendant, quelques mots sur chacun.

En se présentant comme une marque de produit à la mode, plutôt qu'une simple marque d'alcool, la vodka **Absolut** incarne la Disruption depuis sa création. Elle a résisté à l'approche classique qui consiste à vanter la provenance du produit et sa tradition. Vingt ans plus tard, après des centaines de publicités et autant d'opérations de relations publiques comme le sponsoring artistique, la marque s'est hissée parmi les toutes premières au monde, avec un prix moyen supérieur de 20 % à celui de ses concurrents.

Apple est l'entreprise qui invente les « outils pour les esprits créatifs ». Cette stratégie se trouve synthétisée dans la campagne « Think different », qui met en scène certains des plus grands visionnaires du 20e siècle, Picasso, Einstein, John Lennon, Martin Luther King, Gandhi, Mohammed Ali ou Richard Branson. Ce sont des gens qui, comme le rappelle la voix off, « ... n'aiment pas trop les règles et n'ont que très peu de respect à l'égard des choses établies ». Ce sont eux qui changent la physionomie du monde.

La campagne Apple est emblématique à double titre. D'un côté, elle rompt avec le discours publicitaire habituel, convenu. En adoptant une posture qui lui est unique, la marque se démarque. De l'autre, en encourageant chacun de nous à faire preuve de créativité, Apple nous fait partager sa vision du monde.

Apple place ainsi la barre très haut, nous encourageant à élever notre propre façon de voir les choses. « Think different » aurait d'ailleurs constitué une excellente devise pour le concept de Disruption.

Nissan, à nouveau désireux d'être reconnu comme le fabricant d'automobiles japonais le plus brillant, a inauguré aux États-Unis, puis exporté au Japon et en Europe, une architecture de campagne exclusive. Chaque lancement de modèle est précédé par une prise de parole de designers en chef, tels Jerry Hirshberg aux États-Unis, ou Shiro Nakamura au Japon. Les designers ont donné peu à peu une voix à une société sans visage. En attendant que les modèles complètement nouveaux, telle la Z aux États-Unis, prennent le relais. En deux ans, l'image de Nissan aux États-Unis et au Japon a repris des couleurs. Un cas d'école est en train de s'écrire.

PlayStation occupait la troisième position sur son marché, après Sega et Nintendo. En contournant la convention selon laquelle les jeux sur console sont réservés aux enfants et aux jeunes adolescents, Sony a affirmé que sa PlayStation représentait bien plus qu'un jeu, une expérience au sens le plus large, quasiment un mode de vie. Ce faisant, Sony s'appropriait la force que représente l'univers des jeux, sans limiter sa cible en âge. Aujourd'hui, la PlayStation est leader du marché avec 82 millions d'unités vendues à travers le monde, donnant raison à la signature : « Ne sous-estimez pas le pouvoir de PlayStation. »

En France, **McDonald's** a décidé de ne plus rester silencieux sur le plan institutionnel. Après les crises de la vache folle et de la fièvre aphteuse, l'entreprise a lancé à partir de 1999 une série de messages concernant la valeur nutritionnelle de ses menus pour les enfants. Plus récemment, elle a répondu aux critiques qui lui étaient adressées quant à l'« exploitation » abusive de ses jeunes employés. Cette approche est en rupture avec la réserve habituelle de McDonald's. Il faut comprendre que les Français aiment la marque McDonald's (les Big Mac, les Happy Meals, l'ambiance des restaurants...), mais n'aiment pas trop l'entreprise. La nouvelle prise de parole, au plan institutionnel, provient du constat qu'on ne peut plus faire vivre la marque indépendamment de l'entreprise. On ne peut isoler l'une de l'autre. Pour la direction de McDonald's, ce constat est un tournant.

De simple fabricant de montres de sport à la mode, **TAG Heuer** est devenu une marque de luxe. Entre temps, la marque, qui célébrait la performance physique, s'est mise à vanter la force mentale et le pouvoir de l'esprit. Son image de marque s'est valorisée et le prix moyen des modèles a plus que doublé, entraînant l'augmentation des profits que l'on devine.

L'endroit de France où l'on effectue le plus de recherches sur les liens entre santé et alimentation est l'Institut Danone, créé sur notre recommandation. L'objectif était, bien sûr, de mettre en évidence l'engagement concret de l'entreprise dans le domaine de la santé. Dans les années qui ont suivi, la marque est devenue la marque préférée des Français, toutes catégories de produits confondus. Et **Danone** a été l'une des rares grandes marques à voir sa part de marché progresser sur celle des marques de distributeurs. Les campagnes sur l'Institut avaient donné encore plus de poids à la marque.

Autant d'exemples, autant de disruptions.

Une étude du **Financial Times** révèle que, sur plusieurs centaines de lancements de nouveaux produits, 86 % n'ont été que des imitations de ce qui existait déjà. Ils n'ont généré que 62 % du chiffre d'affaires total créé et 39 % du profit afférant. En revanche, les 14 % de lancements restants – ceux qui ouvrent vraiment de nouveaux marchés ou redistribuent les cartes sur les marchés existants – ont généré, eux, 38 % du chiffre d'affaires et 61 % des bénéfices.

C'est avec cela à l'esprit que nous avons bâti la méthodologie de la Disruption. Son objectif est de recadrer, de relancer, de donner de nouvelles perspectives à chaque marque. Notre souci est d'abord d'identifier l'ensemble des idées préconçues qui caractérisent un secteur d'activité. Nous étudions en quoi les produits et les services du secteur sont commercialisés de façon conventionnelle. Nous nous attardons sur les attitudes et comportements des consommateurs, pour réaliser qu'ils sont fréquemment convenus. Après quoi, nous comparons les stratégies et campagnes publicitaires, pour en conclure qu'elles sont, souvent, très ressemblantes. L'approche est systématique. Nous faisons la chasse à tout ce qui ressemble au déjà vu, aux idées toutes faites, voire aux préjugés.

Nous utilisons une métaphore pour illustrer ce qu'on entend par la remise en cause des conventions. Il s'agit du « Fosbury Flop », le saut en hauteur effectué sur le dos par Dick Fosbury lors des Jeux Olympiques de Mexico, en 1968. Son geste révolutionnaire a rompu avec la pratique courante dans la discipline qui voulait que l'on passe la barre sur le ventre. Instantanément, toutes les autres techniques devenaient obsolètes. Dans les années qui suivirent, tous les sauteurs en hauteur ont dû adopter sa technique, ou se résoudre à prendre leur retraite. Fosbury avait remis en cause les conventions de son sport, avec un succès total.

Une fois l'imagination mise en éveil, nous attaquons l'étape suivante. Nous suggérons à nos clients les ruptures à opérer, nous développons des hypothèses et des scénarios inédits, nous découvrons des angles d'attaque inattendus. Nous aidons nos clients à adopter des points de vue singuliers, à concevoir des visions capables de transformer les marchés.

Plus la vision est forte, plus elle donnera d'énergie à la marque. Prenez le « Think different » d'Apple, le « Entreprendre pour la Santé » de Danone, le « Ne sous-estimez jamais le pouvoir de PlayStation » de Sony, ou le « Solutions pour une petite planète » d'IBM, pensez à Häagen-Dazs, à BMW, à Intel, à MTV, à Body Shop ou à Absolut, marque dont nous nous occupons depuis vingt ans. Toutes ces entreprises, toutes ces marques ont en commun d'avoir épousé des visions claires, c'est ce qui les fait sortir du lot. Au final, elles se sont dotées d'une plus grande valeur, à la fois en termes financiers et d'image.

« La Tyrannie du Ou »

Notre réseau est l'aboutissement de nombreuses fusions regroupant quantité d'agences à forte implantation locale. Ces agences ont souvent été louées pour leur créativité et couronnées de lauriers dans les festivals publicitaires. En conséquence, elles étaient étiquetées « créatives », ce qui est plus que simpliste et réducteur car synonyme, aux yeux de certains, de « non-stratégiques ». C'est absurde. La force même des campagnes Apple, Absolut, Danone ou Sony ne réside pas seulement dans la qualité de l'expression créative ou le talent exécutionnel des gens qui y ont travaillé, mais aussi dans leur réflexion stratégique, leur volonté de penser grand et viser haut. Ceux qui œuvrent sur ces marques ne les sous-estiment pas. Bien au contraire, ils leur offrent, telle que reflétée dans leurs campagnes de publicité, une « plus grande part du futur ».

Dans leur livre intitulé **Bâties pour durer**[2], James Collins et Jerry Porras consacrent un chapitre entier, « La Tyrannie du Ou », à l'idée reçue qui voudrait qu'on ne puisse pas être deux choses à la fois. On est sommé de choisir : être ceci ou cela. Avec cette logique, tel brillant attaquant au rugby ne saurait être également un grand défenseur, même s'il sait très bien plaquer. Expliquant à quel point nous sommes conditionnés par cette façon de penser, les auteurs nous invitent à la dépasser. C'est dans cet esprit que nous n'accepterons jamais une création au détriment de la stratégie qui la fonde. Ni une stratégie si elle ne peut inspirer une création forte. L'une ne va pas sans l'autre. Toute l'idée de la Disruption est là.

Les années ont passé et les agences de notre réseau ont grandi un peu partout, dans chaque pays, dans chaque discipline. La Disruption s'est imposée comme notre langage commun. Au-delà des frontières, elle a engendré une communauté de pensée. Un responsable de budget à Séoul peut échanger avec son homologue à San Francisco, chacun se comprenant à demi-mot, en faisant appel aux mêmes références, tous deux partageant une même défiance à l'égard des conventions établies. Ainsi, la Disruption est devenue un modèle mental fédérateur. Elle est notre ciment culturel.

Une boîte à outils, appelée Disruption Central, a été inventée. Ses outils se sont multipliés, affinés et adaptés, selon leur usage, à l'un des trois temps de la séquence Convention-Disruption-Vision. Chaque outil possède une fonction particulière et son propre mode opératoire ainsi que les coordonnées du meilleur expert du réseau. On choisit un outil en suivant son intuition. Le choix que l'on fait et la manière dont on va s'en servir sont en eux-mêmes des actes créatifs.

Je me suis toujours méfié des méthodes trop normatives, trop fermées. Certains outils peuvent entraver l'imagination, réduire les chances de trouver du neuf. Nos outils sont souples ; on peut les modifier, les enrichir soi-même au travers de sa propre expérience. On peut en utiliser un pour un certain travail, et d'autres pour d'autres projets. Et puis, surtout, on peut créer et proposer d'autres outils.

Ceci dit, un minimum de « process » s'impose. Comme le dit Peter Drucker : « La destruction créatrice est un processus qui devrait être permanent, et elle se doit d'être organisée. » Aucune entreprise ne peut compter sur ses seules ressources. Il lui faut trouver un moyen d'en tirer le meilleur parti. En ce qui nous concerne, notre méthodologie aide chaque collaborateur à développer une faculté particulière, celle qui consiste à moins penser dans un mode linéaire.

Tous ces outils ont été conçus par et pour les gens de l'agence. Très vite, nous avons réalisé qu'il y aurait beaucoup à gagner à faire participer nos clients, à exploiter à fond les ressources de leur imagination. Nous avons créé les Disruption Days qui, peu à peu, sont devenus des ateliers (« workshops ») structurés, au déroulement précis. Ils sont organisés pour imaginer de nouveaux marchés, concevoir de nouveaux produits, rajeunir les marques, promouvoir de nouvelles structures, initier des changements culturels, suggérer de nouveaux canaux de distribution. En Afrique du Sud, un « workshop » récent a conduit à une totale remise en cause de la segmentation de clientèle de la Standard Bank, deuxième banque du pays, et par là même, à une refonte de l'organisation commerciale de ses agences.

La grande majorité de nos clients qui participent à ces sessions, lorsqu'ils se retrouvent ultérieurement au milieu de discussions stratégiques avec l'agence, nous posent systématiquement la question : « Mais où est la Disruption ? » Autrement dit, la Disruption fait désormais partie de leur cadre de pensée, de leur mode de cheminement intellectuel. Comme l'a dit un écrivain américain, « un esprit dilaté sous le coup d'une idée neuve ne revient jamais à sa dimension originelle ».

Un ouvrage collectif

C'est dans ce contexte que nous avons entrepris de publier un nouveau livre. Un livre collectif, écrit par des collaborateurs de différents pays, comme une façon de certifier à quel point la Disruption a innervé toutes les branches du réseau, d'un bout à l'autre de la planète.

Ce livre comprend quatorze chapitres répartis en quatre parties.

La première, « **Disruption en action** », explique comment passer à la pratique de la Disruption. Nous rappelons d'abord en quoi le marketing est une discipline qui s'essouffle, étouffée par de vieux principes qu'il est urgent de briser (Chapitre 1). « Afrique du Sud : Culture Disruption », chapitre clé du livre, montre comment la Disruption peut remodeler une agence de fond en comble et redéfinir de manière originale la façon d'appréhender le travail sur les marques pour nos clients (Chapitre 2). Ces mêmes clients sont très présents dans les « Ateliers » (Chapitre 3) auxquels ils sont conviés à participer. Dans « Outils » (Chapitre 4), nous entrons dans le détail des instruments qui permettent de mettre la méthode en application.

Avec la deuxième partie, nous embarquons pour « **Un tour du monde de la Disruption** ». Première escale, l'Amérique, pays où la Disruption est historiquement fondatrice ; elle y fait partie des mœurs, de la culture des affaires et des marques (Chapitre 5). Notre carnet de route nous conduit ensuite dans les pays où il n'y a rien ou peu à « disrupter », les pays émergents (Chapitre 6). Nous verrons ensuite, en Suède, que la Disruption peut s'observer très concrètement dans la rue (Chapitre 7). Notre voyage nous emmène enfin en Grande-Bretagne, où Tony Blair, conseillé par notre agence anglaise, a remis en cause bon nombre des conventions de la communication politique, avec le succès que l'on sait (Chapitre 8).

La troisième partie, « **La Disruption dans tous ses états** », commence par un chapitre écrit par le dernier arrivé parmi les auteurs de ce livre. Il a encore le recul nécessaire pour nous apporter un regard neuf (Chapitre 9). Nous poursuivons par un exposé de cas riches et variés, empruntés pour l'essentiel à des disciplines autres que la publicité (Chapitre 10). Puis, nous démontrons ensuite que la Disruption peut être source de grandes idées pour le « permission marketing », mais aussi qu'interactivité et Disruption cohabitent parfaitement (Chapitre 11). Enfin, nous prenons de la hauteur pour tenter un parallèle entre notre approche disruptive et les grandes ruptures créatives dans l'histoire de la philosophie, des arts et des sciences (Chapitre 12).

La dernière partie, « **L'avenir d'une idée** », spécule sur les différentes directions que pourrait emprunter notre méthodologie dans le futur. Elle commence par un chapitre sur les Connections, la discipline montante qui cherche à optimiser tous les points de contact entre un consommateur et une marque. Ce chapitre décrit comment on peut optimiser l'interaction entre les multiples disciplines de la communication. Du croisement entre la Disruption et les Connections, du croisement entre la pensée de marque et son articulation naîtra notre future compétitivité (Chapitre 13). Au bout du compte, tout ceci nous conduit à imaginer, pour notre entreprise, un nouveau « business model ». Ce sera l'objet du dernier chapitre.

Voilà, sommairement exposé, l'essentiel des sujets abordés dans ce livre. Chaque chapitre, pour chaque discipline et en chaque domaine, indique ce que l'on gagne à être toujours en rupture.

Dire que le changement est discontinu, et non un processus prévisible, n'est pas en soi très original. Ce qui l'est plus, en revanche, c'est de constater que cela a toujours été le cas. Alors, qu'est-ce qui a changé ? Ceci. Auparavant, le changement était net et franc, son rythme lent, au point de donner l'illusion qu'il était prévisible. Aujourd'hui, on sait que l'avenir s'annonce plein de surprises qui surviendront à un rythme soutenu.

Dans **Lessons for the future**, Stan Davis explique, par exemple, que l'âge de l'information arrivera bientôt à son terme. Lui succédera l'âge de la biotechnologie. D'ici vingt ans, on arrivera à retraduire de façon palpable des formes d'information telles que l'odeur, le goût, le toucher, et même des données qui paraissent aujourd'hui impossibles à matérialiser, comme l'intuition et l'imagination.

Chaque jour, les sciences appliquées modifient nos vies à un rythme accéléré. Fini le temps où la réussite future était calquée sur le passé. Où les entreprises pouvaient gérer tranquillement leurs acquis. La Disruption est un moyen de découvrir, de dévoiler des opportunités dans un monde de plus en plus difficile à lire. C'est un moyen de provoquer et de saisir des chances nouvelles.

Être « disruptif » équivaut à être non conformiste, non orthodoxe, dissident, à chercher sans cesse à changer les règles du jeu.

C'est croire que l'on peut transformer le futur d'une entreprise grâce au simple pouvoir d'une idée.

Sept cas de Disruption

Absolut

La marque Absolut, suédoise, a incarné la Disruption avant même que le mot n'existe. Pour les marques haut de gamme de son secteur, l'approche conventionnelle consiste à asseoir leur position sur la tradition et l'origine prestigieuse du produit. Ainsi, tandis que les whiskies mettent en avant leurs racines écossaise ou irlandaise, Stolichnaya s'est associée à l'image de la Russie impériale. Nous avons construit la légitimité d'Absolut en évitant l'écueil de cette convention éculée. L'idée originale a consisté à traiter la célèbre vodka comme une griffe de mode, et non comme un alcool. Toutes nos campagnes se sont fondées sur les deux attributs les plus originaux du produit : son nom et sa bouteille transparente où n'apparaît aucune étiquette.

Les publicités mettant diversement en scène la bouteille se sont succédées, jusqu'à devenir en soi un phénomène. Par la suite, la pérennité de cette communication a été assurée grâce à une gestion attentive du caractère tout à la fois intime et inaccessible d'Absolut. La marque se situe aujourd'hui parmi les quatre alcools les plus vendus au monde, et son prix est 20 % plus élevé que celui des autres vodkas.

Convention Le prestige d'un alcool tient à sa provenance.

Vision Absolut est une marque de mode.

Disruption Faire de la bouteille un référent,
le signe de reconnaissance de gens et de lieux privilégiés.

Apple

Une récente étude de la Harvard Business Review a établi que 80 % des grands patrons pensent que le plus grand défi qu'ils doivent affronter est d'inventer continuellement de nouveaux espaces de développement pour leurs produits. Peu de gens, autant que Steve Jobs, incarnent ce désir brûlant de créer de nouvelles opportunités. Depuis toujours, notre agence de Los Angeles traduit les intuitions formidables du fondateur d'Apple en campagnes très mémorables. « Le 24 janvier 1984, Apple lance Macintosh. Et vous allez voir pourquoi 1984 ne sera jamais comme 1984 », disait la voix off du film de lancement. L'allusion au célèbre roman de George Orwell imprimait durablement le spot dans les esprits. Macintosh s'apprêtait à tout changer. L'agence se devait de concevoir une campagne qui allait changer la publicité. Le spot « 1984 » a été élu spot du siècle en Amérique.

La vision de l'époque soulignait que ce n'est plus à l'homme de s'adapter à la machine mais l'inverse. Macintosh libérait l'homme de la machine. Près de quinze ans après, « Think different » inaugura la nouvelle vision inspirée par Steve Jobs. Cette fois, l'accent est mis sur le fait que la marque a plus à voir avec un système de valeurs qu'avec des boîtiers d'ordinateurs ou des composants électroniques (« Apple is not about bytes and boxes, it's about values », a-t-il dit). En lançant l'iMac, Apple se redéfinissait comme l'entreprise qui fabrique « des outils pour les esprits créatifs ». La campagne « Think different » a autant servi de plate-forme de communication globale, chaque pays étant invité à rendre hommage à ses propres créateurs, que de socle pour l'élaboration même des produits Apple.

Bientôt, Apple sera au cœur de ce qui s'appelle déjà le « style de vie digital ». Ce qui impliquera de rompre à nouveau avec les conventions mais cette fois sur une échelle d'une amplitude insoupçonnée. On peut s'y attendre de la part du patron d'Apple, lui qui a su sans cesse repousser les limites.

Convention Dans la haute technologie, la communication tourne autour de l'extrême performance des produits.

Disruption Apple a plus à voir avec un système de valeurs qu'avec des boîtiers d'ordinateurs ou des composants électroniques.

Vision Apple est l'instrument des esprits créatifs.

Danone

Pour nous, Danone représente un autre cas exemplaire. Afin de souligner les préoccupations de la marque dans le domaine de la santé, nous avons préconisé la création de l'Institut Danone. Cette fondation rassemble des scientifiques, des médecins et des chercheurs de Danone afin d'étudier les rapports entre santé et nutrition et de publier des travaux à ce sujet. Assez vite, l'Institut est devenu le point de départ d'une campagne grand public inspirée de l'idée, empruntée à Hippocrate, selon laquelle un régime sain demeure la meilleure des médecines.

Dans l'un des nombreux films sur le sujet, un jeune enfant grimpe à quatre pattes les marches d'un escalier conduisant à la terrasse d'un jardin. Là, deux hommes, son père et son grand-père, regardent un troisième homme, plus âgé, assis devant un chevalet. Et la voix off nous dit : « Aujourd'hui, on peut espérer vivre vingt ans de plus qu'il y a un siècle. Les progrès de notre alimentation y ont contribué. Demain, grâce à la recherche, notre alimentation pourra devenir notre première médecine. On aura plus de chance de voir combien le petit dernier ressemble à son arrière grand-père. » Plusieurs autres films, creusant la même veine, ont suivi.

Non seulement Danone a vu ses parts de marché croître régulièrement, mais il est le seul fabriquant de produits frais à avoir résisté avec succès aux marques de distributeurs. Et les enquêtes d'opinion menées auprès du grand public ont montré que Danone est devenue la marque préférée des Français, tous secteurs confondus. Danone représente désormais bien plus que la somme de ses produits. Sa stratégie a même donné l'idée à BSN, l'entreprise mère, d'emprunter le nom de sa filiale. BSN est devenu Danone. Ce faisant, Antoine Riboud, son PDG, rendait indirectement hommage au rôle joué par l'Institut Danone dans la construction de la marque.

Vision La santé est la préoccupation majeure de Danone.

Convention Les dépenses du marketing doivent être affectées exclusivement au soutien des produits.

Disruption Créer l'Institut Danone pour la Santé et en faire le fondement d'une campagne de marque.

McDonald's

Parmi les idées enracinées, les idées préconçues, il y a celle qui veut que McDonald's offre une nourriture de qualité médiocre tout en se montrant trop dur avec les employés de ses restaurants. Récemment, en France, nous avons lancé une riposte frontale contre ces a priori. Et nous avons donc indirectement répondu à Naomi Klein qui a fait de McDo l'une des cibles privilégiées de *No Logo*, son essai. L'auteur avance que le pouvoir économique implique la maîtrise des cerveaux ; toujours selon elle, plus les marques grandissent jusqu'à faire partie de la vie de tout le monde, et plus elles tendent à restreindre de fait le choix des consommateurs. Une réponse éloquente à cette thèse a été publiée, en septembre 2001, dans *The Economist*. Dans son article, le magazine démontrait que, loin d'être des instruments au service de l'oppression, les grandes marques rendent les entreprises qui en ont la charge redevables à l'égard de leurs consommateurs.

Quand McDonald's a dû faire face à la crise de la vache folle, nous avons pris le temps et l'énergie d'expliquer en termes précis et techniques ce que l'entreprise avait fait pour réduire les risques. Nous avons même invité les Français à visiter la chaîne de fabrication des McDo, depuis les abattoirs jusqu'aux cuisines des restaurants, des champs de pommes de terre jusqu'aux cellules créatives de l'agence.

Ce geste audacieux a semble-t-il payé puisqu'il a permis de modifier le jugement porté par quantité de gens sur McDonald's. L'expérience nous a également enseigné qu'une telle opération ne relevait pas seulement d'une bonne gestion de crise. Elle a ajouté un ingrédient essentiel à l'architecture d'ensemble de la communication. La morale de l'histoire est qu'on ne crée pas de relations de confiance durables avec ses clients en dissociant la marque des problèmes qui affectent l'entreprise. Dans les campagnes télé qui ont suivi, McDonald's s'est officiellement exprimé sur la qualité nutritionnelle de ses menus pour enfants, répondant à l'inquiétude créée par l'obésité de nombreux enfants de son pays d'origine. Plus récemment, nous nous sommes attaqués au sujet sensible de l'emploi des jeunes, pour contrer l'a priori selon lequel McDonald's n'offrirait en fait que de faux jobs. Le thème méritait d'être traité avec tact. En effet, les jeunes constituent l'essentiel de la population des McDonald's, et ceci des deux côtés du comptoir. Nous nous devions donc de leur parler avec leurs mots. Qu'ils soient en train d'étudier, d'écouter de la musique ou de sortir entre amis, nous avons mis en scène dans un film la façon dont ils vivent vraiment. Dans la voix off, McDonald's montre sa compréhension de leurs désirs et aspirations : « Ils rêvent d'un job, mais mieux encore d'une profession. Ils veulent aller de l'avant, mais ils ne savent pas comment. Ce sont nos clients et nos employés. Aujourd'hui, nous leur offrons des emplois qui leur permettront de démarrer, de grandir et de vivre en accord avec ce qu'ils désirent... Parce que la vie vaut la peine d'être vécue à fond. »

McDonald's représente la cible privilégiée de l'anti-américanisme. Après des années à être resté sur la défensive, McDonald's n'hésite plus à prendre une posture institutionnelle. Et à répondre du tac au tac aux attaques du front antiglobalisation. McDonald's a décidé de proposer sa vision de marque au public. Avec succès. La compagnie française affiche parmi les meilleurs résultats en Europe. Et conquiert peu à peu l'estime des pouvoirs publics et des leaders d'opinion.

Convention On ne peut pas forcer les gens à aimer l'entreprise. À défaut, distrayons-les grâce au côté fun de la marque.

Vision McDonald's doit des explications à ses clients. S'ils ont des questions qui les préoccupent, elle a le devoir d'y apporter des réponses claires.

Disruption Amener McDonald's à prendre position sur la nutrition et les emplois jeunes au travers de spots télé.

Nissan

La Disruption peut provenir d'un angle plus inattendu. Les ventes de Nissan se sont profondément redressées aux États-Unis depuis deux ans, l'image de la marque s'est affirmée, l'entreprise a pu réduire brutalement le montant de ses opérations de discount. Les offres de remise grignotent non seulement les marges des revendeurs mais aussi l'image d'une marque.
Si l'entreprise a pu renouer avec le succès, c'est essentiellement dû à la ligne de ses nouveaux modèles et à une stratégie marketing mieux centrée. Mais nous avons aussi joué, à notre niveau, notre rôle. La novation publicitaire provient de l'architecture de campagne et de l'allocation de ressources afférente. Chaque campagne pour un nouveau modèle est précédée de ce que nous appelons un film Vision Produit. Environ 15 % des investissements pour chaque modèle sont consacrés à ces films. On y voit un designer en chef, en l'occurrence Jerry Hirshberg en Amérique, nous donner ses impressions sur le modèle à venir et la campagne qui le soutient. Ces films ne passent que quinze jours à trois semaines, mais avec une forte fréquence. Jerry Hirshberg dit par exemple : « Nous avons observé les conducteurs de pick-up avec un regard neuf et nous avons découvert que ces gens-là, mais oui, avaient eux aussi des amis et une famille. Ce ne sont plus ces cowboys solitaires que l'on a connus. Les types qui conduisent des pick-up ont des amis, il faut donc des portes pour les amis. L'idée de mettre quatre portes sur un pick-up compact est une idée simple. N'empêche que nous sommes les premiers à l'avoir eue. » Ou : « Quand on s'est décidé à dessiner la nouvelle Sentra, nous avions cette petite philosophie qui nous courait dans la tête et qui consistait à refuser de la voir comme un modèle "compact". Du coup, notre imagination ne s'est pas trouvée "compactée". » Ou bien : « Nous abordons chaque projet en nous mettant dans la peau de comédiens. Nous sommes, c'est selon, le futur acheteur, un conducteur de mini-van... » Ou encore : « Il y a comme une sorte de simplicité un peu bourrue chez les fans de « trailer » ou de caravane que l'on rencontre sur les parkings, au bord des plages. Ce sont des gens qui n'ont peut-être jamais eu l'idée d'avoir un 4 × 4, mais à leur manière, avec des bouts d'élastiques et de câbles pour fixer leur barda, ils l'ont inventé. Il fallait bien qu'on pense à eux. »
À chaque fois, Jerry nous donne une perspective, une opinion, un point de vue sur ce que nous allons voir quinze jours après. Très efficace. La mise en perspective lance la campagne, et le modèle, sur orbite. Elle fonctionne comme un « teaser », mais un « teaser » particulier, avec pas mal de contenu institutionnel. Les concessionnaires Nissan voient ces campagnes comme des campagnes de lancement des campagnes proprement dites. Nous aussi.

Mais nous les voyons également d'un autre point de vue. En fait, Jerry vient parler à la télévision quelques jours, disparaît, puis revient trois mois après pour parler d'un prochain modèle et ainsi de suite. L'effet cumulé de ce type de campagne, par exemple quatre fois quinze jours dans l'année, constitue de facto une campagne d'image. Avec un double avantage : elle ne s'use pas, ou très peu. Et nos concessionnaires ne la voient pas comme toutes ces campagnes institutionnelles coûteuses qui ne génèrent pas de ventes, puisqu'en fait, elle accroît la performance des campagnes de lancement des modèles. Tout le monde y gagne : les produits et la marque.
Cette architecture n'est pas peu de chose. Une marque automobile ne peut être construite que par ses modèles. Mais cela prend du temps. Combler au plus vite l'absence de vraie image de marque pour Nissan, tel est l'objectif de ces films sur les Visions Produits. En l'occurrence, l'architecture de la campagne constitue la Disruption.
« Chaque produit a une âme, disait encore Jerry Hirshberg, mais la plus grande âme de toutes est celle de nos voitures. Elles sont nos bureaux, nos chambres de décompression. Les Américains ont une passion pour les voitures. Notre passion à nous est de fabriquer des voitures qui laissent entendre qu'elles ont une âme sous la carrosserie. » Désormais, Nissan a une âme. Et le public va de plus en plus vite en prendre conscience. Nous avons exporté l'architecture au Japon et en Europe. Au Japon, c'est le senior vice-président en charge du design, Shiro Nakamura, qui a tenu le rôle de porte-parole dans la campagne.
Que ce soit à Tokyo, à Paris ou à Détroit, tout le monde sait que Carlos Ghosn, le président de Nissan, est en train de réussir un redressement extraordinaire. En deux ans, l'entreprise est passée d'une perte de –20 milliards de dollars à un résultat net de +2,98 milliards de dollars. Nous sommes fiers d'être partie prenante, même de loin, dans ce qui apparaîtra un jour comme un cas d'école. Carlos Ghosn disait récemment : « Si vous arrivez de l'enfer, le purgatoire n'a pas l'air trop mal. » Autrement dit, il reste beaucoup à faire, même si le chemin accompli est déjà remarquable.

Convention Dans la publicité pour les voitures, rien ne marche mieux que la communication produit pure et dure.

Disruption Créer des campagnes Visions Produits pour accélérer la reconstruction de la marque.

Vision Les voitures que crée Nissan anticipent les besoins et désirs des individus.

La PlayStation de Sony

Construire une marque est un défi compliqué lorsque le marché est déjà monopolisé à 90 % par deux géants. C'est pourtant le défi qu'a dû relever Sony, en 1995, face à Nintendo et Sega. Pour entrer en lice, la marque a abordé le terrain différemment, avec un positionnement décalé qui lui a permis de renverser les conventions du secteur. PlayStation, en effet, a élargi sa communication en s'adressant à une population plus âgée que les consommateurs habituels de jeux sur console. Mais pour ce faire, il fallait que son produit puisse plaire tant aux jeunes adultes qu'aux adolescents. Jusque-là, on se contentait de penser que les jeux s'adressaient aux pré-ados et aux obsessionnels du jeu. Nous avons assigné à la publicité un nouveau rôle. Nous avons décidé de ne plus mettre en lumière le caractère ludique de personnages, comme on l'aurait fait pour Super Mario. Mais plutôt d'essayer de faire ressentir l'intensité du jeu et en quoi cette expérience est sans limite d'âge.

Sony a conquis la première place mondiale des marques de jeux électroniques. Voici le format Disruption à la base de sa communication :

Convention Les jeux vidéo sont faits pour les enfants et les jeunes adolescents.

Disruption Saisir l'esprit du jeu comme faisant partie intégrante d'une expérience plus large de la vie.

Vision PlayStation est plus qu'un jeu.

Ce positionnement a été porté à son comble, en Europe, grâce à un film baptisé « Double vie ». Une quinzaine de personnes, des anonymes anodins,

face à la caméra, récitent leur texte avec sérieux, dans la forme d'une longue confession psalmodiée, montée de façon volontairement hachée. « Pendant des années, j'ai vécu une double vie. Dans la journée, je faisais mon travail, je prenais le bus, je jouais des coudes avec la foule. Mais la nuit, je menais une vie emplie de joie, d'ivresse, de coups au cœur et d'adrénaline. Et, si la vérité doit être dite, une vie à la vertu douteuse ! Je ne le démentirai pas, j'ai été engagé dans des actions violentes, j'y ai même pris du plaisir. J'ai mutilé et tué des ennemis, sans toujours me trouver en légitime défense. J'ai fait preuve de mépris pour la vie, l'intégrité physique et le bien d'autrui, et j'ai savouré le moindre de ces moments. Vous ne le diriez pas forcément en me voyant, mais j'ai commandé des armées et conquis des mondes. Et même si en réalisant tout ça, je me suis mis en marge de toute morale, je n'ai aucun regret. Car si j'ai vécu une double vie, au moins je peux dire : j'ai vécu. » Et la signature disait : « Ne sous-estimez pas le pouvoir de PlayStation. »
Le spot « Double vie » conféra à la culture des jeux le crédit de la rue. Sony offrait ainsi aux gens qui ne jouent pas une clé pour comprendre ceux qui jouent. La marque s'arrachait à l'univers des jeux d'enfants pour s'approprier l'ensemble de cette expérience qu'est la vie. Certaines années, les profits de Sony PlayStation atteignent jusqu'à 50 % des profits de l'ensemble de la Sony Corporation. Sony a une fois pour toutes changé les règles et l'univers des jeux.

TAG Heuer

Il arrive que les campagnes de publicité réussies provoquent en retour de réels changements au sein d'une entreprise. Suite au succès de nos campagnes TAG Heuer dans le monde, l'horloger a complètement revu à la hausse sa politique de design.

Comme TAG Heuer était auparavant perçu comme un fabriquant de montres de sport, et pas encore comme une marque de luxe, nous avions cherché à élever le prestige du sport, pour élever le prestige de la marque. Notre première signature était « Don't crack under pressure », bientôt suivie par la non moins fameuse « Success. It's a mind game ». En célébrant la force mentale, TAG Heuer créait un pont entre le sport et les produits de luxe. Les ventes se sont envolées. Dans le même temps, le prix moyen des montres doubla. La transformation était réalisée : d'une marque sportive, TAG Heuer passait dans la catégorie des griffes de luxe.

Depuis, l'entreprise n'a eu de cesse de monter en gamme, d'investir dans le design et de s'allier les talents de créateurs comme Mijat, Edd Schopfer ou Jorg Ysek, sans parler des photographes Mondino et Les Guzman. En somme, la publicité a été le déclic : elle a ouvert les yeux de notre client sur le potentiel de sa marque.

Convention Les marques de luxe ont besoin de références comme la richesse ou le statut social pour signifier le prestige.

Disruption Élever le prestige du sport pour élever le prestige de la marque.

Vision Avec TAG Heuer, le prestige sportif est une question de force mentale.

« Les individus évolués savent que les gens qui manquent d'intuition sont dangereux dans le travail, car ils ne sont gouvernés que par l'apparence des choses ; or celle-ci évolue. Les individus évolués cherchent à se rapprocher de ceux qui ont des intuitions et des visions – une forme d'intelligence qui se développe quand on cultive ses instincts, qu'on sait prendre le vent du changement et saisir les idées qui bousculent. »

LAO-TSEU, TAO TE KING

DISRUPTION EN ACTION

1. MARKETING : COMMENT BRISER LES IDOLES

Nous savons tous que le futur peut être imaginé, mais rarement prédit. Pour tenter d'imaginer un plus grand futur à nos marques, il faut se libérer des modes de pensée convenus. L'identification de ce que nous appelons les « conventions » est une étape incontournable. David Hackworthy, responsable du planning stratégique à New York, s'attaque aux grands mythes qui appesantissent les protocoles et obstruent le raisonnement. Il montre à quel point la pensée marketing est contrainte et étriquée. Et comment le fait de bousculer les idées reçues peut ouvrir de nouveaux horizons.

La littérature économique contemporaine considère la créativité comme la condition essentielle pour la réussite des affaires. Pour réaliser des profits dans « l'économie des idées », les entreprises doivent pouvoir compter de plus en plus sur la créativité de leurs employés – c'est elle qui les distinguera dans la compétition. On pourrait penser que la recherche d'idées et de stratégies disruptives est comme une seconde nature chez les gens du marketing. Il n'en est rien. Pressés d'obtenir des résultats immédiats et significatifs sur des marchés de plus en plus exigeants, les spécialistes ne font que suivre, sans trop y réfléchir, les pratiques conventionnelles de leur domaine.
Une des définitions de l'ineptie, c'est de répéter les mêmes erreurs tout en espérant des résultats différents. Le corollaire pour le marketing, c'est de reproduire des pratiques conventionnelles en croyant réaliser des avancées prodigieuses. Bien évidemment, les pratiques conventionnelles s'appuient sur des croyances tout aussi conventionnelles que l'on a rarement l'occasion de critiquer au quotidien. Keynes a dit à raison que ceux qui prétendent faire de l'économie en dehors de toute théorie se trouvent simplement sous l'influence inconsciente d'une théorie pré-existante. Les gens du marketing rétorquent qu'ils n'ont pas le temps de réévaluer les principes fondamentaux de leur activité. Ce qui signifie qu'ils restent pris au piège de raisonnements obsolètes.
Voici les quelques idées reçues que l'on retrouve en marketing et auxquelles nous voulons tordre le cou :

Convention n° 1 : Le consommateur est roi

L'idée que le consommateur a toujours raison est probablement aussi ancienne que le marketing lui-même. Ce besoin de le placer sur un piédestal est l'un des dogmes du business contemporain. La croyance a pris corps pendant le long boom économique de l'après-guerre, lorsque les grands conglomérats de produits de consommation, comme Procter & Gamble ou Kellogg's, ont bâti leurs empires. Ces entreprises ont été parmi les premières à agir en rupture avec la convention qui régnait à l'époque, à savoir qu'une entreprise devait d'abord créer un nouveau produit, puis trouver ensuite quelqu'un à qui le vendre. L'intuition disruptive a consisté à inverser cette logique : pourquoi ne pas chercher d'abord ce que veulent les consommateurs, et ensuite le leur proposer ?
De là, les besoins et désirs des consommateurs ont été placés au centre de la réflexion lorsqu'il s'est agi de décider quels produits on allait introduire sur le marché. L'analyse s'est renforcée dans les années 1960, avec une nouvelle école de marketing, représentée notamment par Theodore Levitt. Un article récent a bien capté la portée de ce courant « consummo-centriste ». On y lit que nous sommes sortis de l'ère des propositions de vente

standardisées pour entrer dans celle des propositions personnelles, l'âge du Marketing du Moi. « Le public a désormais besoin de ressentir des émotions ou des passions pour se reconnaître activement dans une marque. Idéalement, il en devient le héros. »[1]

Aujourd'hui, donc, non seulement les consommateurs ont toujours raison, mais ils sont devenus des héros. À l'usage, le concept innovant s'est transformé en raisonnement conventionnel aux effets intrinsèquement limitatifs. Pourquoi ? Écoutons la réponse d'Henry Ford : « Si j'avais demandé aux utilisateurs des transports quelle innovation leur semblait désirable, ils m'auraient répondu : nous voulons des chevaux plus rapides. » L'équivalent actuel pourrait être : « Si je demande aux clients d'un bar comment ils préfèrent leur café, je doute qu'ils commandent spontanément un double cappuccino serré nappé de caramel. » C'est pourtant bien ce qu'on leur sert dans les cafés Starbucks.

Ici, la notion disruptive, c'est que l'idée doit être le héros, pas le consommateur

En économie, les idées « héroïques », celles qui bousculent les marchés, émanent rarement des consommateurs. La plupart des individus sont incapables de dire ce dont ils ont vraiment envie. Quand ils tentent de le faire, ils fondent leurs opinions sur la logique, la connaissance et l'expérience passées. Les départements marketing ont beau inventer de nouvelles clés pour pénétrer les marchés, ils se leurrent quand ils s'obstinent à interroger les consommateurs pour savoir s'ils seront preneurs de leurs trouvailles. Ce mode opératoire confond l'apport du consommateur (« input ») et ce que doit en tirer le marketing (« output »). Personne ne contestera que les entreprises ont intérêt à respecter leurs clients et à tenir compte de leur avis. Mais le vrai défi consiste à créer des idées originales, de façon à ce que l'entreprise soit perçue comme exemplaire à leurs yeux. Les entreprises les plus attrayantes aujourd'hui inventent des idées en lesquelles elles croient aveuglément et qui prennent le pari que le public suivra – bien au-delà de l'opinion des groupes test.

En d'autres termes, les marques leaders parviennent au sommet en se faisant les leaders de leurs consommateurs. Jeff Bezos, fondateur d'Amazon, ne dit rien d'autre : « Les entreprises se trompent quand elles ne font qu'écouter. Même si elles savent très bien le faire, ce n'est jamais suffisant. Il leur faut créer des produits auxquels les consommateurs n'auraient jamais pensé. C'est là que l'invention entre en jeu. » De la même

manière, Coca-Cola proclame que son ambition est de « surprendre et charmer » constamment ses consommateurs. Mais comment les surprendre avec une chose qu'ils ont déjà demandée ? Ou les charmer en leur donnant ce à quoi ils s'attendent ?
Les marques leaders peuvent être informées par les consommateurs, elles doivent rester gouvernées par les idées. Dans l'idéal, elles devraient même devancer leurs clients, en ne se fiant qu'à leur vision de l'avenir, et les clients leur emboîteraient aussitôt le pas. Apple, Sony ou Starbucks ont fondé leur succès sur leur aptitude à exprimer des idées singulières qui transforment les perceptions des acheteurs quant à la nature même des produits – qu'il s'agisse d'ordinateur portable, de console de jeu ou de café. Dans l'économie des idées, le mantra disruptif n'est plus « Tout part du consommateur » mais « Tout part de l'idée ». Si on veut se tailler la part du lion sur les marchés du futur, il faut avoir des idées de lion.

Convention n° 2 : Le « branding » crée de la valeur ajoutée

Dans l'optique traditionnelle, le renforcement de la visibilité d'une marque rajoute de la valeur à l'offre produit. La marque est vue comme un ensemble de valeurs, d'impressions ou de souvenirs qui la rendront plus ou moins désirable avec le temps. Mais comme la nature de cette valeur ajoutée est du domaine de l'intangible, de nombreux dirigeants y voient un luxe superflu. Rares sont ceux qui envisagent le travail sur l'image de marque comme un investissement prioritaire. La plupart du temps, on le comptabilise comme un coût de fonctionnement, un des premiers à être élagué lorsque l'entreprise, n'atteignant pas ses objectifs, doit réduire la dépense. Nous sommes d'accord sur un point : il devient de plus en plus délicat d'exprimer les valeurs et bénéfices émotionnels d'une marque au travers de communications onéreuses. Mais la dépense somptuaire découle elle-même d'une approche trop classique et linéaire.

HIER

Lorsqu'une entreprise se fixe des objectifs, elle commence classiquement, au niveau interne, par fixer des résultats de vente et définir des plans marketing, qui, à leur tour, détermineront les étapes de la communication. Le travail de « branding » n'intervient qu'à ce moment-là. C'est le dernier maillon de la chaîne, une simple valeur ajoutée donnant au produit ou au service un petit plus compétitif.
Nous pensons plutôt que le travail sur l'image ne devrait pas être une option facultative. Si vous ne vous positionnez pas fortement dans l'esprit du public, c'est le public qui le fera à votre place. Selon la définition de la marque donnée par David Ogilvy, à savoir « l'idée que le consommateur se fait d'un produit », il paraît clair

qu'une entreprise ne peut pas contrôler le fait qu'elle possède ou non une marque forte. Les entreprises, qu'elles le veuillent ou non, ne peuvent pas décider de surajouter leur marque à leurs produits.

Une marque est une idée vivante…

Tout produit étant déjà plus ou moins associé à une marque, comment envisager au mieux la présence de celle-ci, le « branding » ? Nous suggérons qu'une marque devrait être pensée, non pas comme un ensemble de valeurs et d'émotions qui différencient les produits, mais plutôt comme une idée vivante au cœur de tout ce que l'entreprise accomplit.

La marque devrait occuper le cœur de l'organisation. Elle est la force qui rend l'entreprise cohérente, l'idée qui lui donne sa raison d'être et ses objectifs. La marque devrait avoir le rang de PDG et se définir par un comportement net, et non pas par des impressions fugaces.

La notion de marque comme idée vivante ne signifie pas que l'idée doit être commerciale au sens classique du terme – elle ne porte pas forcément un costume et une cravate. Les entreprises sont avant tout un rassemblement d'êtres humains. Les idées qui les animent doivent également être « humaines ». Apple en est l'exemple parfait. Son idée centrale, c'est que la marque ne fabrique pas des ordinateurs mais des « outils pour les esprits créatifs ». Cette idée inspire toutes les campagnes d'Apple. Elle détermine aussi le type de matériel fabriqué – des appareils stimulants qui vous encouragent à vivre l'informatique au quotidien grâce à la musique, au son et aux images. Elle modèle la façon de communiquer, en interne et en externe, et la manière d'introduire les produits sur le marché, en tentant des stratégies de commercialisation inédites. L'iMac est né de ce mode de pensée. Il n'aurait jamais pu être inventé par une compagnie qui ne pense qu'à sortir un nouveau modèle de boîte beige, une de plus, avec la seule idée d'en tirer une marge intéressante.

Sans une idée inventive et inspirante au cœur de l'entreprise, il est difficile de faire

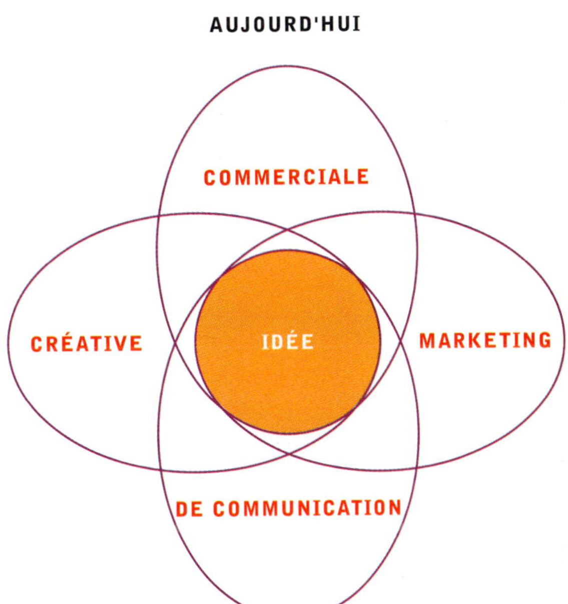

une brèche dans le marché. Au contraire, c'est quand elle est guidée par une idée forte qu'une entreprise agit comme un organisme et non plus comme un mécanisme. La marque devient alors un comportement – un mode de vie, un mode de pensée – pour ses employés et ses consommateurs. On pense par exemple à Virgin, avec son image de Robin des Bois qui, en s'attaquant aux positions acquises, gagne les faveurs du public. Les employés des entreprises mues par des idées vivantes sont plus enclins à se sentir motivés, à penser de manière créative et à offrir aux consommateurs des produits dont ils connaissent la valeur réelle, puisqu'ils possèdent une compréhension claire, intellectuelle autant qu'émotionnelle, de ce pour quoi leur entreprise se bat et de la direction qu'elle veut emprunter.

Convention n° 3 : L'avenir du marketing réside dans le « one-to-one »

Voici une convention du marketing bien ancrée depuis quelques années : l'avenir du marketing serait au « one-to-one », la communication de personne à personne. Certes, le marketing relationnel ne cesse de prendre de l'importance, tandis qu'Internet ouvre de nouveaux accès directs et individualisés aux personnes. Du coup, les médias grand public paraissent anachroniques. Ils seraient, dit-on, impersonnels et inadaptés, source d'un gaspillage énorme et incapables d'affiner leurs offres auprès des consommateurs. Bref, ce serait les dinosaures de l'âge de l'information.

Dans ce contexte, plusieurs théoriciens du marketing, comme Regis McKenna, ont tenté de repenser la véritable nature des marques. Ils suggèrent entre autres que le « branding » devrait à l'avenir être envisagé à l'aune des technologies de l'information. S'interrogeant sur ce qui fait la force d'une marque, McKenna conclut : « Le 'branding', tant en terme de création que d'image, a vécu... Les marques puissantes perdurent grâce à leur infrastructure de distribution. » Ce type d'argumentation – à savoir que les marques sont les jouets des circuits de distribution – conduit généralement à dire que la communication marketing, telle que nous la connaissons aujourd'hui, va disparaître au profit d'une approche totalement rationnelle, basée sur le web, où les décideurs géreront par procuration les désirs de consommateurs dépourvus d'émotions. Ce qui confirme l'idée que le marketing du futur consiste à cibler le public individuellement.

... auprès de sa cible et bien au-delà

Ici, la vision disruptive consiste à prendre le contre-pied exact de cette double assertion en réaffirmant l'importance de la communication grand

public pour réveiller les attentes des consommateurs et faire apparaître les signes distinctifs des marques auprès de leur cible et bien au-delà.
Dit simplement, les marques ont besoin de popularité et les médias de grande diffusion restent les meilleurs véhicules de celle-ci.
Bon nombre des succès que nous avons remportés avec nos clients reposent sur le statut conféré à leurs marques dans l'esprit du public. Quand une marque se fond dans la culture populaire, elle devient plus résistante aux aléas du marché et aux menaces de la concurrence. Absolut, Apple, Sony PlayStation, Wonderbra, TAG Heuer ou McCain : autant d'exemples de marques qui doivent leur expansion fulgurante aux médias grand public. C'est sur ces supports qu'on en parle, qu'on les idolâtre, qu'on les déteste, qu'on se les approprie dans des expressions familières ou qu'on les détourne dans des parodies. Elles sont devenues la propriété de tous. Par leur exposition publique, ces marques atteignent une échelle sans commune mesure avec ce que la plupart de leurs concurrentes obtiennent avec des messages plus conventionnels.
Le tout premier spot d'Apple, en 1984, en est l'exemple. Pour la première fois, une marque utilisait un grand événement sportif, le Super Bowl, l'incontournable championnat de football américain, pour projeter instantanément un nouveau nom dans la conscience publique. Évidemment, ce qui était à l'époque une idée disruptive ne le serait plus aujourd'hui. Quinze ans plus tard, quantité de start-up du Net ont dépensé des fortunes pour se faire connaître grâce au Super Bowl, et ça n'a rien donné. Leur objectif – parvenir à une « masse critique » en terme de notoriété immédiate – était justifié. Mais la méthode pour y parvenir se basait sur un raisonnement conventionnel qui consistait à reproduire ce qui avait déjà marché. Elles auraient sans doute eu mieux à faire, pour obtenir cette visibilité tant recherchée, à mettre en scène d'autres interventions spectaculaires, à multiplier les événements ou à utiliser la promotion.
Les grandes marques appartiennent au « star system ». Or, selon Jeremy Bullmore, l'essence de toute popularité réside dans l'absence de discrimination. Parmi les millions de gens qui connaissent Britney Spears, par exemple, tous n'achètent pas ses CD ni des entrées pour ses concerts. Pourtant sa valeur en tant que marque est incalculable, si l'on considère tous ceux qui ont une opinion à son sujet. Ce qui transforme la relation que ses fans entretiennent avec elle. Bien plus que la chanteuse qu'ils préfèrent, Britney devient une part de leur per-

VISER PLUS LOIN

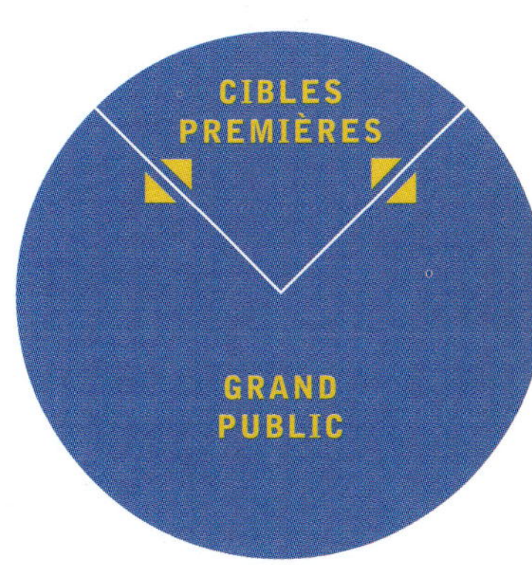

sonnalité. Exemple plus récent, la PlayStation de Sony : ses fans en Grande-Bretagne savourent l'idée que le reste du monde n'a rien compris, s'est senti exclu et même gêné par des campagnes de publicité très décalées. Deux exemples pour dire qu'en termes de popularité ou de notoriété, les marques ont tout à gagner à être connues au-delà de leur audience cible – et que les médias grand public sont le meilleur moyen d'y parvenir. Ces médias constituent par ailleurs une bonne mesure d'évaluation de l'offre faite par une marque aux consommateurs, avant qu'elle ne la personnalise pour des cibles plus définies. L'immense expansion d'E*TRADE en Amérique dans les années 1999 et 2000 (une marque qui, elle, a su bien utiliser le Super Bowl pour renforcer son élan) s'est appuyée sur un lourd investissement dans les médias grand public. E*TRADE a bien intégré cette vieille nécessité de créer une présence de masse avant de se lancer dans le marketing téléphonique. Ainsi, les médias grand public plantent le décor pour des campagnes « one-to-one » réussies.

La formule n'est pas réservée aux entreprises disposant de budgets publicitaires faramineux. La machine de relations publiques qu'est Virgin, les événements sponsorisés par Absolut ou la présence de FCUK dans la rue à travers ses T-shirts : autant d'exemples qui démontrent, alors même que le marketing « one-to-one » tient le devant de la scène, que les marques tournées vers un large public restent les véritables marques disruptives.

Convention n° 4 : Le marketing s'intéresse d'abord aux parts de marché

Accélération industrielle, prolifération des produits, apparition de copies qui ressemblent à s'y méprendre à des clones de l'original : le rôle du marketing consiste de plus en plus à anticiper les compétitions à venir et à gagner du terrain sur la concurrence immédiate. Pourtant, même si le combat pour grignoter des parts de marché prend une allure frénétique, on continue à travailler sur un marché dont les paramètres ont été définis selon les croyances usées qu'imposent les fabricants. La Disruption, ici, est très simple. Elle se résume à une question : « Dans quel marché nous situons-nous ? » Ou, en d'autres termes : « Que vendons-nous vraiment ? »

L'environnement d'aujourd'hui, c'est l'hyper-choix. De fait, les entreprises se trouvent bien plus souvent en lutte pour des parts de l'opinion ou des goûts des consommateurs que pour de simples parts de marché. Qu'elles le veuillent ou non, les marques se font concurrence pour saisir un peu de la vie quotidienne et des goûts des consommateurs, ce qui n'a souvent rien à voir avec ce qu'ont imaginé les entreprises comme cadre compétitif. Prenons, par exemple, l'achat d'un produit aussi important qu'une montre de luxe. L'acheteur pourrait opter pour une autre dépense du même ordre, un versement sur le crédit d'une voiture de sport, un abonnement annuel dans un club de gym ou n'importe quel autre achat ayant trait à la valorisation de son image. En ce cas, le marché à considérer n'est pas celui des montres de luxe, mais plutôt celui, en plein développement, de l'image de soi.

Sous cet angle, on voit immédiatement le moyen de renverser les conventions de communication et de transformer le discours habituel des marques de montres. Est-il indispensable que la montre soit visible dans les annonces ? Pas sûr. Nécessaire qu'on voie celui qui la porte ? Peut-être. Et ne pourrait-on pas communiquer de façon plus originale en plaçant la marque dans le contexte de situations exprimant la valorisation de soi ? Enfin, la montre ne devrait-elle pas être vendue, en plus de chez les horlogers, dans les boutiques de mode, de parfums, ou même chez les concessionnaires automobiles.

Évidemment, ce genre de raisonnement peut aussi conduire à une disruption dans le domaine des prix, qui restent souvent liés aux conventions du marché. Si vous redéfinissez votre propre marché, vous pouvez aussi, plus facilement, décider de vos prix. Pour reprendre l'exemple déjà évoqué : qui aurait imaginé, il y a seulement sept ans, qu'on accepterait de payer 4 euros pour une tasse de café ? Seulement, à l'époque, on n'avait pas encore inventé le double cappuccino serré nappé de caramel. Une fois qu'on a compris que le cadre conventionnel d'une catégorie de produits n'est rien d'autre que cela – une convention –, on se sent plus que jamais libre de redéfinir soi-même les règles du jeu.

Convention n° 5 : La réussite d'une stratégie marketing repose sur sa pérennité

L'avènement de stratégies cohérentes, pensées avec soin et sur la distance, date de l'immédiat après-guerre. Il est lié au large consensus économique et politique de l'époque. Pour les gouvernements, la meilleure façon de contrer les violents soubresauts des cycles économiques était de lancer des programmes d'investissements publics minutieusement élaborés. De même, les entreprises envisageaient une saine planification comme condition suffisante de leur croissance dans une durée indéfinie. Pour les économistes, le business devenait même une branche de la science. Les profondes récessions des années 1980 et du début des années 1990, ainsi que l'émergence de l'économie de l'information, ont complètement changé la donne. D'un côté, les gouvernements ont pris conscience de leur impuissance face aux puissants flux de l'argent, tandis que les entreprises comprenaient que tout plan à long terme devenait hasardeux dans un temps caractérisé par la rapide évolution des marchés. Ce que résume par une formule frappante Jack Welch, patron de General Electric : « Quelle est notre stratégie ? Courir à toutes jambes, puis changer de direction. »

Évidemment, ce constat ne suffira pas à enterrer l'idée de stratégie. Les entreprises qui réussissent, comme General Electric ou Microsoft, se fixent toujours des objectifs à terme et les moyens de les atteindre. Mais elles savent aussi que leur planification est forcément provisoire et sujette à révision constante, voire, si nécessaire, à des métamorphoses radicales. Dans un monde où, comme le prophétise Andy Grove d'Intel, « seuls les paranoïaques survivent », nul ne peut plus se reposer sur de vieilles croyances et des modèles immuables. Pourtant, c'est bel et bien ce qui continue de se passer dans le marketing. On y travaille toujours selon des méthodes qui privilégient la constance et la pérennité, au détriment de la capacité d'adaptation.

Ainsi, des pratiques normatives vieilles de plusieurs décennies continuent à servir de cadres à la communication, en dépit des innombrables alternatives qui ont fait leurs preuves ces dernières années. On continue à baser les décisions sur des études consommateurs conçues dans un environnement consumériste qui n'existe plus, en partie parce que cela conforte notre besoin d'être rassuré par des données cohérentes et tangibles. Et tant pis si ces données sont fondées sur des hypothèses obsolètes ! On sait bien, pourtant, que les gens ne consomment plus la publicité comme autrefois. Alors pourquoi travailler avec des méthodes qui datent ?

Ce conservatisme dans la communication sur les marques se retrouve dans les approches mises en place par les agences ou leurs départements marketing. Le plus souvent, elles exploitent un modèle contraignant et complexe, appelé « Essence de la Marque » ou « ADN de la Marque ». Plus le modèle est alambiqué, plus il passe pour vérité d'évangile. Une fois fixée la « vérité » d'une marque, pas le droit de changer quoi que ce soit, et surtout pas par la publicité. Souvent, les agences expliquent à leurs clients que la sacro-sainte cohérence à long terme impose de décliner à l'infini une seule et unique idée créative. Plus le modèle semble uniforme, plus l'agence croit pouvoir prendre ses aises et sortir une simple variation, en guise de campagne, lorsque le plan média l'exige.

Une idée directrice, quand même…

Pour le philosophe Ralph Waldo Emerson : « Le besoin de cohérence est le grigri des esprits étroits. » Nous nous faisons ici l'avocat du diable. On ne peut pas nier qu'il faille une idée directrice pour une marque. Mais cette idée devrait définir son avenir, au lieu de clouer son présent au passé, comme c'est trop souvent le cas. En outre, cette idée ne devrait pas imposer un style immuable de communication. Publicitaires et hommes du marketing se conduisent trop souvent comme des intégristes. Comme si leur rôle se limitait à vérifier avec une précision maniaque que chaque nouvelle communication respecte bien le texte sacré de l'Essence de la Marque ! Les agences s'attribuent la fonction de gardiens du Temple, symptôme d'une posture purement défensive. La vérité d'une marque devrait rester une formule simple, non verrouillée, adaptée au futur et interprétable de façon souple. Un tremplin pour la créativité plutôt qu'une inquisition contre les hérésies.

Il ne s'agit pas de sous-estimer a priori la valeur des stratégies qui ont traversé le temps, mais de rester vigilant, jusqu'à la paranoïa prônée par Grove, sur le fait qu'elles ont d'abord un devoir de pertinence. Il est indispensable de réfléchir sans cesse aux moyens de revitaliser et de réinventer les campagnes. Absolut en donne un bon exemple : la marque possède une vision cohérente à long terme, mais elle a su s'échapper de sa niche initiale pour s'afficher en dos de couverture des magazines, saisir toutes sortes d'opportunités médiatiques, Internet, le sponsoring ou la création d'événements, de façon à rester à l'avant-garde des tendances.

Pour résumer, il faut être persévérant dans ses convictions et dynamique dans son action. Trop souvent, on surestime malheureusement le credo de la marque et on en étouffe le dynamisme.

« Nous sommes tous des spécialistes du marketing »

Si, comme le dit Peter Drucker : « Aujourd'hui, nous sommes tous des spécialistes du marketing », beaucoup d'entreprises commencent à se rendre compte que la commercialisation d'un produit doit s'appuyer sur l'implication de tous les services. Un lancement nécessite une idée directrice, une stratégie, mais plus encore un programme interne fait tout à la fois de valeurs et de conduites, dans lequel chacun puisse se sentir impliqué. Ce qui nous ramène, encore une fois, à cette idée que les marques sont des idées vivantes. Point de vue qui implique de faire éclater l'activité marketing pour la redistribuer à tous les étages, chez tous les employés, et encourager les initiatives créatives, les initiatives disruptives. En somme, votre marque est trop importante pour être laissée entre les mains de votre département marketing, ou même de votre agence de publicité.

J.M.T.
NON-AIDS ONLY.
SLEGS NIE-VIGS
aids. the new struggle.
Segregation isn't a thing of the past in South Africa. Everyday people with HIV/AIDS are treated like second ~ class citizens. Fight the discrimination. Support Wola Nani on World AIDS Day December 1st. For more information call (021) 237 385.
WOLA NANI
EMBRACE

2. AFRIQUE DU SUD : CULTURE DISRUPTION

Plus que nulle part ailleurs dans notre groupe, c'est en Afrique du Sud que la Disruption est la plus vécue, voire respirée, au quotidien. Et aucun directeur de création au monde n'en sait plus sur la Disruption que John Hunt. Il la pratique tous les jours au point d'en être devenu un apôtre fervent. John est à la tête de Hunt Lascaris, l'une de nos meilleures agences, consacrée Agence du Siècle en Afrique du Sud en l'an 2000. Depuis 1992, son agence a été officiellement classée à six reprises dans les dix meilleures du monde par Advertising Age, la bible américaine de la publicité. Peu d'entités, autant que TBWA\Hunt\Lascaris, allient la fraîcheur créative à de saines intuitions stratégiques.

Grâce à la Disruption, nos amis sud-africains ont su aligner des résultats impressionnants tant en termes de business, comme avec la Standard Bank, que sur le strict plan de la communication publicitaire, avec Nando's par exemple. Dans ce chapitre, j'ai demandé à John et à sa collaboratrice Marie Jamieson, qui dirige le planning stratégique de son agence, de faire part de leur expérience. Si vous ne deviez lire qu'un seul chapitre de ce livre, que ce soit celui-là.

Nos partenaires dans le monde entier ne cessent de répéter qu'ils ont une admiration particulière pour notre agence, ici à Johannesburg. Est-ce la manière dont elle fonctionne ? Est-ce la nature du pays ? Sans doute les deux.
L'Afrique du Sud est un choc d'inconciliables – des montagnes vertes et des plaines désertiques, des plages intactes depuis la préhistoire et des vignobles savamment entretenus, des bidonvilles urbains et des immensités où patrouillent le lion, l'éléphant et le rhinocéros. Ici coexistent la technologie occidentale et le savoir tribal, le téléphone portable et le tam-tam. C'est la nation de l'arc-en-ciel. Une terre que Nelson Mandela définit comme un foyer unique, adoré de tous ses enfants. L'endroit le plus stimulant au monde. Le monde entier dans un seul pays.
En 1991, notre agence a été l'un des concepteurs d'une campagne pour la paix, destinée à reforger un sentiment d'unité chez les Sud-Africains de toutes origines, et à ouvrir la voie à une nouvelle constitution et à des élections démocratiques. Ce ne fut pas tâche facile, l'agence ayant fait l'objet de menaces d'attentats venant d'extrémistes des deux bords.
Un deuxième événement marquant a suivi cette première mission. Nelson Mandela nous a demandé de promouvoir son parti, l'ANC (African National Congress) lors des premières élections démocratiques jamais organisées dans ce pays. De nouvelles menaces d'attentats s'en sont suivies, nos téléphones étaient sur écoute, et nous avons perdu plusieurs clients qui ne voulaient en aucun cas être associés à « l'agence de l'ANC ». En compensation, nous avons vécu au plus près l'extraordinaire transformation qu'allait connaître ce pays.
Vivre et travailler en Afrique du Sud est en soi une leçon de Disruption bon gré mal gré. Dans ce pays, le statu quo n'existe pas. Les conventions de la veille s'évaporent avec la rosée du matin. Ça donne des ailes. La rupture devient une attitude nécessaire à la survie – sans même parler de réussite. Elle se développe à plein régime et s'applique à tous les instants, dans tous les domaines, pour toutes les activités.

Disruption dans notre ADN

Si nous avons pu réussir dans des conditions à ce point particulières, c'est parce que la Disruption a en quelque sorte toujours fait partie de notre culture. Rétrospectivement, nous nous sommes rendus compte que nous l'appliquions avant même que le mot n'existe. À nos débuts, nous ne disposions d'aucune méthodologie formulée. Nous suivions notre instinct, et cet instinct était disruptif. Nous étions une agence de nouvelles têtes. Nos premiers clients étaient des originaux, bien décidés à prendre d'assaut les vieilles for-

teresses. Pour se faire remarquer, il fallait bousculer les choses établies alors que le pouvoir, dans l'ensemble du pays, basculait simultanément.
Nous avons joué les iconoclastes, mais jamais gratuitement. Il ne s'agissait pas d'être différent pour le plaisir de la différence. Tout était fondé sur des impératifs stratégiques, même si, à dire vrai, on croisait souvent les doigts en espérant que ça marche. Nous prenions des risques, mais nous les calculions. Des marques dynamiques et conquérantes n'ont pas eu à se plaindre des campagnes que nous avons concoctées lors de ces années héroïques. Les annonces étaient surprenantes, elles repoussaient les cadres établis vers des frontières inattendues tout en se fondant sur une réflexion stratégique profonde. Elles exploitaient les manques, les faiblesses ou les absences de la concurrence, ou bien elles capitalisaient sur des connaissances inutilisées dans le secteur concerné.
La version formalisée et structurée de la Disruption nous a été présentée en 1998. Nous y avons immédiatement adhéré. Le livre de Jean-Marie Dru nous expliquait à nous-mêmes. Notre comportement en rupture avait un nom. Il y avait une véritable réflexion en amont. Une méthodologie. Nous nous sentions justifiés, légitimés.
La méthodologie nous démontrait que défier les conventions représentait beaucoup plus qu'une impudence de collégiens. Il y avait là une direction stratégique pour le développement marketing. On peut le constater à travers les avancées bien réelles que nous avons obtenues pour des clients comme Standard Bank of South Africa, Savanna, South African Airways, Standard Corporate & Merchant Bank, la campagne Aids Awareness ou Nando's, chaîne mondiale de restauration rapide. On retrouvera ces exemples dans les pages qui suivent.
La Disruption nous a servi à donner plus d'impact et de pertinence à ces campagnes et à beaucoup d'autres. En même temps, la méthodologie a été utilisée par nos clients pour résoudre leurs propres problèmes stratégiques en matière de marketing. L'approche disruptive fait jaillir la clarté des objectifs. La dimension iconoclaste permet aux cadres supérieurs et à toutes leurs équipes de faire un pas de côté et de regarder la réalité sous un nouvel angle.

Capter l'énergie du changement perpétuel

Il y a mille manières de pratiquer la Disruption. On peut l'envisager horizontalement ou verticalement. On peut la considérer d'un point de vue business ou marketing. Dans une perspective de communication intégrée

ou simplement pour une campagne publicitaire ponctuelle. On peut la mettre en œuvre au niveau de l'organisation interne comme au niveau de l'image de marque. On peut être disruptif en déployant la version large de la méthodologie, ou bien opter pour des options raccourcies. On peut y réfléchir d'une façon structurée au cours de séminaires avec les clients. On peut aussi la pratiquer d'une manière informelle dans les bureaux de l'agence. On peut être disruptif en groupe ou en solitaire.
La Disruption ne connaît pas de bornes. Elle n'a ni commencement ni fin délimités. Ce que nous savons, c'est que, chaque fois que nous l'avons appliquée, elle nous a donné de nouvelles directions. Et, rétrospectivement, procuré des résultats incontestables.
La valeur optimale de la Disruption apparaît lorsqu'on l'absorbe dans sa culture. Quand on en fait une partie de son ADN. On rayonne de l'énergie dégagée par le changement constant des règles du jeu.

Six exemples de Disruption en Afrique du Sud

Les sauts stratégiques de la South Africa Standard Bank

Il est rare qu'une très grande compagnie vienne trouver son agence de publicité pour lui dire : nous voulons changer, et pour cela nous avons besoin de votre aide. Ce fut pourtant là le signal de départ d'une transformation en profondeur de la South Africa Standard Bank. L'un des facteurs déclencheur du processus avait été une OPA hostile. Pourtant la démarche de changement n'était pas le fruit d'un réflexe de défense pour affronter une situation menaçante mais d'une réelle détermination à inventer une nouvelle approche de la banque, qui continuerait à fonctionner une fois la bataille financière gagnée.
La Disruption nous a poussés à impulser un changement de vitesse qui allait orienter toute l'organisation dans une nouvelle direction. Il fallait remplacer la complexité par la simplicité. Mais plus encore : la pensée morcelée devait laisser la place à des objectifs unifiés. Il fallait cesser de dissimuler les problèmes ou de les repasser à quelqu'un d'autre, et créer chez chacun la volonté de les prendre à bras le corps. Et puis en finir avec l'autocratie, et donner du pouvoir à tout un chacun. Et encore, en lieu et place de la grimace méprisante de rigueur dans les grandes institutions, il fallait inventer un sourire.
Le trajet ne fut pas de tout repos. C'était prévu : nous savions que nous devions opérer un basculement fondamental. Il fallait lâcher la culture de la complexité pour celle de la simplicité. À l'époque, la complexité semblait gouverner le monde. Dans une économie de plus en plus fondée sur les nouvelles connaissances, on a souvent tendance à voir une corrélation

entre complexité et qualité. Les spécialistes se drapent dans un manteau de complexité parce qu'ils lui prêtent une valeur ajoutée. Les innovateurs dans les technologies de l'information le font sans arrêt. Certains analystes financiers s'y complaisent aussi.

Pour la Standard Bank, faire le pas vers la Disruption demandait beaucoup d'audace. La banque avait une réputation d'expertise dans la haute technologie appliquée aux services financiers. Elle avait été parmi les premières à introduire les services bancaires électroniques en Afrique du Sud. Ses systèmes soutiennent aujourd'hui la comparaison avec les meilleurs au monde. La logique conventionnelle aurait voulu mettre l'accent sur la complexité et sur la haute sophistication technique exigée par la banque moderne tout en rappelant que la Standard Bank représente, dans le système bancaire, l'équivalent des plus grands cracks scientifiques. Au lieu de cela, ses responsables décidèrent de faire voler en éclat la logique conventionnelle.

Les êtres humains en réalité ne recherchent pas la complication. Ils préfèrent une simplicité en laquelle ils peuvent avoir confiance, qui leur rend la vie plus facile, qui leur fait gagner du temps. La prise de conscience disruptive était la suivante : les vrais maîtres de la complexité font en sorte que les choses paraissent faciles. Un service simplifié qui demande le moins d'effort possible au client exige au contraire, de celui qui le fournit, un savoir-faire technique exceptionnel et un engagement absolu.

SIMPLE®. BETTE®. FASTE®.

Tout cela nous a amenés au message « Simpler, better, faster » (Plus simple, mieux, plus vite). C'est à la fois un résumé des valeurs défendues par l'entreprise et la signature qui unifie ses campagnes post-disruption. C'est une promesse adressée aux clients et une ligne de conduite pour les employés. À partir de ce concept, l'agence a établi un « credo du consommateur » qui doit guider toutes les activités de la banque, aussi bien en interne que vis-à-vis du public :

Voilà une banque dont j'aimerais faire ma banque…
Le monde est passé en position « Avance rapide », et chacun,
moi le premier, a besoin d'aide.
J'aimerais qu'on comprenne ceci : ce sont les hommes
et les femmes qui se connectent, pas les modems.

Un autre souhait : qu'on rende simple ce qui est compliqué, et pas l'inverse.
Que je sois intelligent ou non, on n'a rien à gagner à me traiter comme un idiot.
Et pour finir, je n'attends pas que ma banque soit parfaite, mais j'attends qu'elle essaie de l'être, à chaque instant.
Parce qu'en vous confiant mon argent, je vous donne ma confiance.
Standard Bank. Simpler, better, faster.

Ce concept et ce credo ont inspiré toute l'activité et la communication de la banque. Toutes les campagnes publicitaires déclinent les avantages induits par l'accroche « Simpler, better, faster ». Dans les questionnaires de recrutement, on demande aux postulants de se définir par rapport à la question : « Êtes-vous le genre de personne qui peut nous aider à être plus simples, meilleurs, plus rapides ? » Dans les évaluations, on pose la même question aux employés : en quoi ont-ils contribué à rendre la banque plus simple...

On peut retrouver cette déclaration d'intention dans toutes sortes de situations. Et même sur l'écran d'un distributeur de billets. Auparavant, en attendant qu'un ordre soit exécuté, on pouvait voir un personnage de dessin animé marcher de long en large en portant des dossiers. Désormais, le personnage court à toute vitesse.

Les clients n'ont pas été les seuls à percevoir la différence. Des observateurs indépendants, dans l'industrie et dans les médias, l'ont notée. Par exemple, le magazine Global Finance, dans son palmarès des marchés émergents, a distingué la Standard Bank comme la meilleure banque d'Afrique du Sud. Elle figure aussi sur la liste des meilleures banques sur le continent africain et au Moyen-Orient. Dans un sondage sur les entreprises les plus cotées d'Afrique du Sud, la Standard Bank atteint la huitième place et fait le meilleur score de toutes les institutions financières dans la catégorie « relationnel ».

Convention Les banques sont lentes, prudentes et lourdes.
Disruption Les vrais maîtres de la complexité simplifient la vie des gens.
Vision Plus simple, plus efficace, plus rapide.

Savanna fait basculer l'image d'une boisson

Voici un autre client qui nous a demandé d'être disruptif dès le début : SWF, un distributeur de boissons alcoolisées, pour sa marque de cidre Savanna. Nous sommes au début des années 1990. Sur le marché sud-africain, les boissons alcoolisées fruitées sont en pleine croissance. Quatre marques établies se partagent plus de 80 % du marché. Deux d'entre elles appartiennent à SWF, mais la concurrence se fait menaçante. Dans ce contexte, notre agence est contactée afin de bousculer le statu quo en lançant une nouvelle marque leader. SWF nous laisse carte blanche, avec une obligation : que le lancement aboutisse à renforcer sa position globale sur le marché. Et ce n'est pas une mince affaire, étant donné que ce secteur a déjà fait l'objet de nombreuses batailles et que les perceptions se sont profondément ancrées.

Une convention domine à propos du cidre : pour les Africains du Sud, c'est une boisson de femme. La plupart des cidres sont sucrés et peu titrés en alcool. Au mieux, les hommes considèrent le cidre comme une boisson désaltérante. On en boit un verre, et puis on passe à quelque chose de plus sérieux. Pour réussir un nouveau lancement, il faut s'attaquer à ce paradigme. L'idée disruptive, c'est de prendre une boisson produite et embouteillée en Afrique du Sud et de lui donner tous les attributs et les associations positives d'une marque internationale de grande classe, depuis son nom jusqu'à la forme résolument originale de sa bouteille. Ce caractère international autorise à appliquer un tarif nettement supérieur à la moyenne du marché (environ 25 % plus cher). Cette rupture nous amène aussi à concevoir un cidre plus sec et plus fort, qui brise la convention du « cidre doux et sucré ». Toute la communication met l'accent sur ce caractère. Les films à la télévision et les annonces dans la presse utilisent un humour abrupt et grinçant, en un mot : sec. Du style : « Si l'amour est aveugle, pourquoi les chirurgiens esthétiques gagnent-ils autant d'argent ? » Ou bien : « Je n'arrive pas à rêvasser, je pense toujours à autre chose. »

« Savanna – c'est sec, mais ça se boit »

On peut juger du succès de cette stratégie disruptive en faisant la comparaison avec une autre campagne de lancement qui eut lieu trois ans avant. Cette campagne molle avait suivi toutes les conventions en usage dans le domaine et pratiqué une approche consciencieusement conservatrice. Malgré des efforts démesurés dans la distribution, avec des prix inférieurs de 10 % à la moyenne du marché, et un budget publicitaire dix fois plus important que celui de la campagne Savanna, ce nouveau venu est resté à la traîne.

Savanna, au contraire, a dépassé toutes les projections de ventes. De même qu'a été atteint l'objectif stratégique : un renforcement de la position générale de SWF. Le succès de la campagne a entraîné un véritable engouement chez les Sud-Africains branchés, de tous âges, de toutes classes sociales et des deux sexes. Savanna est parfait pour porter un toast à la Disruption.

Convention Le cidre est une boisson de femmes (doux et léger).

Disruption Exprimer la sécheresse du goût
par la sécheresse de l'humour.

Vision Un « trendsetter » international.

South African Airlines, une histoire de fierté

Les compagnies aériennes ont pour habitude de communiquer principalement sur les particularités de leurs produits et de leur service. Les campagnes nous parlent avant tout de l'espace entre les rangées de sièges, ou des sourires généreux de l'équipage. Cela ne va pas bien loin. On n'ose pas prendre de la hauteur et par exemple faire appel à la fibre patriotique. Pour une raison simple : ce qui pourrait marcher dans un pays risque de déplaire à l'international.

Nous positionnant en rupture par rapport à ce qui vient d'être dit, nous avons décidé de jouer sur la fierté nationale. À l'époque de l'Apartheid, l'ancienne SAA était boycottée par certains voyageurs pour des raisons politiques. Mais aujourd'hui la nouvelle SAA incarne l'espoir d'une jeune démocratie. Les citoyens d'autres pays que l'Afrique du Sud ne se sont pas sentis offensés. La publicité reflétait une fierté toute neuve, une nouvelle confiance en soi. Le monde entier a partagé cet espoir et souhaité que cette démocratie naissante devienne un phare, un exemple pour les autres pays d'Afrique.

La fierté et l'espoir africains se sont identifiés au décollage de la nouvelle SAA. La Disruption a consisté à créer un hymne à la marque SAA qui représentait en même temps une ode à la nouvelle Afrique du Sud – d'où le message « Envolez-vous avec le rêve sud-africain ».

L'hymne proclamait :

Parce que nous dansons quand nous sommes heureux
Parce que nous dansons quand nous sommes tristes
Parce que nous vivons les uns avec les autres, depuis des années
Parce que nous comprenons tous « Ja well no fine »
Parce que nous disons tous « Sharp ! »
Parce que notre passé est douloureux, mais notre avenir lumineux
Parce qu'il n'est jamais trop tard pour grandir
Parce que les rues sont nos centres commerciaux
Parce que les arbres sont nos temples
Parce que nous chantons deux hymnes nationaux
Et que nous parlons quinze langues
Nous volons sous un seul drapeau.

On est loin du discours habituel, qui consiste à comparer une distance de 31 pouces contre 30 pouces pour allonger ses jambes. Un vol sur SAA devient le voyage symbolique de celui qui, autrefois paria, apprend à se respecter lui-même. C'est un encouragement pour les Sud-Africains – et pour ceux qui les soutiennent – à considérer SAA comme LEUR compagnie aérienne.

Bien sûr, c'est un atout de pouvoir s'appuyer sur le président le plus populaire au monde, et de lui donner un rôle de star dans la publicité. Nelson Mandela, en personne, l'air détendu, rajeuni, prêt à danser le rock'n roll, aide au décollage du rêve sud-africain.

Convention Les compagnies aériennes vendent leurs services.

Disruption Vendre la personnalité sud-africaine.

Vision Nous incarnons avec fierté le rêve sud-africain.

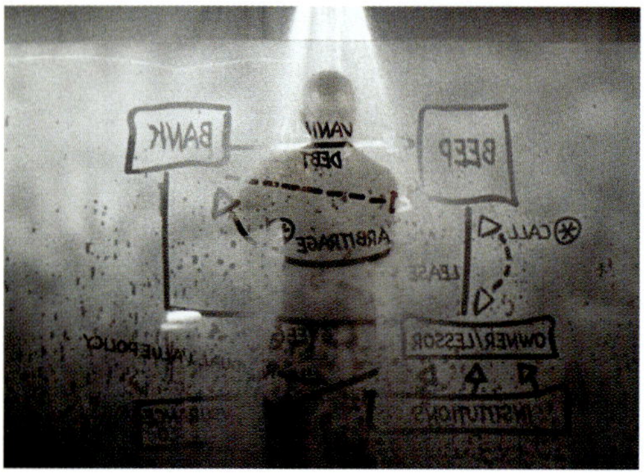

La vie stylée chez Standard Corporate & Merchant Bank

Vous savez que vous avez affaire à une espèce différente de banquier quand on vous donne rendez-vous entre 19 heures et 23 heures, parce que c'est le seul moment qui reste libre. C'est donc à ces heures inhabituelles que nous avons mené notre atelier de Disruption avec les représentants de la SCMB. Ce sont des cadres qui passent leurs journées à traiter leurs affaires. Ils arrivent dans de curieux véhicules, souvent des voitures de sport, en tout cas rien à voir avec les grosses cylindrées typiques du secteur bancaire.

L'équipe de SCMB ne ressemble pas à l'idée qu'on se fait généralement des banquiers. Ses membres ont des horaires illimités et cultivent des styles de vie originaux. Mais au bout du compte, leur anticonformisme crée l'étincelle qui permet d'imaginer des scénarios inédits.

Dans n'importe quel groupe de services financiers intégrés, les banquiers d'affaires représentent le haut du panier. Leur réussite exerce un impact sur tout le reste du groupe, sur les investisseurs, sur le public et sur le moral des troupes à tous les étages de l'organisation. Et pourtant la publicité des banques d'affaires ignore la personnalité des employés. Invariablement, c'est un hymne à la banque, à ses bénéfices, au statut de ses clients. Souvent, on cite le nom de clients célèbres. On ne s'intéresse jamais à la pensée qui préside aux transactions. Ceux qui montent les affaires sont des contributeurs anonymes. La Disruption, dans ce cas, consiste simplement à lever le voile et à honorer publiquement les responsables.

En conséquence, notre campagne démontre que les bonnes idées ne font que peu de cas des horaires de bureau. Elles peuvent jaillir à n'importe quel moment, lorsque la banque d'affaires se révèle à la fois créative et impliquée. Les scénarios mettent l'accent sur l'attitude. On travaille et on vit 24 heures sur 24, 7 jours sur 7, 365 jours par an.

Un des spots s'ouvre sur une femme élégante dans un appartement luxueux. Elle sort de la chambre, l'air furieux. Elle empoigne plusieurs chaussures d'homme et les jette dans la machine à laver. Elle coupe aux ciseaux les manches des costumes dans la penderie. Elle insère une tranche de salami dans la platine CD, et une grosse crevette congelée sous la housse en cuir d'un fauteuil. Puis elle écrit, avec du rouge à lèvre, sur le grand miroir du salon : « Espèce de s… » Mais au lieu de finir sa phrase, elle poursuit avec des chiffres, des calculs, des courbes et des pourcentages. Et le message apparaît en sous-titre : « Les grandes idées ne respectent pas les horaires de bureau. SCMB. »

Un autre film commence dans une salle de bain embuée. La porte vitrée de la douche est fermée et couverte de vapeur. On voit la silhouette d'un homme à l'intérieur. On l'entend chanter à pleins poumons et il se trémousse en rythme. Et puis d'un seul coup il s'arrête de chanter. Sur le verre mouillé, il trace des lettres et des chiffres. De nouveau, le message s'inscrit : « Les grandes idées ne respectent pas les horaires de bureau. SCMB. »

Les employés de SCMB se sont reconnus en visionnant ces films. Et dans les six mois qui ont suivi, SCMB a obtenu les meilleurs scores de son histoire en termes de notoriété et d'appréciation. Dans le sondage réalisé par PricewaterhouseCoopers, établi auprès des professionnels des banques d'affaires, SCMB est arrivé en tête dans six catégories : banque d'affaires, transactions internationales, marchés financiers, banque en ligne, prêts et dépôts aux particuliers, gestion des valeurs mobilières et produits dérivés. La campagne a sûrement aidé un peu.

Convention On choisit une banque en fonction de sa réputation et de la solidité de ses performances.

Disruption La mentalité de l'équipe est le meilleur garant des performances.

Vision On est créatif à toute heure, jour et nuit.

Le Sida, facteur d'exclusion

L'Afrique du Sud est le pays le plus touché au monde par le Sida et le virus HIV. Cela soulève d'immenses problèmes. En Afrique, le Sida est à la fois une tragédie nationale et un drame intime qui touche chaque famille, chaque communauté. Les soins doivent s'appuyer sur l'environnement familial et communautaire, puisqu'aucun État africain n'a les moyens de créer une infrastructure de santé publique assez puissante pour accueillir le nombre sans cesse croissant de malades. Pour parvenir à une meilleure prise en charge et à un engagement fort de la part des familles et des communautés, on a besoin en premier lieu d'une plus grande tolérance. Or il se trouve que dans chaque village d'Afrique du Sud, dans le

P
60 MIN
08h00-17h00
aids. the new struggle.
Prejudice isn't dead in the new South Africa. Ask one of the 5 million people in this country with HIV/AIDS. Fight the discrimin

PUBLIC TOILETS
NON-AIDS ONLY
OPENBARE
KLEEDKAMERS
ALLEENLIK NIE-VIGS
Support Wola Nani on World AIDS Day December 1st. For more information call (021) 237 385.
WOLA NANI
-EMBRACE-
TBWA HUNT LASCARIS CAPE 708078/1

bush, les malades du Sida sont rejetés. Expulsés du village, ils traînent sur les routes, seuls, à l'abandon.

Dans ce contexte nous avons imaginé la première campagne combattant la stigmatisation des malades. La campagne a identifié l'attitude de ceux qui rejetaient les malades du Sida comme une nouvelle discrimination, comme « le nouvel Apartheid ». C'était une stratégie choc, mais aussi un appel à l'union de tous les Sud-Africains pour lutter ensemble. Le parallèle avec l'Apartheid nommait l'enjeu comme celui d'un combat, d'une guerre contre la discrimination.

Pour marquer encore plus le parallèle symbolique entre le Sida et l'Apartheid, la campagne adoptait le style visuel de la période située entre 1944 et 1994. À cette époque, en Afrique du Sud, les bancs publics, les toilettes, les bus et tous les services portaient des écriteaux où l'on pouvait lire « Slegs Blankes » ou « Blankes Alleen » (Réservé aux Blancs). D'autres installations, de qualité médiocre, portaient la mention « Nie-Blankes Alleen » (Réservé aux non-Blancs). La typographie typique de ces inscriptions ainsi que les visuels inscrits dans la mémoire collective sud-africaine ont été repris dans la campagne sur le Sida. Mais cette fois la ségrégation s'appliquait entre les malades et les bien-portants.

Des écriteaux ont été placés dans les bus ou sur les plages, dans tous les endroits où les anciennes autorités avaient rendu obligatoire le système de privilèges raciaux. Ces panneaux ont créé la stupeur. Moins de cinq ans après le démantèlement de l'Apartheid, ils faisaient ressurgir de terribles souvenirs. La campagne est devenue un sujet de conversation majeur dans tout le pays. Dans bien des familles, c'était la première fois que le « mot qui commence par un A », Aids, surgissait autrement que par allusions furtives. Selon les conventions habituelles dans la publicité et la communication, il est inefficace de s'adresser aux gens en évoquant leurs pires cauchemars. C'est pourtant précisément la voie qui a été prise dans ce cas. L'imagerie disruptive était si intense qu'on ne pouvait pas l'ignorer. Et c'était l'ambition que s'étaient fixée les responsables de la campagne : créer un électrochoc pour briser un tabou et mettre fin aux attitudes de déni par rapport au Sida. La campagne a suscité des polémiques, mais on n'aurait pas pu trouver un symbolisme plus puissant.

Convention Les Sidéens sont des pestiférés, il faut les isoler.

Disruption Utiliser les souvenirs de l'Apartheid pour remettre en question l'attitude et le comportement des gens face aux malades du Sida.

Vision Un nouveau combat – un problème majeur qu'il faudra résoudre en y faisant face et en l'affrontant collectivement.

Nando's pense épicé

Nando's est un client disruptif, d'entrée de jeu. Sa spécialité, c'est le poulet grillé « hot and spicy », relevé aux épices fortes. Le magazine The Economist cite Nando's comme une des marques du nouveau millénaire Aujourd'hui, Nando's est une chaîne internationale de restaurants, mais déjà au cours de la décennie précédente, elle ne passait pas inaperçue.

Les conventions, dans le domaine de la restauration rapide, consistent à vendre le côté appétissant des produits et pas mal d'imagerie familiale. Avec, dans le spot, si possible, un bon chien, genre Labrador ou Golden Retriever. Les concurrents de Nando's dépensent six fois plus que lui dans ce créneau particulier.

Pourtant, chez Nando's, l'irrévérence est dans l'air. Un produit épicé crée une personnalité particulière. Nando's opta pour le commentaire social impertinent. Nando's est devenu célèbre pour son culot, autant que pour son poulet. Sur les autoroutes qui longent des prés calcinés par les incendies de brousse, Nando's plante des panneaux publicitaires qui proclament : « Voici une aire de pique-nique spéciale pour les amateurs de Peri-Peri. » La sauce Peri-Peri, à base de piments, est notoirement brûle-gueule chez Nando's. La marque n'épargne personne. Quand les téléspectateurs se voient infliger des tirs groupés de publicités pour les chaînes de supermarchés, communiquant uniquement sur la ristourne, Nando's s'attire la sympathie du public en produisant une parodie.

Au lieu d'utiliser l'image du bon chien de la famille, Nando's met en scène un chien d'aveugle. Celui-ci adore les odeurs qui s'échappent de chez

Nando's. Résultat, il bifurque soudainement vers cette source de félicité et son maître ne peut éviter un réverbère. Ce spot a subi les foudres des institutions régulatrices. Nando's a dû procéder à un remontage. Pendant que la controverse faisait rage, les actions de la chaîne montaient rapidement, et les études de marché ont confirmé que cette campagne avait été l'une des plus remarquées de l'année et l'une des préférées du public.

L'insolence de Nando's atteint de nouveaux sommets avec sa dernière campagne qui dépeint sans le moindre interdit les réalités de la vie en Afrique du Sud. Dans son collimateur satirique, on trouve des braquages de banque à tous les coins de rue, des ambulanciers peu consciencieux ou des consommateurs persuadés que la loterie nationale est truquée. Le héros de la série est un comédien métis. Et c'est une disruption de plus. Les conventions de la publicité sud-africaine veulent que la communauté métisse ne s'exprime efficacement ni au nom des Noirs ni au nom des Blancs. Ces publicités démontrent au contraire que tout le monde peut s'identifier à un héros métis. Quant à l'ironie de ses mésaventures, elle attaque de front les tabous sociaux, fait exploser le politiquement correct et trouve une résonance profonde dans les couches les plus diverses de la société sud-africaine.

Au début des années 1990, dans cette catégorie du marché, l'irrévérence n'existait pas. Et pourtant, en dix ans, l'enseigne Nando's est devenue une institution nationale. Aujourd'hui, elle est la seule à pouvoir se permettre de pointer du doigt ou de critiquer des points sensibles, tout en restant sympathique. La marque s'est métamorphosée, elle était un challenger opportuniste, elle est désormais un porte-parole irrévérencieux sur la vie en Afrique du Sud. Et, du coup, un nombre croissant de Sud-Africains se retrouve dans la marque.

Ses budgets publicitaires restent inférieurs à ceux de ses concurrents, et pourtant Nando's prend un malin plaisir à leur tailler régulièrement des croupières. Ses campagnes reçoivent souvent des prix pour leur efficacité. L'impertinence fait grimper les ventes dans un pays trop longtemps et lourdement conformiste. En même temps, à partir d'un seul restaurant à Johannesburg, Nando's est désormais une chaîne mondiale.

Convention La restauration rapide se vend par une imagerie appétissante et des connotations familiales.

Disruption Rendre le produit désirable en pimentant la communication, dans un esprit d'irrévérence.

Vision Compléter la recette du poulet aux épices par une identité épicée et piquante.

Auto-Disruption

Nous ne pourrions pas suggérer à des entreprises de se lancer dans des changements profonds si, nous-mêmes, nous restions immobiles. Donc, nous ne pratiquons pas seulement la Disruption sur nos clients, nous l'appliquons aussi à nous-mêmes. À l'aide de la même méthodologie, nous analysons les conventions dans notre propre secteur, et nous les contestons. Nous sommes prêts à créer de nouvelles visions concernant l'avenir de notre profession, et à agir en conséquence. Pour nous, au sein de notre agence, la Disruption est devenue une pratique de tous les jours, une philosophie, une stratégie pour gagner.

Usine à idées

Tout cela nous a conduits à développer un nouveau modèle d'agence et un nouveau vocabulaire pour décrire les processus engendrés par notre auto-Disruption systématique. Les solutions que nous proposons ne sont pas forcément axées sur la communication. Elles ne sont pas toujours liées au domaine publicitaire. Nous refusons de nous définir comme une simple agence de publicité. Nous sommes une usine à idées. Cette redéfinition de notre rôle nous ouvre des horizons surprenants.

Sortir du silo

Les idées sont notre produit de base. En conséquence, nous avons intérêt à développer des systèmes qui optimisent la quantité et la qualité de nos idées. Un des moyens consiste à casser les murs et les barrières. Il faut sortir des silos – ces petites boîtes marquées « commerciaux », « créatifs », « médias », et ainsi de suite. Il faut au contraire mettre toutes les idées en commun. C'est-à-dire travailler ensemble. D'où le concept de fusion. C'est un mode de fonctionnement plus malin, plus libre et plus globalisant. Rien à voir avec l'intégration, ça va beaucoup plus loin. Il ne s'agit pas seulement de réunir sous un même toit des talents variés. Nous allons jusqu'au bout. Dans notre volonté de fusion, nous rassemblons toutes les disciplines au cours d'une seule et même réunion. Il y a là les spécialistes des médias et du hors média, des relations publiques, de la promotion, du marketing sur les réseaux et du sponsoring.

Le forum est ouvert à tous. Chacun s'implique pleinement dans le défi à relever et dans l'opportunité à saisir. Le but, c'est de sortir La Grande Idée. À cette étape, toutes les idées proposées sont « neutres ». A priori et idées reçues sont rejetés. Toutes les opinions sont égales. Ce qui nous permet d'atteindre une vision panoramique, à 360 degrés.

La pratique du ricochet

Lorsqu'une bonne idée éclôt, il faut qu'elle puisse faire des ricochets sur les différents formats de communication et tous les types de médias. À chaque impact, elle doit créer de nouvelles synergies et des valeurs ajoutées.

Il ne s'agit pas automatiquement et forcément d'une idée publicitaire : on peut concevoir de nouvelles manières de mener une affaire ou de bâtir une relation avec les consommateurs. Cela peut être une idée provenant d'un programme de communication interne, d'une campagne de relations publiques ou d'une tactique de marketing direct. L'idée peut aussi déboucher sur un concept promotionnel ou sur une nouvelle façon d'inciter les consommateurs à tester le produit.

Quand une idée commence à faire des ricochets, les synergies se multiplient à vitesse accélérée. L'idée peut fonctionner admirablement à la télévision, puis on pense à l'Internet. Là, vu la nature interactive du net, on peut imaginer un vote ou un sondage, ou bien un concours. Le concours peut être repris par la radio. Autre scénario, on peut imaginer un film institutionnel qui sera projeté en interne. Dans une version différente, ce film peut se retrouver au cinéma, ou bien atterrir dans les rédactions et devenir un sujet de reportage pour les médias.

L'objectif, à chaque fois, est de créer une relation privilégiée avec les consommateurs afin de maximiser leur attention et leur implication.

Ateliers, mode d'emploi

Nous organisons des ateliers (« workshops »). Ils réunissent pendant un jour ou deux des collaborateurs de l'annonceur et de l'agence (voir le chapitre 3). Un atelier de Disruption, ou une série d'ateliers, donne l'occasion d'interconnecter les différents paramètres des marchés tels qu'ils fonctionnent déjà. On peut aussi bien se concentrer sur un problème précis concernant la publicité, ou sur des questions de business, de marketing ou de stratégie. L'important est de percevoir ce qui préoccupe ou passionne le client au premier chef. Nous avons développé de nouveaux modèles d'ateliers pour donner corps à cette vision de la Disruption comme machine à créer du changement – une manière d'amener notre agence et notre client à faire le saut ensemble.

La nouvelle Afrique du Sud, c'est la démocratie et la diversité. Pour la « nation de l'arc-en-ciel », la Disruption est multiculturelle. Pas question d'être à prédominance pâle et mâle. Il faut aussi que tous les niveaux de l'organisation qui travaille avec nous soient représentés : chefs et responsables, mais aussi jeunes recrues.

La logique de la Disruption fournit une méthodologie et une discipline, tout en faisant aussi appel au sens du plaisir et du jeu, et encourage ainsi la spontanéité et le jaillissement d'idées. Dans cette optique, nous avons découvert qu'on peut stimuler l'imagination grâce à des déguisements. Il arrive donc que l'on voie, dans les ateliers, des panoplies de pirate ou des oreilles de Mickey. En incitant les individus à endosser de nouvelles personnalités, on fait barrage aux discours pompeux et aux modes de pensée rigides.

Après les jeux de rôles vient l'effort concerté pour transformer des idées décoiffantes en propositions concrètes, applicables à une entreprise ou à une campagne. On passe alors aux exercices de concrétisation, destinés à cadrer les idées dans leur contexte. À la fin de l'atelier, les solutions doivent être évidentes. On les sélectionne démocratiquement, par le vote. Toutes les suggestions doivent appartenir au domaine du possible, chaque concept est examiné sous toutes les coutures. Les développements envisagés sont capables de galvaniser les équipes de notre client, puisque les idées sont nées de l'intérieur même de l'entreprise. Rien n'a été imposé de l'extérieur.

Chaque idée est précieuse, quelle qu'en soit la source

Un atelier de Disruption génère de l'enthousiasme, pas seulement des idées. On voit naître un nouvel élan, un sursaut de dynamisme. Les attitudes changent. Des liens fondés se tissent entre les services et les individus au sein de l'entreprise cliente, ainsi qu'entre l'agence et son client. La raison est compréhensible : on a découvert ensemble de nouvelles opportunités, il y a maintenant une réelle impatience de les mettre en œuvre. Et ça ne peut être qu'un travail collectif.

Nous avons organisé des dizaines de Disruption Days en Afrique du Sud. Un très grand nombre a eu lieu à travers le monde, de New York à Hong Kong, du Guatemala à l'Indonésie. De ces ateliers, il sort toujours quelque chose, une nouvelle vision pour une marque, de nouvelles idées de produits ou de nouvelles manières de redéfinir les enjeux de l'entreprise.

Les ateliers les plus récents se sont tenus à Minneapolis pour Staples, et à Paris pour Labello de Beiersdorf et pour Axa Assurances. D'autres sont en préparation à Francfort pour Henkel et à Londres pour Mars. Plusieurs centaines de Disruption Days se sont déroulées cette année dans notre réseau.

Nos clients sont formidables

Une ouverture absolue aux idées nouvelles et une totale flexibilité : voilà les atouts indispensables pour optimiser ses chances dans un monde qui se transforme à toute allure. Une telle plate-forme de travail pose un véritable défi. En tant qu'agence de publicité et fournisseurs d'idées, nous nous fixons pour but de faire grandir la stature de nos clients et de leurs marques. C'est une mission plus ambitieuse que de développer simplement des campagnes publicitaires. Elle exige, de notre part, des efforts considérables. Ces mêmes efforts, nous les demandons aussi à nos clients.

Aujourd'hui, nous refusons de signer avec de nouveaux clients avant d'avoir conduit avec eux un atelier de Disruption. Cela nous permet à la fois de nous rapprocher les uns des autres et de nous libérer des conventions. À partir de là, on peut réellement travailler. Occasionnellement, nous perdons des clients potentiels, mais nous avons préféré prendre ce risque. La voie que nous avons choisie suppose ce sacrifice. Nous ne pouvons pas demander à nos clients d'accomplir des gestes courageux si, nous-mêmes, n'avons pas le courage de nos convictions.

La bonne nouvelle, tout de même, c'est que la Disruption n'effraie jamais un client. C'est même tout le contraire. Nous l'avons découvert par hasard.

Si le but du marketing est de créer un consommateur fidèle, celui d'une agence consiste à créer un client loyal. Les meilleures agences devraient créer les meilleurs clients. Nous sommes payés pour savoir qu'une agence est supposée produire de bonnes campagnes. Mais lorsqu'on décortique le processus jusqu'à ses racines, on s'aperçoit qu'il est impossible d'établir une communication de qualité sans des clients de qualité. Le client est la cause, la publicité est l'effet. Arrangez-vous donc pour créer un nombre suffisant de clients formidables et la qualité de votre travail se matérialisera automatiquement dans vos campagnes.

Comment créer un client formidable ?

Après un atelier de Disruption, le client et l'agence ne souhaitent plus se retrouver face à face. On est tous du même côté à partager toutes les idées. En d'autres termes, si on va au fond des choses, le processus de rupture et le niveau de compréhension qui en découle permettent de débarrasser l'idée de l'ego. Lorsqu'une idée émerge, ce n'est déjà plus « mon » idée ou « ton » idée, c'est notre idée. Elle appartient à tous.

De nouvelles attitudes émergent en même temps que les idées nouvelles. Nous avons des clients « post-Disruption » qui nous disent, après avoir pris connaissance d'une proposition : « Qu'est-ce qu'elle a de disruptif ? » Ils

n'ont plus envie de cette sécurité supposée qu'offrent les solutions du passé. Ils veulent une rupture. En fait, c'est un rêve éveillé pour une agence publicitaire : les clients imposent eux-mêmes le niveau de créativité. Ils deviennent friands d'idées nouvelles. Rien ne leur fait plus peur. Dans ces conditions, l'interaction entre l'agence et les dirigeants de l'entreprise cliente atteint une qualité d'écoute exceptionnelle. Les manifestations d'antagonisme sont rarissimes.
Par les temps qui courent, la Disruption ne s'applique plus seulement à nos clients. Eux-mêmes recommandent le processus à leurs relations professionnelles, et sans l'avoir cherché nous nous retrouvons à travailler sur un nouveau projet de Disruption pour une autre entreprise. Ces partenaires inattendus peuvent être aussi divers qu'une chaîne de cinémas ou un grand cabinet d'avocats.

Disruption à l'intérieur de l'agence

La Disruption est un outil puissant. On l'a vu, nous travaillons à réinventer nos relations clients. Au bout du compte, c'est nous-mêmes que nous réinventons. À titre d'exemple de cette disruption interne, nous nous sommes mis à réexaminer les procédures de recherche d'idées au sein des équipes créatives. Ces équipes réunissent toujours un directeur artistique, un concepteur rédacteur et un directeur de création. Mais pourquoi ne pas faire intervenir un architecte, un metteur en scène de théâtre ou un ingénieur, afin d'élargir la base de la réflexion ? Il nous est arrivé de faire rebondir les idées de nos créatifs avec l'aide d'un comédien de « one-man-show ». Pour penser en dehors des sentiers battus, tous les chemins sont bons.
C'est devenu une pratique régulière : dès que nous butons sur un problème, nous l'attaquons à coups de disruption. Par exemple, nous nous sommes attelés au problème récurrent de la réunionnite. Nous l'avons résolu en créant des salles de réunions sans chaises ni fauteuils. C'est fou ce qu'on gère mieux son temps quand on reste debout ! Et ce n'est certainement qu'un début en matière d'expérimentation. Structures et conventions implosent une fois que le petit génie de la Disruption est sorti de sa lampe d'Aladin...

Les disruptions facilitent la communication

Notre client Nando's, la chaîne de restauration rapide, n'a plus besoin d'attendre que nous nous rendions dans ses bureaux pour une séance de travail ou un briefing. Ils ont installé une de leurs salles de réunion dans nos propres locaux. Ils veulent être partie prenante de ce qui se passe dans l'agence. Ils ont décidé de casser la distinction classique entre « eux » et « nous ». Ils souhaitent raccourcir au maximum les circuits de la communication. Leur solution disruptive ? S'installer à demeure.

Être proactif

Il nous arrive de plus en plus souvent de soumettre des idées à des clients sans attendre qu'ils nous briefent. Les idées commencent à ricocher et nous pouvons agir sans tarder. Nous croyons aux vertus de la vitesse plutôt qu'à celles de la lenteur. Le business, dit-on, avance à la vitesse de la pensée. Dans ce cas, ceux qui pensent vite ont un avantage compétitif, à condition d'échapper aux retards qu'engendre une exécution trop lente. Pourquoi attendre que vos clients formulent leur demande si vous avez déjà partagé avec eux une expérience de disruption et que de bonnes idées en ont jailli ? Pourquoi ne pas être proactif plutôt que seulement réactif ? Proactif, cela signifie développer des concepts ou même des campagnes entières dès que l'idée s'est faite jour. Nous avons mis en place une équipe de créatifs dont l'unique mission est de produire des idées proactives.

Ainsi, nous avons la capacité d'agir avant qu'on nous en ait donné l'ordre. Et quand nous le faisons, on ne nous ferme pas la porte au nez sous prétexte que nous n'avons pas suivi les procédures classiques et que nous n'avons pas un bon de commande numéroté et contre-signé. Les clients disruptifs sont ravis du fait que nous ayons entrepris quelque chose de notre propre initiative, à nos risques et périls. Si le résultat leur plaît, ils passeront commande officiellement – après. C'est à l'opposé de la démarche convenue, mais ça fonctionne. Les clients disruptifs nous permettent de travailler dans des conditions optimales, avec plus de plaisir et moins de formalités. Le sens de l'efficacité et de la stratégie prime. Vous n'êtes plus un simple fournisseur. On vous traite comme un partenaire. En travaillant de cette façon, vous placez la barre plus haut.

Le bien est l'ennemi du mieux

Les apôtres du changement que nous sommes ne doivent pas craindre de remettre en question un élément fondamental entre tous, le credo de notre propre agence. À nos débuts, nous étions une jeune agence, pétulante et culottée ; notre mot d'ordre était : « La vie est trop courte pour accepter la médiocrité. » Nous faisions de grands rêves et nous les faisons toujours. Notre ambition était claire : nous voulions devenir la première agence de classe mondiale à émerger d'Afrique du Sud. Puis nous nous sommes demandés comment rafraîchir cette vision tout en la rendant plus universelle.

Nos équipes de créatifs se sont énormément investies pour trouver un nouveau credo, quelque chose de simple qui puisse encourager et fédérer toutes les bonnes volontés, d'où qu'elles viennent. Nous voulions motiver nos créatifs, mais aussi notre management, notre comptabilité, notre département média. Que tout le monde se trouve dans un courant ascendant.

L'agence de la Disruption

En fait, on nous perçoit de plus en plus comme l'agence de la Disruption. Il fallait donc que le nouveau credo s'articule sans accroc avec la quête disruptive de meilleures performances et de solutions plus intelligentes. Nous avons emprunté une boutade à Bill Bernbach qui, en disant que « le bien est l'ennemi du mieux », a renversé une maxime bien française. Cette version nous va parfaitement car elle nous mobilise dans la bonne direction. C'est un appel à un contrôle personnel de qualité. « Bien faire » est souvent un synonyme poli pour « Faire son travail, un point c'est tout ». C'est-à-dire se contenter du minimum. Or nous ne pouvons pas nous satisfaire de solutions juste acceptables ou passables. Nous visons précisément le contraire.

Une vie meilleure pour tous

D'après notre expérience, les agents du changement ne portent pas une combinaison de Superman sous leur costume et ne se ruent pas dans les cabines téléphoniques pour s'y déshabiller. Ce sont des gens ordinaires, mais ils sont capables d'accomplir des choses extraordinaires. Le meilleur agent du changement que nous ayons connu était un homme de plus de soixante-dix ans lorsqu'il passa dans nos bureaux. Il avait les cheveux gris, il parlait doucement, et il semblait d'une incroyable humilité. Son nom était Nelson Mandela. Cet homme était constamment courtois, presque déférent. Sa vision du futur était « que tout le monde vive mieux ».

Nelson Mandela était, et reste aujourd'hui, un disrupteur instinctif. Il ne se laisse pas restreindre par les conventions et il n'a pas peur de faire tanguer le navire. Les ruptures initiées par ce premier président démocratiquement élu en Afrique du Sud ont transformé ce pays pour toujours.

Quelques informations complémentaires concernant la nature disruptive de l'Afrique du Sud

L'Afrique du Sud demeure un marché relativement limité d'environ 42 millions d'âmes. C'est aussi l'un des plus variés. On compte onze langues officielles et un éventail étonnant de populations différentes : les Africains traditionnels, les Africains urbanisés, les Indiens, les Malais du Cap, les Européens, pour n'en citer que quelques-unes.
L'Afrique du Sud était le pays de l'Apartheid. Depuis 1994, c'est une démocratie moderne et représentative, dont la constitution protège droits ethniques, confessions religieuses et préférences sexuelles.
Le pays voit se rencontrer le monde développé et la vie la plus ancestrale. Certains vivent toujours dans des huttes de paille, dont le toit est néanmoins coiffé d'une parabole satellite. C'est aussi un pays de consommateurs acharnés. La nouvelle bourgeoisie récemment émergée abandonne les quartiers désavantagés pour des banlieues résidentielles pleines de verdure, avec cuisines équipées et piscines privées. Reste pourtant une grande pauvreté (le chômage oscille aux alentours de trente pour cent).
Le taux d'illettrisme est également très élevé. Cela n'empêche pas les Sud-Africains d'inventer des technologies qui bluffent l'Occident, depuis les réacteurs nucléaires aux logiciels les plus performants de l'e-commerce. Ce n'est là qu'un paradoxe parmi d'autres. Ainsi, le pays a beau être secoué par la violence et la criminalité, ses habitants cultivent une amabilité et une hospitalité rares. L'Afrique du Sud se distingue aussi comme le seul pays au monde à avoir volontairement renoncé à l'arme nucléaire.
L'Afrique du Sud produit et consomme plus d'électricité à elle seule que l'ensemble du continent africain. Ses habitants possèdent plus d'ordinateurs personnels et de téléphones que le reste de l'Afrique. Le pays possède plus de routes goudronnées, de grands ports, d'aéroports modernes et de réseaux ferrés rapides que nulle part ailleurs sur le continent.
Il peut se vanter du système de santé privé le plus développé de toute l'Afrique. Plus de césariennes sont opérées à Johannesburg qu'à Los Angeles. C'est là que Christian Barnard a réalisé la première greffe du cœur. Mais c'est aussi le pays qui compte le plus de victimes du virus HIV et de malades du Sida.
C'est un pays plein de bizarreries. Les commissariats de police, par exemple, emploient des entreprises de sécurité privées pour assurer leur protection.

Une enquête menée au poste frontière de Beltbridge en 2001 a par ailleurs révélé que les cinq douaniers étaient des immigrants illégaux. Ses ingénieurs ont réussi l'exploit d'amener les sources des montagnes du Lesotho jusqu'au cœur industriel du pays. Et pourtant 50 % des fournitures d'eau dans le « township » de Soweto sont régulièrement perdues du fait des fuites de canalisations.
Les efforts s'intensifient pour livrer l'électricité et l'eau potable dans les quartiers pauvres, mais des groupes entiers meurent toujours à l'occasion d'épidémies de choléra. Des millions de personnes vivent dans des taudis, tandis que le gouvernement mène un programme de logement sans pareil, avec 150 000 nouveaux foyers subventionnés livrés chaque année, tout en enseignant à la population la plus démunie la bonne gestion d'un emprunt.
Les Sud-Africains sont impatients de vivre mieux. Mais ils restent indulgents et gardent leur calme quand leurs espoirs sont déçus. Ils manifestent un sens de l'humour à toute épreuve et rient facilement des absurdités de la vie. Leur capacité unique à pardonner et à se réconcilier a permis la révolution pacifique des années 1990, alors que le monde entier inquiet misait sur un terrible affrontement racial.
C'est un pays de musique et de sport. L'Afrique du Sud a remporté la coupe du monde de rugby en 1995 (Nelson Mandela portait le maillot n° 6 des Springbok lors de la cérémonie). C'est l'une des premières nations africaines à s'être qualifiée pour le Mondial de foot 2002. Les quartets à cordes de Soweto réinterprètent Bach, tandis que Johnny Clegg, le Zoulou blanc, a réinventé une manière unique de chanter et de danser.
Les médias couvrent largement toutes les strates sociales. Les hauts revenus ont le choix entre plus de soixante chaînes de télévision, locales ou mondiales. Les marques internationales et locales bataillent pour l'espace dans les rayonnages de supermarchés géants ou dans les boutiques des « township » où la vente au détail était considérée comme une activité criminelle au temps de l'Apartheid (les Noirs n'avaient pas le droit de posséder un commerce).
Dans un contexte comme celui-là, on imagine aisément que la Disruption fasse de l'effet. Les Sud-Africains qui ont vécu ces années de transition sont particulièrement réceptifs au fait que l'ordre existant ne demande qu'à être renversé.
Si la philosophie et la méthodologie de la Disruption continuent de s'ancrer en Afrique du Sud, celle-ci pourrait sans aucun doute contribuer à modifier le pays lui-même. Le monde est aujourd'hui gagné par le pessimisme et le doute. Mais tout le monde peut constater les premiers signes d'une renaissance africaine. Pour qu'elle ne s'éteigne pas dans l'œuf, nous devons avancer bravement vers l'avenir, pas sur la pointe des pieds. L'Afrique du Sud n'a plus à demander la permission au monde occidental d'imaginer son futur et de le construire.
Nous devrons croire en nous et penser en dehors de cette boîte encore récemment étiquetée « Afrique ». Nous avons déjà emporté une victoire éclatante : inventer la démocratie et une nation après les années vides et noires de l'Apartheid. Si l'on a réussi à « disrupter » ce système-là, on est paré pour disrupter à peu près tout.

INGREDIENTS
LA DIGUE ISLAND
TRAFFIC JAMS 0.0003
NEON SIGNS 0.0002
UNSCRUPULOUS TAXI DRIVERS 0.003
TEENAGERS WITH BOOMBOXES 0.0001
YUPPIES ON RENTED HOGS 0.0003
SEYCHELLES AS PURE AS IT GETS

3. ATELIERS

John Hunt et Marie Jamieson nous livrent ici une description étape par étape de la façon dont ils mènent la Disruption au jour le jour en Afrique du Sud. Leurs ateliers sont devenus pour nous un modèle. Leur réussite tient au fait qu'ils ont su imaginer un ensemble d'outils créatifs et de supports visuels qui font de la Disruption une démarche vivante et ludique, tout sauf une méthodologie aride. Elle aide nos clients à dessiner leurs visions pour l'avenir. Et elle nous aide à concrétiser ces visions dans de belles campagnes. Comme le dit John, « les grandes campagnes sont le fruit de cette démarche. Elles en sont le prolongement naturel ». Et il ajoute : « Notre but est d'être vus comme des hommes de réflexion qui, incidemment, créent des campagnes. Et si elles sont fortes, ce n'est donc pas par accident. »

Nous ne remercierons jamais assez Tiger Brands, le premier de nos clients qui se soit passionné pour la Disruption. C'est avec lui que nous avons conçu les ateliers de Disruption et leur déroulement dans le détail. En Afrique du Sud, Tiger est le plus important fabricant de produits de grande consommation. Ensemble, nous avons organisé des ateliers pour toutes ses marques clés, ainsi qu'un autre spécialement destiné au groupe lui-même. Ce travail en commun nous a permis d'en affiner les méthodes.

Un atelier peut durer deux jours. Mais, la plupart du temps, il se tient sur une seule et longue journée. Le schéma général et les objectifs initiaux changent rarement. Ils sont calqués sur ceux de la Disruption. À l'usage, nous avons toutefois appris des leçons précieuses qui nous ont poussés à introduire de nouveaux éléments dans la méthode.

Les ateliers voient jaillir un flot d'idées. Ils insufflent une nouvelle vie dans l'entreprise. Les changements qui en découlent sont parfois radicaux. Il peut s'agir par exemple de lancer des marques qui semblent attaquer de plein fouet d'autres marques majeures de la même entreprise ayant contribué à bâtir sa réputation depuis des décennies. Ou bien ce sont des marques jugées désuètes qui, d'un seul coup, deviennent les porte-drapeaux d'une nouvelle gamme de produits.

Ou alors des budgets entiers qui sont profondément modifiés pour transformer les approches marketing, tant au sein de l'entreprise que chez ses franchisés ou ses partenaires.

Ailleurs, les ateliers ont révolutionné des politiques de recrutement, les employeurs ayant choisi de s'intéresser à l'attitude, pas seulement à l'aptitude. Et les nouvelles recrues se sont retrouvées au cœur d'une « révolution culturelle ». Ce qui était prévu et souhaité.

Les ateliers démontrent régulièrement que l'on se régale à mettre les tabous en pièces. L'un de ces tabous, nous l'avons vu dans le chapitre précédent, a pour nom « complexité ». La Standard Bank of South Africa, un de nos clients, s'est ingéniée à répudier l'idée reçue selon laquelle la complexité symboliserait la haute expertise. En lieu et place, le mot d'ordre de la banque est devenu « simplicité ». Appliquée à tous les niveaux et à toutes les procédures, cette réinvention porte ses fruits en termes de bénéfices, d'efficacité et de motivation en interne.

Les ateliers ont pour vocation de provoquer le changement, mais eux-mêmes sont sujets au changement. À la fin de l'année 2001, au moins dix nouveaux constats se sont dégagés à partir de la méthodologie initiale. Ils ont profondément structuré le déroulement des ateliers. En voici les axes majeurs :

- Le secret est dans la préparation.
- Être créatif dans les études.
- Maintenir la pression.
- La puissance du jeu.
- S'outiller pour s'inspirer.
- Mélanger les ingrédients.
- Décider les décideurs.
- Apprécier la naïveté.
- Faire tourner les rôles.
- Savoir conclure.

Le secret est dans la préparation

C'est une leçon apprise très tôt. La qualité des informations préparées en amont aura un fort impact sur la qualité de ce qui sortira de l'atelier. De ce fait, l'agence consacre un mois de réflexion avant chaque atelier. Elle réalise des entretiens avec les dirigeants, les employés, des experts du secteur industriel concerné et des consommateurs. Cette phase est indispensable pour bien faire apparaître tous les enjeux. Parfois, il faut aussi pratiquer un « bilan de santé » de l'entreprise pour mieux comprendre sa culture interne et savoir où en est le moral des troupes. La documentation écrite a aussi son importance, à savoir les rapports annuels, les chiffres de l'industrie et toutes les études qui ont trait au marché concerné.
Chose importante, à la fin de la journée, les résultats de l'atelier appartiennent au client, pas à l'agence. Nous apportons un grand nombre d'éléments de compréhension, mais il est essentiel que les séances de travail soient totalement interactives. Les participants sont constamment encouragés à développer leurs idées, à débattre librement, à se contredire les uns les autres. Au bout d'un moment, nous sommes tous immergés dans la réflexion, la discussion et la recherche de solutions.

La Disruption n'est pas l'anarchie

Les éléments d'information disponibles et les interviews classiques ne sont pas toujours suffisants pour aller au fond d'un problème. Il faut alors savoir être créatif lorsque l'on recherche des informations.

Être créatif dans les études

On peut d'abord faire appel à un visiteur mystère équipé d'une caméra cachée chez les revendeurs de notre client et chez ses concurrents. Une image vaut mieux qu'un long discours. Visionner les résultats est une expérience unique pour l'équipe qui participe à l'atelier. Quand les responsables de l'entreprise voient ce qui se passe effectivement dans leurs points de vente ou chez les franchisés, il y a de la stupéfaction et de la consternation dans l'air.

Nous n'exagérons pas. Pour le directeur d'une des entreprises soumises à cette méthode, la vidéo a fait l'effet d'une bombe. On y voit un consommateur, dans un centre commercial, se renseignant chez un revendeur au sujet d'un produit haut de gamme extrêmement coûteux. C'est le genre d'achat pour lequel un client doit en principe recevoir un traitement de VIP. Or, le vendeur ne se lève même pas pour l'accueillir, bien qu'il ait parfaitement compris l'objet de sa visite. Il reste assis derrière son bureau, les pieds sur le bureau, et termine une longue conversation personnelle sur son portable. Puis commence à se curer les dents. Devant l'écran télé, nos cadres sont au bord de l'apoplexie. Il y a de quoi : à l'image, tout va de mal en pis. Non, le conseiller de vente, qui s'ennuie manifestement, ne peut remettre au client une brochure complète en couleurs. Il ne lui en reste plus qu'une seule (alors que l'entreprise en a expédié des milliers dans tous les points de vente). Il se propose de faire une copie en noir et blanc. C'est, dit-il, ce qu'il a vraiment de mieux à offrir.

Quelques minutes de vidéo de ce calibre font beaucoup plus d'effet qu'un an de recherche classique. Cette fois, les avertissements de l'agence ne peuvent plus être ignorés. C'est à la fois une leçon de réalité et une gifle qui appellent à s'attaquer au problème de toute urgence.

Dans cet exemple, il y a quand même eu une consolation. Il se trouve que notre reporter avait aussi filmé en caméra cachée les points de vente du principal concurrent. C'était tout aussi catastrophique ! Ainsi, le vendeur de la marque X déclarait ignorer l'existence du produit, avant de prétendre qu'il n'était plus disponible – et pourtant l'objet était bien visible derrière lui !

Souvent, nos objectifs indiscrets sont braqués sur les consommateurs. Nous nous intéressons, par exemple, à leurs penderies et à leurs placards, nous photographions leur contenu pour mieux comprendre les usages et les habitudes d'achat. Nous organisons des séances de shopping pour observer et filmer les comportements en temps réel. On en tire plus d'enseignements qu'avec des cases cochées sur un questionnaire. Une enquête, par exemple, consistait à demander aux clients d'un magasin s'ils préféraient le papier toilette simple épaisseur ou double épaisseur. À une large majorité, les consommateurs se prononçaient pour la double épaisseur. Et pourtant, à l'image, leurs caddies indiquaient précisément le contraire. Ce genre de contradiction, particulièrement éloquent, est moins rare qu'on ne croit.

Il nous est aussi arrivé de nous installer dans un parking et de prêter des appareils photo à des automobilistes en leur demandant de photographier ce qu'ils appréciaient le plus dans leur véhicule. D'autres fois, nous avons offert des appareils jetables afin que les consommateurs, une fois rentrés chez eux, photographient certains produits en se concentrant sur ce qu'ils trouvaient le plus important, le plus significatif, le plus plaisant.

Quand nous subodorons qu'il va être difficile d'exprimer ses sentiments avec des mots, pourquoi ne pas leur demander également de nous faire des dessins ? Pourquoi, en somme, nous limiter à la méthodologie classique quand la recherche disruptive peut souvent nous en apprendre tellement plus ?

Maintenir la pression

Nous l'avons dit, la plupart des ateliers durent une journée. Il y a du pain sur la planche et, généralement, seulement dix heures pour tout couvrir. C'est donc du travail intensif. On fixe un timing strict. Les groupes doivent maintenir le rythme. Cela ne signifie pas pour autant que les résultats soient bâclés. On peut parfaitement maintenir le tempo et répondre à toutes les exigences de l'agenda.

Résultat : les participants vont droit au but et s'interdisent le moindre verbiage. Souvent, ils font preuve d'audace, peut-être parce qu'ils n'ont pas le temps de tergiverser, ni d'hésiter, ni de se raviser. L'urgence n'est pas forcément un handicap. Elle peut, au contraire, précipiter les questions les plus simples, les plus directes, les plus efficaces. Dans une entreprise, les décideurs et les cadres peuvent rarement se permettre de s'absenter deux jours de suite, mais ils arrivent à dégager une journée. Au début, nous pensions que cette impitoyable contrainte de temps nous poserait un problème. Il n'en a rien été. On a l'esprit beaucoup plus concentré quand on n'a pas une minute à perdre. Selon la formule de Bill Gates, l'économie fonctionne aujourd'hui à la vitesse de la pensée. C'est à cette vitesse qu'avancent nos ateliers.

La puissance du jeu

Nous nous sommes rendus compte que plus les participants de l'atelier s'amusent, plus ils réalisent des sauts conceptuels importants. L'exercice de la logique et de la réflexion est un processus qui peut devenir laborieux. Mais en y mettant du sourire, on peut aller nettement plus loin. Nous cherchons à encourager la spontanéité, surtout en début de séance, quand les questions qui fâchent n'ont pas encore fait surface et que les esprits sont encore frais.

L'amusement et le jeu théâtral ne sont pas des digressions. Leur effet n'a rien de trivial. Ils contribuent à la qualité des propositions. En fait, c'est la potion magique qui nous aide à tenir toute la journée malgré un planning très serré, des délais draconiens et la pression. Vingt personnes assises autour d'une table avec le sourire travaillent infiniment mieux que vingt personnes qui montrent des signes d'inquiétude ou de fatigue.

S'outiller pour s'inspirer

Les idées ne sortent pas toutes seules. L'inspiration doit être suscitée et orientée. Nous avons donc créé une boîte à outils des ateliers, tout un équipement destiné à déclencher un mode de pensée innovant. Ce sont des techniques qui nous aident à nous libérer du paradigme dominant et à nous projeter vers l'inconnu. Voici celles que nous employons le plus souvent :

- **Les exercices « Changez de casquette ».** Afin de penser différemment, on endosse une personnalité nouvelle, grâce à un vêtement, à un chapeau ou à un accessoire visuel.
- **Les raccourcis imposés.** Il s'agit d'une série de jeux verbaux qui permettent d'arriver plus vite au cœur du problème.
- **L'exercice des manchettes de journaux.** Il s'agit de se projeter un an dans l'avenir et d'imaginer des titres d'articles de presse résumant les futurs succès de l'entreprise.

Des outils de ce type, apparemment très simples, nous ont souvent servi à trouver des solutions étonnantes.

Mélanger les ingrédients

Une des clés pour réussir un bon atelier, c'est le choix des participants. Il faut constituer un échantillon représentatif, sans chercher à en faire trop. Si les participants sont trop nombreux, l'atelier devient ingérable. Nous avons tenu des ateliers avec dix personnes. D'autres ont rassemblé jusqu'à cinquante participants. L'idéal se situe entre vingt et vingt-cinq.

Nous sommes convaincus que la diversité est essentielle à la Disruption. Nous n'invitons pas seulement les gens du département le plus concerné, mais aussi des cadres représentant des fonctions variées. Il n'est pas question que le groupe soit constitué uniquement de hauts responsables. Il est indispensable d'avoir aussi de jeunes employés et des cadres moyens. Nous voulons des techniciens autant que des spécialistes du marketing, des secrétaires à côté des directeurs financiers.

En principe, il y a autant de membres de l'agence que de représentants de l'entreprise cliente. Cela dit, quand un client souhaite réunir un grand nombre de participants, la proportion peut descendre à un membre de l'agence pour deux ou trois employés de l'entreprise. Nous faisons en sorte que l'équipe envoyée par l'agence soit aussi variée que celle du client. Généralement, nous amenons des compétences plus éclectiques et polyvalentes, mais il peut arriver, lorsque le client en est à son deuxième ou troisième atelier de Disruption, que nous soyons battus en terme de diversité. Il nous arrive aussi d'introduire des jokers. De temps en temps, nous lâchons notre avocat, avec mission d'être impitoyable. Ou bien nous arrivons avec une ou deux ménagères. Nous avons invité un jour un psychologue pour enfants. Le but est de réunir à la fois des gens qui connaissent parfaitement le client ou son domaine d'activité, et des gens qui en sont très éloignés.

Décider les décideurs

Il est absolument nécessaire que les principaux décideurs figurent dans le groupe. Si certains refusent, refusez leur refus ! Au cours de l'atelier, on va mettre sur la sellette les pratiques les plus usuelles de l'entreprise. Souvent, des changements radicaux seront proposés. Si les décideurs n'ont pas pris part au processus, s'ils n'ont pas expérimenté la dynamique de la Disruption, ils ne pourront jamais partager l'enthousiasme et l'appétit de renouvellement qui en ressortent.

Dans la pratique traditionnelle des rapports entre agence et client, il faut souvent plusieurs mois de réunions et de présentations avant que les décideurs soient finalement convaincus qu'un changement s'impose. Pendant ce temps, les problèmes s'aggravent, ou bien on rate des opportunités. En plus, c'est parfois la politique d'un décideur qu'il faut modifier, et c'est donc lui, avant tout, qui a besoin de Disruption ! Il serait absolument impossible de le convaincre s'il n'avait pas pris part à l'atelier.

Apprécier la naïveté

Les juniors de l'équipe et les gens extérieurs au département, au domaine ou à l'industrie en question, peuvent apporter une contribution inestimable. Souvent, une personne pose une question totalement basique, une interrogation qui va bouleverser le paradigme, et cette personne se trouve être un jeune employé ou quelqu'un qui ne connaît rien, ou peu de chose sur le secteur en question. La possibilité de poser des questions naïves, sans aucune censure, constitue la force motrice du processus de Disruption.

Faire tourner les rôles

La rotation des fonctions au cours de l'Atelier est particulièrement enrichissante. Nous divisons les participants en quatre équipes, chacune comprenant des représentants de l'agence et du client. La structure en équipe crée un climat de compétition, chaque groupe ayant envie de trouver les meilleures idées, les visions les plus stimulantes et les disruptions les plus radicales.

Mais nous nous sommes rendu compte qu'il était stimulant de modifier périodiquement la composition des équipes. On obtient de nouvelles alchimies quand des individus qui ne se connaissent pas entrent en contact pour la première fois. Dès que la dynamique interpersonnelle change, les perspectives changent aussi.

Il y a donc une raison positive pour justifier la rotation, mais aussi une raison négative. Les personnalités dominantes ont tendance à bloquer la libre circulation des idées au sein d'un groupe et à inhiber les autres participants. Lorsque ces personnalités se retrouvent dans plusieurs groupes consécutifs, ces vibrations négatives se diluent, et les dominateurs s'aperçoivent qu'eux-mêmes ou elles-mêmes font peut-être partie du problème plutôt que de la solution.

Savoir conclure

Au début d'un atelier, on se met en roue libre, on brasse les questions les plus vastes, sans contrainte. L'horizon est ouvert à tous les possibles. Et puis, à mesure que la journée avance, on en vient à examiner des points de plus en plus précis et des actions de plus en plus spécifiques. Il nous est apparu qu'il fallait conclure ces sessions de manière intense en mettant sous un projecteur puissant les idées qui vont permettre à l'entreprise d'aller de l'avant.

En tant que Sud-Africains, nous sommes citoyens d'une démocratie toute neuve et nous apprécions le droit de vote, c'est-à-dire de pouvoir choisir individuellement le candidat le mieux à même de remplir sa mission. Dans les ateliers, notre sentiment le plus intense se situe au moment du vote. À la fin de la journée, chaque participant reçoit dix stickers colorés. Toutes les idées sont exposées au mur. Le votant peut aussi bien se prononcer pour dix propositions différentes en apposant un autocollant sur chacune, ou placer tous ses votes sur une seule proposition, ou encore doser ses choix comme il l'entend. Le vote doit faire apparaître les meilleures idées et dessiner la route à suivre. Il matérialise la conclusion. Désormais, les choses sont claires.

Attention, danger !

Un atelier de Disruption est un événement extrêmement déroutant, voire explosif. La chimie qui s'opère entre les individus humains n'est pas prévisible. Il faut avoir conscience qu'au-delà des idées, bien d'autres choses vont voler et produire des étincelles ! Vous allez travailler avec un échantillon de caractères et de personnalités très différents. En plus, dans bien des cas, l'atelier constitue la première fois où les dirigeants de l'entreprise vont s'asseoir ensemble pour aborder en toute franchise des choix cruciaux pour leur avenir.

Dans les ateliers, il n'existe aucun moyen de contrôler le contenu de la discussion. Les gros problèmes, vous pouvez en être certains, vont forcément faire surface. Rien ni personne ne pourra rester caché. Parfois, le débat s'anime au point de s'envenimer. On a vu des participants sur le point d'en venir aux mains. Dans ce cas, c'est à nous de calmer le jeu, en remerciant les adversaires pour leur sincérité. Une fois l'orage passé, l'air est plus pur, et on peut avancer plus vite.

Dans tous les cas de figure, à la fin de la séance, la route à suivre est claire parce que tout le monde s'est mis d'accord sur les priorités et les actions à mener. On voit alors apparaître des liens nouveaux et plus forts. On comprend qu'il existe souvent une solution simple aux problèmes. Ou bien une foule de solutions. Mais il ne faut jamais l'oublier : les solutions ne surgissent pas sans effort. Et l'effort peut induire une réelle tension.

Le processus d'un atelier

Nos ateliers suivent un déroulement qui varie peu :

1. L'échauffement.
2. La chasse aux conventions.
3. La recherche d'une vision. (Les étapes 2 et 3 créent l'objectif pour la suite de l'atelier : quels éléments doivent faire l'objet d'une disruption, et, dans l'idéal, quels nouveaux buts doit-on poursuivre ?)
4. La Disruption à l'œuvre.
5. Le vote et la conclusion.

L'échauffement

Un atelier de Disruption démarre toujours par une série de jeux et de casse-tête qui stimulent les méninges. Il s'agit de démontrer que des questions apparemment impossibles à résoudre peuvent trouver une solution rapide.

Un exercice, par exemple, souligne l'importance de l'écoute. Une écoute attentive permet de discerner rapidement le vrai sens d'une question et d'y apporter la réponse. Un autre exercice démontre qu'il n'existe pas une seule et unique manière de sortir d'un dilemme, que plusieurs approches peuvent fonctionner. Si l'on pense qu'il existe une seule réponse correcte, on garde des œillères qui empêchent de percevoir les autres alternatives possibles. Un troisième test fait comprendre qu'il est avantageux d'examiner un problème sous plusieurs angles différents.

Les exercices proposés lors de l'échauffement sont du domaine du jeu. Ils aident à briser la glace entre les équipes du client et de l'agence. Ce sont des casse-tête, des gymnastiques verbales ou des jeux de société. Nous les avons recueillis à une myriade de sources existantes. En voici quelques échantillons. (Les réponses figurent dans les notes à la fin du livre.)

U D T Q C S

Quelle est la prochaine lettre de cette séquence ?[1]

TU
AIMES
MARCHER
DANS PARIS AU
AU DÉBUT DU PRINTEMPS

Où est la faute dans ce message ?[2]

BSAINXLEATNTERES

Sur cette ligne, enlevez six lettres et les lettres restantes formeront, sans en changer l'ordre, un nom familier.[3]

D'autres jeux de remue-méninges prennent une forme plus interactive. Par exemple, on doit réussir à transpercer une pomme de terre avec une paille (il faut y aller d'un coup sec, avec énergie, et en même temps trouver le bon angle). Ou bien faire tenir huit clous sur la pointe d'un seul clou (il faut d'abord créer un treillis stable avec les huit clous, puis trouver le bon point d'équilibre).

Toutes ces énigmes semblent impossibles à résoudre à première vue, pourtant leur solution est extrêmement simple. Au moment où tous les participants ont cherché les réponses et formé des groupes spontanés pour tenter l'impossible, notre atelier a démarré.

Quand donner la réponse

À nos débuts, nous avons commis une erreur : nous n'avons pas donné la solution d'une énigme que personne n'avait résolue, et nous l'avons promise pour le lendemain seulement. Un des participants, une fois rentré chez lui, a écrit un programme pour trouver la réponse sur son ordinateur. Le lendemain, il avait obtenu des milliers de permutations, mais toujours pas de solution. En fait, il lui suffisait de prendre du recul et de se demander qu'est-ce qui lui était réellement demandé, et non ce qu'il pensait qu'on lui demandait. Et là, il aurait pu trouver en vingt secondes.

Ces énigmes entraînent les participants dans un mode de pensée « en roue libre ». Le but est d'ouvrir des horizons et d'ouvrir des esprits. Le message caché, c'est que tout est possible, et que pour découvrir de nouvelles solutions, il faut prendre plaisir à les chercher.

La chasse aux conventions

À chaque équipe, nous demandons alors d'examiner les conventions qui règnent dans quatre secteurs clés, que nous appelons des Planètes : le « corporate », le marketing, la communication et le consommateur.

On démarre avec quelques pistes apparues lors du travail préparatoire, de la pré-enquête et des entretiens. Mais il manque toujours des éléments. L'alchimie entre les membres d'une équipe permet de combler les lacunes. De nouvelles perspectives s'ouvrent sur chaque planète, à tour de rôle.

Une convention « corporate » peut se situer au niveau de la culture d'entreprise, de la politique de « branding », de la structuration du personnel ou bien plus généralement peut concerner sa mission, sa vision et ses valeurs.

Une convention marketing se rapporte souvent à des questions soulevées par les fameux 4 P (Produit, Prix, Promotion, Positionnement). Il peut arriver, par exemple, que notre client ait toujours mené une politique de prix bas afin d'accéder à un marché sans avoir jamais envisagé un positionnement prix élevé. Ou bien que le « packaging » et le design de la marque n'aient jamais été modifiés depuis des années.

Les conventions de communication peuvent concerner les choix média ou bien les clichés dans l'exécution des messages.

Les conventions consommateurs sont normalement centrées sur les perceptions des acheteurs, leurs habitudes, leurs attitudes et leurs préjugés. Croire par exemple, que des aliments surgelés sont moins frais que les légumes vendus par l'épicier du coin, ou bien que les aliments en pots pour bébé sont moins bons pour la santé du nourrisson que les mixtures concoctées par maman.

Une fois repérées, toutes ces conventions, quelles qu'elles soient, font l'objet de rapports remis par chaque équipe. On compile ensemble la liste de ces conventions. Après quoi, la liste initiale est passée en revue. Il faut alors faire preuve de perspicacité pour identifier les forces qui agissent derrière les conventions. Souvent, il existe une cause première, une convention principale qui influe sur toutes les autres et définit à tort l'approche globale de l'entreprise. Selon nous, elle se situe souvent au niveau « corporate ». Cette découverte nous enseigne que les réalités du marché sont inséparables du comportement des acteurs économiques.

La recherche d'une vision

Au cours de cette nouvelle étape, nous divisons à nouveau les participants en équipes et nous les mettons au défi de développer la vision la plus pertinente et la plus stimulante.

La quête d'une vision est un exercice extrêmement délicat, car, dans bien des cas, les dirigeants de l'entreprise sont persuadés qu'ils possèdent déjà une vision. Ils n'ont pas forcément tort, mais, le plus souvent, cette vision est obscurcie par la langue de bois institutionnelle. Les responsables ont tendance à confondre un objectif (devenir leader sur le marché ou produire à des coûts imbattables) et la véritable vision, qui est une projection dans l'avenir, une idée de ce que la marque ou l'entreprise pourraient devenir. L'objectif économique et la vision sont deux choses différentes. Il ne s'agit pas de dire que l'une va remplacer l'autre. Les deux doivent coexister.

Essentiellement, nous visons à nous rapprocher du langage compris par les consommateurs. Il faut trouver comment rendre perceptibles nos propositions, donc établir un rapport avec le consommateur. Une fois la vision définie, elle doit nous guider dans toutes les phases de notre activité et influencer tout le fonctionnement de l'entreprise, en interne comme en externe.

Les équipes doivent utiliser un langage simple et des mots de tous les jours pour énoncer leurs visions. Nous leur donnons en exemple des précédents qui montrent bien la puissance d'une phrase simple à l'impact large : « Digital lifetime » chez Apple, pour marquer un engagement industriel à long terme, puis en 2001, « Tools for creative minds ». Ou bien Richard Branson, lorsqu'il se lance dans les services financiers : « I am gonna change the way people think about money » (Je vais changer la façon dont on pense à l'argent). Et puis, bien sûr, IBM avec ses « Solutions pour une petite planète » – un message qui a redéfini la vision qu'IBM avait de soi-même, ainsi que ce que les gens pensaient d'IBM.

Dans la mesure où la première séance de travail a dressé une liste précise des conventions, les visions qui émergent au cours de cette partie sont déjà, forcément, en rupture. Nous sommes en route vers le changement, parce que nous avons pu identifier les idées reçues qui entravent l'évolution du marché.

Une exigence de clarté

Quand toutes les équipes ont présenté leur vision, chacun reçoit un sticker de couleur pour voter, et chaque participant indique ce qu'il estime être la meilleure proposition. Lorsque cette partie de l'atelier s'achève, nous avons tous une idée claire de la tâche qui reste à accomplir pour la suite de la journée. À cette étape, nous disposons d'une liste raisonnée des conventions qui doivent être remises en cause, et nous sommes parvenus à un consensus quant à la vision vers laquelle nous voulons avancer. À présent, il nous faut inventer les idées qui vont nous y mener, des idées capables de briser les vieux moules et de donner à l'entreprise une position singulière et compétitive sur le marché.

La Disruption à l'œuvre

Changer de casquette

La séance consacrée à la Disruption commence en général par l'exercice du « changement de casquette ». Là, nous sommes de nouveau en roue libre. Tout est possible, rien n'est défendu. Vous pouvez suggérer d'ouvrir un magasin sur la Lune si ça vous chante. Les contraintes du principe de réalité sont provisoirement suspendues. Et pour penser différemment, quoi de mieux que de penser comme si on était quelqu'un d'autre, en portant la casquette de quelqu'un d'autre ? Par exemple, on peut pour l'occasion prendre le rôle de figures charismatiques et illustres du monde économique. Nous créons ainsi un espace délibérément théâtral. Les participants se trouvent projetés en dehors de leur rôle habituel, ce qui les aide à adopter un tout autre mode de pensée.

Les casquettes sont disposées dans des boîtes multicolores où l'on trouve également des accessoires supplémentaires, comme des T-shirts, et dans tous les cas des notices explicatives qui donnent des conseils pour se mettre dans la peau de telle ou telle personnalité. Dans l'une des boîtes, on pourra trouver la panoplie du petit Richard Branson. L'image de Branson est celle du disrupteur par excellence, le patron éternellement insatisfait qui nourrit une véritable obsession à défier les normes établies. Autre exemple, la boîte Disney, qui fait entrer dans un monde enfantin où tout est jeu, spectacle, bonne humeur et valeurs familiales. La panoplie

Disney inclut un T-shirt bariolé, des masques ou des oreilles de Mickey, ainsi que des informations sur les bilans annuels et les concepts spécifiques à Disney. On met beaucoup l'accent, chez Disney, sur l'attitude et le comportement de l'individu considéré comme nécessaire à la réussite de tous, qu'il apparaisse en public ou reste en coulisses. L'environnement est souriant et bigarré, on vous emmène dans un monde merveilleux. Lorsque vous pensez en « mode Disney », vous pouvez inventer des changements de cap assez surprenants.

Maintenant, prenons la panoplie Nordstrom. Voilà une entreprise où règne une idée maîtresse, une règle numéro un : il faut, en toutes circonstances, exercer au mieux ses facultés de jugement. La règle numéro deux, c'est qu'il n'y a pas d'autres règles. On a là un niveau de liberté, mais aussi de responsabilité, qui convient à certains caractères, pas à d'autres. Les Nordies s'y sentent immédiatement à l'aise, les non-Nordies préfèrent des conditions de travail où tout est régi par des procédures plus établies.

Mais peut-être endosserez-vous plutôt la personnalité Sony. La réputation de cette compagnie, c'est l'engagement incessant dans le DNP (développement de nouveaux produits) et la course à l'innovation. Ou bien vous

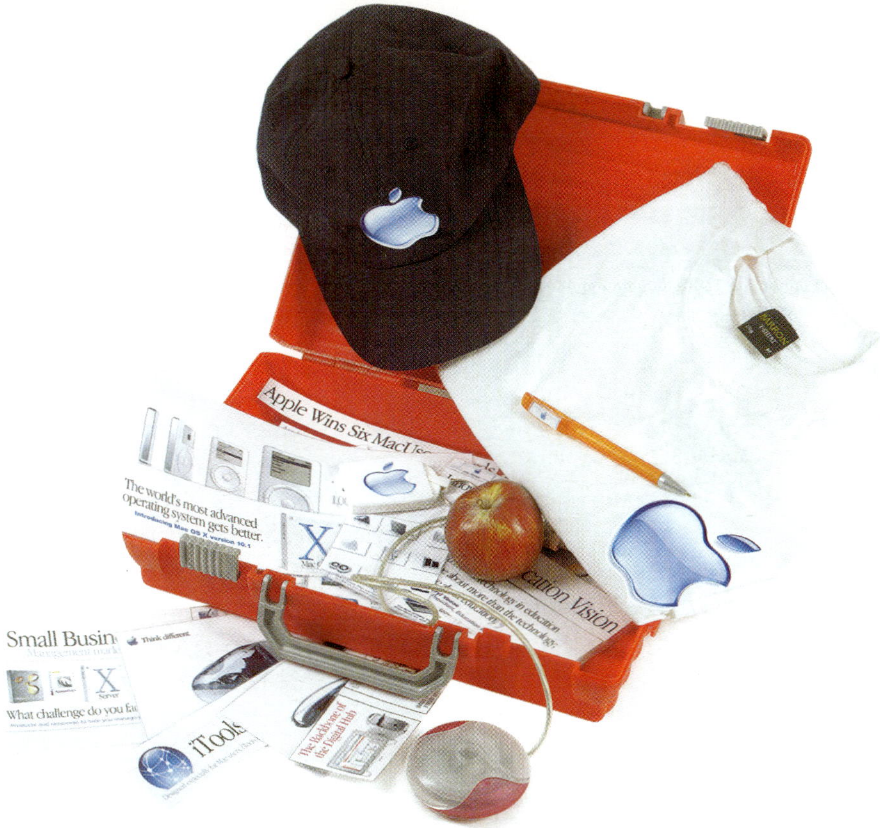

voulez devenir le nouveau Steve Jobs ? Dans ce cas, vous avez la boîte Apple pour partir à la recherche des innovations technologiques.
Il y a même une panoplie de pirate pour les circonstances où s'impose l'esprit d'assaut contre les bastions prétendus imprenables. Il faut voir un groupe de cadres se mettant à agir et à penser comme des flibustiers – ils changent littéralement de caractère. Le résultat est remarquable. Dans leur entreprise, on adopte invariablement un comportement sérieux et correct, comme sur un navire militaire où le pont et les coursives doivent briller comme des miroirs. Là, ils peuvent faire preuve d'extravagance et envisager des stratégies qui s'apparentent à l'abordage, à l'attaque surprise et au combat sans merci. Les voilà donc partis pour leur quart d'heure de liberté sans entraves, qui leur permettra de comprendre à quel point un environnement trop policé et restrictif limite les possibilités d'action.
Une multitude de chapeaux donc, mais, lors de chaque atelier, nous en choisissons quatre, et chaque équipe endosse les costumes d'un type particulier. Quelle que soit la personnalité ou la culture d'entreprise qui vous est dévolue, vous allez immanquablement sortir de votre cadre habituel et

penser d'une manière complètement différente. Et les transformations qui s'accomplissent sont toujours impressionnantes.

Les exercices de raccourcis imposés

Après le voyage dans l'imaginaire, il faut revenir sur terre. Il s'agit maintenant de chercher des réponses rationnelles et pratiques, qui vont permettre à l'entreprise d'obtenir des résultats concrets. Selon le temps qu'il nous reste, nous allons proposer aux équipes une série de missions spécialement conçues pour s'attaquer aux questions d'organisation.

Il y a l'exercice « Tout en un ». La question posée est : quelle est LA barrière qui nous retient. Il s'agit d'identifier un seul et unique facteur responsable de tous les blocages. Les participants ont un quart d'heure pour définir ce facteur unique et trouver une forme de disruption qui le transforme en un atout majeur. Le « Tout en un » peut concerner la culture d'entreprise, le système de rémunération, le manque d'efficacité, la technologie, ou encore un défaut de visibilité de la marque à l'égard des consommateurs. On n'a pas défini à l'avance le domaine qui va recevoir un coup de projecteur. Tout ce que l'on sait, c'est qu'il va falloir identifier UN obstacle majeur et qu'on disposera de quinze minutes pour le faire efficacement. Au bout du compte, ce qui était une faiblesse doit devenir une force.

Dans un autre exercice, nous donnons quinze minutes à une équipe pour identifier la principale force motrice qui dirige le marché. Ensuite, il faut trouver des idées qui permettront de maîtriser cette force.

Ces exercices express sont conçus spécifiquement pour chaque atelier. En général, ils nous ont été suggérés par les interviews préalables avec les membres de l'équipe, des cadres, des spécialistes extérieurs et des consommateurs. Dans tous les cas, les raccourcis imposés apportent des réponses. On n'imagine pas le nombre d'idées utiles qui peuvent jaillir en quinze minutes d'effort mental concentré.

Les manchettes de journaux

Dans cette séance, on se projette dans le futur. Imaginons : l'entreprise a tellement bien réussi qu'elle fait la une d'un quotidien économique. Les participants doivent raconter comment c'est arrivé. On leur fournit plusieurs journaux différents, avec des titres sensationnels en première page, suggérant que la marque vient de faire un bond énorme à la suite d'une transformation interne.

Une manchette typique consistera en un mélange de faits et de généralités sur les changements effectués. Si, par exemple, il s'agit d'une entreprise de services, on peut concevoir que les problèmes se situeront du côté du personnel, des franchisés ou des points de vente. Du coup, le titre devient :

Final SOUTH AFRICA'S NATIONAL MORNING NEWSPAPER R3,30 incl VAT

BUSINESSDAY

Friday September 28 2002 Published in Johannesburg and Cape Town www.businessday.co.za

Economic policy Changing times see fiscal stimulus back in fashion Page 13

Personalised service Adjusting marketing strategies to fit Generation Y Page 10

Student power Wits University students denounce US war talk Page 2

WANTED DEAD OR ALIVE GUILTY OR NOT YEE HA!

TONIGHT SUMMIT

Getting workers to play the game

A radical re-think from XYZ has consumers flocking through their doors.

IN BRIEF

Besa to demutualise after 'yes' vote on restructuring proposals

Profit slips at Namibia Breweries

Durban Deep donates gold bar to auction

SAPPI

Sappi's share price hits a another high

You get R100 000 to spend on shares

Registrar of Banks wants change to legislation

« Grâce à une nouvelle politique de ressources humaines, XYZ a connu une croissance sans précédent », ou bien : « Les concessionnaires propulsent XYZ à un niveau record ! »

Si l'on se préoccupe d'une marque précise ou d'une branche particulière au sein de l'entreprise, on pourra inclure des titres comme : « En se débarrassant de son département XYZ, l'entreprise Z opère un rétablissement spectaculaire », ou bien : « Malgré l'abandon de la marque XYZ, les ventes atteignent un niveau record. » Si l'entreprise travaille dans un secteur où la compétition joue énormément sur les prix, un titre pourra proclamer : « Les prix grimpent, mais les ventes aussi ! » ou bien : « La baisse des prix entraîne un boom sans précédent sur les ventes. »

Dans tous les cas, l'objectif est de pousser les responsables à penser en dehors des normes et de se demander : « Qu'est-ce qui se passerait si ... » Il s'agit donc de susciter des idées disruptives qui vont propulser l'entreprise vers le futur tel qu'il est décrit dans ces titres de journaux. En même temps, à ce stade, nous cherchons des idées réalistes et praticables. Nos journaux fictifs portent une date qui se situe exactement un an après le jour de l'atelier. C'est une façon de mettre l'accent sur ce qui peut être immédiatement mis en pratique. Nous voulons des idées « faisables », des solutions ancrées dans la réalité. À la fin de l'atelier, on doit sortir avec une foule de solutions potentiellement réalisables, qui sont le complément indispensable des grandes envolées imaginaires du début de séance.

Le vote et la conclusion

Le vote final représente le point culminant de l'atelier. L'atmosphère est électrique. Comme nous l'avons déjà mentionné, tous les participants reçoivent dix stickers de couleur, qu'ils vont poser sur des panneaux muraux où les idées sont résumées par écrit. Chacun va donc sélectionner non seulement les idées les plus prometteuses, mais surtout les priorités, les mesures qui peuvent et doivent être prises sans tarder.

Certains prennent une position radicale et choisissent une seule Grande Idée. D'autres traînent, réfléchissent longuement avant de coller leurs stickers, un par un, sur différentes cases. Au bout du compte, les idées gagnantes apparaissent avec évidence ; le résultat est incontestable. Et les choix appartiennent forcément au domaine du possible, puisque ceux qui les ont faits vont être ceux qui les mettront concrètement en pratique.

Tous les bulletins sont égaux. Aucun privilège n'est accordé aux dirigeants. Comme pour le reste de l'atelier, les individus sont encouragés à s'exprimer librement et à se battre pour leurs convictions. Ce qui, en retour, contribue à débloquer les attitudes routinières qu'entretiennent certaines personnalités frileuses au sein de l'entreprise.

Le vote donne un sens et une direction, en toute clarté. La route à suivre est tracée comme par des panneaux indicateurs. La procédure a aussi pour effet de donner à chaque individu un sentiment de réussite personnelle. L'atelier a débouché sur des conclusions nettes et précises. Les participants sont épuisés, mais leurs efforts ont payé. Ils sont parvenus à dégager quelque chose de signifiant, et chacun y a contribué.

Pendant toute la durée de l'atelier, propositions et commentaires ont été soigneusement notés. Tout ce qui a été découvert, révélé ou appris figure dans un journal de bord que l'on le retrouvera dans le rapport final. Ce document, établi par l'agence, rappelle le problème initial, les pratiques et les conventions anciennes, avant d'expliciter les disruptions qui vont faire progresser l'entreprise.

La Disruption modifie considérablement nos rapports avec nos clients. Elle crée un esprit commun, à tous les niveaux de la hiérarchie. Non seulement elle ouvre la voie vers de nouveaux scénarios, mais elle montre à quel point les idées peuvent venir de chacun d'entre nous. Elle permet surtout de dynamiter les conventions d'un seul coup.

Ça passe ou ça casse

Dans bien des cas, la Disruption a signifié une véritable révélation pour certains cadres qui avaient abordé l'atelier avec scepticisme – ce qui est compréhensible. Il peut arriver que les équipes auxquelles ils participent restent totalement improductives. Ou pire encore, qu'elles produisent des réflexions, mais purement négatives. On y dénigrera les idées des autres, on y entendra des phrases du genre « On a déjà essayé, ça n'a pas fonctionné » ou bien « Ca ne marchera jamais », afin de torpiller chaque suggestion.

Mais, quand l'atelier bat son plein et qu'on s'approche de la clôture, des comparaisons s'imposent. Les autres équipes ont sorti une foule d'idées et de solutions possibles. En plus, elles ont l'air de s'amuser. Le contraste paraît évident entre le niveau d'énergie des groupes sceptiques (faible) et l'effervescence qui règne dans les autres.

L'ancienneté dans l'entreprise, une personnalité autoritaire, des préjugés défavorables à l'égard de l'atelier, voilà autant de facteurs qui peuvent inhiber l'engagement et le jaillissement des idées. Toutefois, les individus coincés sont assez intelligents pour s'en rendre compte au bout d'un certain temps, et assez compétitifs pour comprendre que leurs collègues et subordonnés contribuent activement au processus de rupture tandis qu'eux-mêmes restent dans l'ombre.

À cet instant, une transformation se produit. Ces mêmes individus se mettent à exprimer des idées souvent plus profondes que tout ce qui est sorti jusque-là. L'expérience de la Disruption les a remués. Reste que le processus n'a pas pour objectif de déstabiliser des personnes, mais des situations. Et quand le point de rupture est atteint, il peut aussi bien concerner un secteur précis de l'entreprise que la totalité de sa culture.

Ablation des œillères

Dans la séance consacrée aux manchettes de journaux, les titres les plus dramatiques font référence à la mort d'une marque. Une mort fictive, bien sûr, mais les idées générées par cet exercice ont abouti à la naissance bien réelle de plus d'une marque nouvelle. L'idée de lancer une marque ne serait sans doute jamais venue à l'esprit des dirigeants, parce que l'innovation serait entrée en concurrence avec la marque ancienne. Mais, une fois sur le marché, il s'avère que la nouvelle marque permet de créer des synergies économiques et, au final, permet à l'entreprise de gagner une part plus conséquente du marché.

Autrefois, les changements dans le paysage des marques étaient lents et graduels. Depuis quelques années, des marques anciennes et solidement établies mordent la poussière à un rythme accéléré, tandis que les marques nouvelles décollent beaucoup plus vite. Pour qu'une marque maintienne ses positions, il faut qu'elle reste en phase avec les styles de vie contemporains. Mais les styles changent à toute allure. Les consommateurs votent avec leur argent. Ils n'hésitent pas à lâcher une marque

qui donne des signes d'usure au profit d'une autre qui a su capter leur intérêt et leur confiance. Ces basculements de loyauté peuvent se produire à une vitesse déconcertante. Dans les ateliers de Disruption, on arrive à cerner ce genre d'évolutions.
Il nous est également arrivé de prédire dans nos journaux futuristes la mort d'un département au sein de l'entreprise. L'un de nos clients a réagi en repensant sérieusement toute sa structure interne, afin d'éradiquer les blocages. Résultat, certains départements fusionnent aujourd'hui, pour un meilleur fonctionnement interne et une plus grande satisfaction des consommateurs, à long terme.

L'idée importe plus que son auteur

Au cours de la séance consacrée à la Disruption, quand l'atelier atteint sa vitesse de croisière, les solutions peuvent venir de sources surprenantes. Nous avons vécu un cas où une personnalité majeure de l'entreprise, âgée d'une cinquantaine d'années, par ailleurs expert reconnu dans sa branche, s'est écriée : « C'est infaisable ! ça va nous coûter une fortune et nous immobiliser pendant des semaines ! » Ce à quoi un jeune informaticien a aussitôt rétorqué : « Mais si ! Je peux très bien écrire un nouveau programme, en une demi-heure, et tout cela ne coûtera pas un sou. » On devine la suite. Le jeune technicien avait raison, mais il n'aurait jamais osé s'exprimer s'il n'avait pas senti autour de lui une petite poussée de fièvre disruptive. En fait, sans le processus de rupture, il n'aurait sans doute jamais eu l'occasion d'en parler directement avec ses chefs de service.
Dans un autre cas, un employé qui n'appartient pas au département distribution suggère que son entreprise devrait sous-traiter ses activités de distribution. Il lance cette idée en présence d'un responsable extrêmement fier de son département et de sa rutilante flottille de véhicules de livraison. Bien sûr, ce dernier s'étrangle de rage, l'atelier traverse une zone de tempête, mais, au final, l'idée de sous-traiter sera étudiée (puis adoptée).
Troisième exemple : quelqu'un de notre agence suggère à une entreprise de réviser sa politique salariale. Jusqu'ici, la compagnie octroie des salaires fixes régis par des barèmes immuables fondés sur le niveau de responsabilité et l'ancienneté dans l'entreprise. On propose au contraire d'y intégrer une composante basée sur les résultats. Ce sont des entretiens conduits à l'intérieur de l'entreprise qui nous ont amenés à cette idée. Il nous a semblé qu'une bonne partie du personnel disposait d'une rente injustifiée et que cette politique salariale jouait en faveur du conservatisme et de l'immobilisme.

Immédiatement, c'est le tollé chez les partisans de la politique en place. D'après eux, un changement de cap mènerait droit au désastre. Le mieux qu'on puisse faire, disent-ils, serait d'évoluer graduellement vers un nouveau modèle en se donnant plusieurs années pour opérer la transition. En fait, avant même que l'agence ait livré son rapport de synthèse sur l'atelier, qui se prononce en faveur de cette suggestion, notre client avait commencé à mettre en œuvre le changement apparu indispensable et urgent.

Coup de fouet créatif

Parfois, il arrive que des participants pris pour conservateurs vous surprennent. Un jour, par exemple, nous invitons un directeur financier à participer à un atelier, uniquement par pure courtoisie. Personne ne s'attend à ce qu'il apporte la moindre contribution créative. Or, surprise, notre homme révèle un tempérament de révolutionnaire !

Dans le même ordre d'idées, nous avons souvent constaté que des esprits formidablement imaginatifs se cachaient dans les départements de recherche et développement. D'ordinaire, à ces postes, on pense avoir affaire à des personnalités plutôt rigides et disciplinées. En fait, on y trouve des mines à idées.

Attention, danger (bis)

Une fois qu'un atelier a trouvé sa propre dynamique, les participants font montre d'un courage insoupçonné. Alors qu'ils craignaient de s'aventurer dans les broussailles, ils attrapent désormais les épines à pleines mains. Le processus met en lumière les problèmes et les opportunités avec une clarté croissante. Mais ce n'est pas toujours les équipes de nos clients qui doivent avaler des couleuvres et se préparer à des changements inconfortables. Cela peut arriver aussi à l'agence.

Nous n'avons pas prévu de clause de dédit en ce qui nous concerne. Il n'y a rien de sacro-saint dans la publicité, ni dans quoi que ce soit d'autre. Quand les équipes commencent à débrider leur imagination sur les conventions et les moyens de les faire exploser, rien ne peut plus les arrêter. Très vite, des perspectives d'action se dessinent, et les membres de l'agence, qui jouent le rôle de « facilitateurs », n'ont aucun moyen de stopper le processus ni de le dévier.

Nous avons connu un atelier de Disruption dont la conclusion inévitable a consisté à annuler les dépenses publicitaires d'un de nos clients. L'agence a dû accepter l'évidence. Dans la recommandation finale, nous lui avons nous-mêmes conseillé de s'abstenir de toute publicité tant que d'autres problèmes n'auraient pas été traités. L'entreprise concernée a renforcé sa crédibilité à long terme en se concentrant sur l'amélioration de son produit et en annulant sa campagne de lancement, jusqu'à ce que les questions d'organisation et de fonctionnement soient réglées. L'agence, elle aussi, a gagné en crédibilité, ainsi que le concept même de Disruption. Notre recommandation de couper court aux dépenses publicitaires nous a coûté de l'argent, mais c'était le juste choix. L'engagement implicite d'un atelier de Disruption, c'est que la meilleure idée gagne. Une bonne idée doit être mise en pratique, même si ça fait mal.

La preuve par le neuf

L'influence d'un atelier de Disruption sur les vitalités individuelles apparaît clairement. Mais qu'en est-il de son influence sur l'entreprise ? Elle est encore plus profonde, lorsqu'on applique le test basique entre tous : est-ce que l'atelier de Disruption a entraîné une augmentation du chiffre d'affaires et un surcroît de visibilité pour la marque ? La réponse est définitivement oui.

Si l'on mesure les effets de l'atelier à l'aide des critères classiques d'évaluation des nouveaux produits, il suffit de se poser une série de questions basiques. Le produit est-il facile à utiliser ? Remplit-il sa fonction annoncée ? Y a-t-il un bénéfice mesurable ou un bonus évident à chaque utilisation ? Le produit est-il durable ? Peut-on s'en servir à plusieurs reprises et en tirer à chaque fois le même avantage ? Sur tous ces points, l'atelier de Disruption obtient des scores performants.

Beaucoup de nos clients sont devenus des disrupteurs en série. Ils utilisent les ateliers à intervalles réguliers. À chaque fois, ils modifient les paramètres ou explorent une piste inédite. Puis ils passent à l'étape de la mise en œuvre et reviennent pour un autre objectif. L'effet cumulatif des ateliers répétés est d'inoculer la Disruption dans le code génétique de leur entreprise.

Nos ateliers sont constamment en développement. Chaque application nous offre une chance d'en apprendre un peu plus, d'affiner les techniques et les procédures, d'essayer de nouveaux concepts. Nous-mêmes, à l'agence, nous ignorons où nous mèneront les développements futurs. À vrai dire, nous ne souhaitons pas le savoir. À la fin d'un atelier, même quand tout s'est passé à merveille et que tout le monde se félicite, nous savons qu'on peut faire encore mieux.

Dans le folklore d'Hollywood, il y a une vieille recette attribuée à Samuel Goldwyn : un bon scénario de film commence par un tremblement de terre. En appliquant cette devise, on peut dire que nos ateliers produisent leur lot de petites secousses. Mais les vrais feux d'artifice restent à venir.

4. OUTILS

Les outils de la Disruption constituent des aides à la réflexion pour chacun de nos collaborateurs, une grammaire commune à tous. À chaque étape du chemin qui doit mener la marque vers le futur qu'elle veut se donner correspond une batterie précise d'outils. Nos clients ne peuvent pas toujours participer aux ateliers de Disruption, le travail est alors fait en interne. Fiona Clancy, notre directrice du planning à l'international, a mis dès les premiers jours toute son intelligence et son enthousiasme au service de la Disruption. Je lui ai demandé de décrire ces outils et d'expliquer en quoi ils peuvent nous aider à créer de nouveaux marchés et inventer des solutions inédites.

« La créativité, c'est l'art d'établir des relations entre des choses qui n'en ont pas de prime abord », professait Thomas Disch. À nos yeux, il existe pourtant un art encore plus difficile, celui qui consiste à oublier les relations entre les choses telles qu'on les connaissait, et de repartir mentalement à zéro.

Vous vous rappelez sans doute ces tests à base de tâches mystérieuses où il faut dénicher un visage ou un objet dissimulé dans le fouillis d'un feuillage ou d'un paysage ? Au début, vous tournez le dessin dans tous les sens, vous plissez les yeux, louchez, et puis d'un seul coup, comme par magie, l'image cachée vous saute aux yeux. À partir de là, vous ne voyez plus qu'elle. Impossible de retrouver la façon dont le dessin vous apparaissait auparavant. La naïveté de la perception originelle est irrémédiablement effacée. Vous ne la retrouverez que difficilement.

C'est la raison pour laquelle, dans l'univers de la communication, les compétitions d'agences sont règle d'or. Les clients se tournent vers des talents extérieurs pour renouveler leur propre regard. Les agences, elles ont tout à apprendre et rien à perdre : elles partent d'une page blanche. Si l'agence comme le client pouvaient profiter de la fraîcheur des réflexions stratégiques d'une compétition d'agences sans avoir à en subir les servitudes, tout le monde serait gagnant. C'est une des raisons d'être de la Disruption.

La Disruption comme discipline

L'idée même qu'on puisse concevoir une discipline, avec ce que cela implique de rigoureux, pour tout chambouler, apparaît paradoxale. Sauf à considérer que ce qui est visé sont les conventions, présupposés et idées reçues qui instaurent le statu quo et brident l'imagination. Si nous avons besoin de faire de la Disruption une discipline, c'est que nous avons besoin d'une méthode d'investigation rigoureuse, applicable à tous les problèmes, petits ou grands, et utilisable par l'ensemble de notre réseau.

Mais comment transformer la Disruption en une discipline sans détruire son essence même ? Et comment institutionnaliser cette discipline à travers un réseau qui emploie neuf mille personnes ? Il y a comme un problème. Tout processus formel paraît inapproprié, impraticable. Comme une contradiction fondamentale, une aberration dans la culture même de la Disruption. Cela reviendrait à créer des cases pour des gens qui essaient de penser en dehors des cases. Rien ne sape la créativité et la spontanéité aussi sûrement que les règles.

La discipline comme jeu

La Disruption ne peut devenir une discipline que si on l'envisage comme un jeu. Or, jouer se révèle étonnamment difficile pour des adultes. La plupart ont oublié comment on s'y prend. Dans les agences traditionnelles, l'approche ludique est un état d'esprit toléré pour les équipes de créatifs, mais guère recommandée pour les autres. Pourtant, son utilité pour stimuler la créativité, aussi bien chez l'individu que dans l'entreprise, en fait un modus operandi qui mérite largement d'être redécouvert.

Personne ne l'a mieux exprimé que l'empereur du jouet lui-même, Kjeld Kirk Kristiansen, le patron de Lego : « Les enfants sont nos modèles. Ils sont curieux, créatifs et imaginatifs. Ils sont toujours prêts à découvrir et à s'émerveiller. Ils apprennent naturellement. Autant de qualités précieuses qu'on devrait cultiver pendant toute sa vie. Les gens qui restent curieux, créatifs et imaginatifs, ceux qui gardent un désir enfantin d'apprendre, à tout âge, sont les mieux équipés pour réussir dans un monde où les défis se bousculent. Ils seront les bâtisseurs de notre avenir. »

Voilà pourquoi nous avons fait du jeu une discipline, et de la discipline un jeu.

Pour stimuler notre aptitude au jeu, nous avons constitué une vaste boîte à outils. On y trouve des exercices, des modèles, des processus, des déclencheurs d'idées, des techniques d'enquête et d'analyse. Cette boîte à outils ressemble à un jeu de construction. Les outils sont répartis en zones d'intérêt stratégique, mais tous ont pour but de favoriser la recherche tous azimuts et l'apprentissage par l'expérience et l'erreur. Au bout du compte, il s'agit toujours de découvrir des opportunités de progrès pour la marque. Et de déconstruire une marque pour mieux la reconstruire.

Nous avons donné un nom à notre boîte : Disruption Central.

Disruption Central

Même si nous tenons le jeu en haute estime, nous savons que la Disruption et la pensée disruptive sont choses sérieuses. Nous ne vivons pas dans un monde magique. Nous essayons de bâtir l'avenir de nos clients dans le monde réel. En concevant un cadre strict pour nos outils, nous avons retenu un concept général qui véhicule des valeurs d'énergie, d'audace et de détermination. Le concept indique aussi que ces techniques constituent le noyau, le cœur de nos activités.

La métaphore ferroviaire, celle de la gare centrale au cœur du réseau de rails, nous a semblé appropriée. La gare située au centre de Manhattan s'appelle Grand Central. D'où ce nom de Disruption Central, donné à notre boîte à outils.

Cette boîte en compte vingt-quatre. Pourquoi vingt-quatre ? Pourquoi tant ? Et pourquoi pas ? En fait, le choix préserve notre liberté. En même temps, il facilite l'assimilation de ce qu'est la Disruption. À mesure qu'on essaie différentes techniques, l'approche disruptive rentre progressivement, en douceur. Par ailleurs, en attaquant les problèmes par toutes sortes d'angles différents, nous restons constamment ouverts et en alerte.

Les exercices sont organisés en zones ou en sections, en fonction de leur cible. Trois zones centrales concernent la génération des idées au cœur du processus :

- **la zone des Conventions,** où l'on jette un regard sans complaisance sur l'état actuel de la marque et sur les conventions qui régissent le marché ;
- **la zone des Disruptions,** où sont décrits des exercices et des procédures pour trouver les idées qui vont accélérer le progrès de la marque vers sa vision ;
- **la zone des Visions,** qui permet d'imaginer un nouvel avenir pour l'entreprise et pour ses marques.

Deux zones concernent les étapes de la recherche créative et du développement :

- **la zone du Contexte,** dans laquelle nous essayons de déterminer les facteurs qui influencent les consommateurs et le marché, ou qui exerceront leur influence dans un avenir proche ;
- **la zone des Connections,** qui pousse la création de liens entre une marque et son public.

Enfin, nous disposons d'un espace de contrôle :

- **la zone des Évaluations,** où nous mesurons l'impact d'une proposition grâce à des procédures qui permettent d'anticiper l'effet des idées en rupture et leur influence en profondeur, au-delà de la communication d'une marque et de sa simple cote de popularité.

Les outils

La plupart ont été développés sur le tas par des gens qui essayaient de résoudre un problème. Chaque outil est identifié par un pictogramme qui apparaît au sein de l'intranet de notre réseau, sur l'écran de l'ordinateur et sur laquelle on peut cliquer pour en avoir une description complète et des exemples d'utilisation.

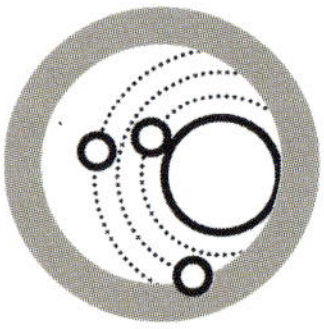

« Convention Planets »®
Les planètes des conventions
Cet outil démasque les idées reçues
qui empêchent la marque de progresser
sur son marché.

« The Purchase Funnel »®
L'entonnoir d'achat
Un outil de marketing direct qui éclaire
la dynamique du marketing conventionnel
pour une catégorie.

« The Idea Behind the Idea »®
L'idée derrière l'idée
Plusieurs cerveaux valent mieux qu'un.
Pour trouver des idées, rien de mieux
qu'une rencontre entre des gens qui apportent
chacun un éclairage différent.

« The Brand Integrity Check »©
Le contrôle d'intégrité de la marque
Un test rapide pour s'assurer que les idées
sont crédibles, pertinentes et motivantes
pour le consommateur.

« Corporate Prism »©
Le prisme d'entreprise
Une bonne façon d'évaluer ce qui a été trouvé
lors d'une séance sur la culture d'entreprise,
et de voir comment les paramètres internes
affectent l'extérieur.

« Lighthouse »©
Le phare
Quel client ne souhaiterait pas que sa marque
envoie un faisceau lumineux grâce auquel
le public se repère pour naviguer dans la vie ?
Cet outil aide à regarder vers les étoiles plutôt
qu'à se courber pour disséquer les problèmes.

« Consumer Connections Wheel »©
La roue des Connections
Un outil conçu pour auditer en profondeur
une cible et inventorier les connexions
naturelles existant entre une marque
et chacune de ses cibles.

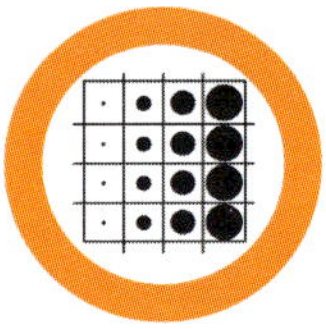

« The Migration Matrix »©
La matrice des migrations
Pour évaluer l'aptitude de la marque
à adapter et personnaliser ses connexions
avec les consommateurs.

« The Connections Approach »®
L'approche connective
Elle définit chaque connexion de manière
concise et informative, et permet de
comprendre les scénarios des Connections.

« Relationship Thermometer »©
Le thermomètre relationnel
Un diagnostic simple conçu pour estimer
la profondeur de la relation entre la marque
et les consommateurs.

« Conversation Gauge »©
Le baromètre des conversations
Une façon d'évaluer la popularité
de la marque en étudiant sa présence
dans les conversations.

« The Brand Game »©
Le jeu des marques
Une technique conçue pour explorer
les dimensions de la marque, ses rapports
avec les consommateurs et sa présence
dans l'esprit du public.

« The What if Process »©
La technique « Et si »
« Et si... », c'est l'arme idéale pour partir à la chasse aux idées. Elle incite à emprunter des concepts issus d'autres domaines, pour ouvrir le champ des possibles.

« Big Idea Wheel »©
La roue des Grande Idées
Lorsqu'on n'est pas en mesure d'organiser une grande réunion pour remuer les méninges, la roue des Grandes Idées est un modèle du type « Et si... ». Utile pour rendre les idées fortes encore plus fortes.

« The Ladder »©
L'échelle
Un outil multifonctions avec lequel on explore les rôles de différents modes de communication.

« The Vision Grid »©
La grille des visions
Aide à décrire les comportements qu'une vision doit inspirer dans une entreprise, au-delà de la marque.

« Brand Connections Wheel »©
La roue des Connections de marque
Fournit un cadre de référence pour énumérer et analyser les connexions entre la marque et son public.

« Brand Connections Clock »©
L'horloge des Connections de marque
Évalue l'importance du timing dans les connexions d'une marque avec son public.

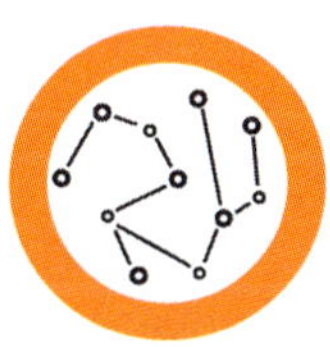

« The Connections Scenario »©
Le scénario des Connections
Fournit un cadre de référence pour la planification des messages et des campagnes.

« The Persuasion Sequence »©
La séquence de la persuasion
Une méthodologie pour planifier l'architecture des Connections et tester la logique du scénario des Connections.

« The 7 Killer Business Questions »©
Les sept questions qui tuent
Un outil pour aider le client à se poser les bonnes questions dès le début.

« The Weatherfront Check »©
Le bulletin météo
Une perspective macro-économique qui évalue l'impact potentiel sur la marque de ce qui se passe dans le monde.

« Evaluation Framework »©
Le cadre d'évaluation
Permet de prioriser les réponses consommateurs suite à une campagne et de suivre les résultats en fonction des critères dégagés.

« The Idea Impact Monitor »©
Le moniteur d'impact des idées
Explore l'impact élargi d'une idée sur le statut d'une marque au sein de son marché, directement et indirectement.

Un des outils les plus utiles et les plus utilisés s'appelle les Planètes des conventions (« Conventions Planets »). Il s'agit de poser cette question simple : « Pourquoi ? » Pourquoi percevons-nous les choses d'une certaine manière et pas d'une autre ? Pourquoi le marché fonctionne-t-il ainsi ? Pourquoi les fabricants de téléphones portables ont-ils laissé se banaliser si vite leur marché, pourtant jeune ? Pourquoi les gens ont-ils du ressentiment contre les banques ?

Les réponses à ces questions sont souvent implicitement contenues dans les hypothèses de départ. Ces hypothèses, entretenues par les acteurs clés de l'industrie, affectent les stratégies de marketing, qui, à leur tour, dictent la stratégie de communication. Tous ces éléments – les comportements des acteurs clés, le marketing de leurs produits ou services et leur façon de communiquer avec leurs clients – ont un impact sur la manière dont les consommateurs ressentent et réagissent. L'outil Planètes nous aide à discerner les liens entre les hypothèses et les décisions, leurs rapports de cause à effet, et les points de cassure du rapport avec les consommateurs. On peut alors déterminer des secteurs où le statu quo est susceptible d'être bousculé, des points forts inexploités et des opportunités sur lesquelles on peut construire du neuf.

Prenons le cas du whiskey irlandais Jameson. Afin de ne pas s'enterrer comme produit de niche, nous avons dû briser la convention marketing suivante : si un produit possède une différence authentique, facile à reconnaître et avantageuse, il faut nécessairement la mettre en avant. En l'occurrence, la différence, c'est son origine irlandaise et non écossaise. Avant de rechercher un nouveau positionnement pour cette marque, nous avons utilisé l'outil Planètes afin d'observer comment se comportaient les différentes marques d'alcool. Et nous nous sommes aperçus que toutes les grandes marques utilisaient le même argument, à savoir l'instauration d'une ambiance qu'on pourrait appeler le « clubbing », l'envie de sortir et de faire la fête. Ce qui ouvre un espace intéressant pour la recherche d'une autre ambiance, tout aussi glamour mais plus calme, plus intime, plus cool. En fait, c'est l'espace idéal pour un whiskey riche et moelleux, à boire de préférence sec ou avec un peu d'eau. Nous avons recommandé à Jameson de ne pas se contenter de communiquer sa différence, son origine irlandaise, mais plutôt d'adopter une stratégie de territoire : investir les « sofa bars », les bars jazz de fin de soirée, les endroits luxueux et confortables, les rendez-vous tranquilles entre amis le dimanche. La signature de la marque est devenue « What's the rush ? ».

Une stratégie de territoire ? Cette expression vient d'un autre de nos outils favoris, l'Échelle (« The Ladder »). Nous l'utilisons de différentes manières, pour identifier puis casser les conventions ou pour explorer les visions des marques, mais sa principale vertu consiste à dégager un axe stratégique. Il existe six registres, ou six axes, sur l'échelle :

Top of mind	Attributs	Bénéfices	Territoire	Valeur	Rôle

Pour Jameson, nous avons défini un territoire dans le sens le plus littéral du terme, parce que le choix d'une boisson dépend énormément de l'endroit et du moment où on la consomme. Pour FCUK, la marque britannique de vêtements, l'axe de communication portait sur la valeur : ils avaient adopté un point de vue anti-mode, propre à séduire un public très ciblé. D'habitude, c'est plutôt le territoire qui constitue la convention dans les marques de vêtements (habillez-vous en X et vous appartiendrez à l'univers X).
Tels sont les divers registres décrits dans l'outil Échelle. Lorsque dans la vie d'une marque, on passe d'un registre à l'autre, on effectue de fait une rupture.

Conditions et contexte

En matière de stratégie créative, il n'y a pas de secret : il suffit de poser les bonnes questions dès le début. Élémentaire ! Mais afin de définir les conditions ou le contexte, nous nous fions d'abord à l'enquête. La zone du Contexte comporte une batterie d'outils, du microscopique au macroscopique. Nous cherchons à jeter un regard neuf sur ce qui se passe en surface, avant de fouiller les structures et les mécanismes sous-jacents.

Sous l'angle du business pur, nous commençons avec les Sept questions qui tuent (« The 7 Killer Business Questions »). Elles nous rappellent constamment qu'il y a des conditions initiales que nous devons comprendre pour attaquer correctement un problème. Nous disposons d'une première batterie de questions auxquelles nous cherchons nous-mêmes à répondre avant de rencontrer un nouveau client, et d'une deuxième série que nous utilisons comme point de départ lors de nos premiers entretiens. Une des questions que nous aimons soulever : quel est le coût généré par le statu quo ? En d'autres termes, peut-on estimer ce que l'absence de prise de risque coûte à l'entreprise ?

Sous l'angle des consommateurs, nous disposons de deux outils conçus pour explorer leur relation avec la marque. Le Baromètre des conversations (« Conversation Gauge ») part de l'idée que les marques appartiennent au domaine public, même au niveau domestique, et fournissent donc des sujets de conversation. Traditionnellement, on se concentre sur ce que la marque communique aux consommateurs, et dans une certaine mesure sur ce que les consommateurs ont à dire à la marque (via les groupes de consommateurs). On néglige ce que les gens se disent entre eux à propos d'une marque. C'est pourtant très utile.

Ce type d'étude a par exemple révélé une faille stratégique dans le marketing de McDonald's à destination des enfants. Dans les pays d'Europe où l'entreprise est bien implantée, elle en est arrivée au point où l'augmentation de l'activité publicitaire autour des Happy Meals n'a plus d'effet sur la fréquence des visites familiales. Il était donc temps de se poser des questions stratégiques de fond. L'exploration du problème par le filtre des conversations a révélé un indice précieux. Paradoxalement, pour une marque qui s'enorgueillit de son image familiale en prônant l'idée que ses restaurants renforcent les liens dans le cocon de la famille, communiquer sur les Happy Meals produit l'effet inverse. Effectivement, les enfants réclament si souvent un repas chez McDonald's que les parents en arrivent à se plaindre de harcèlement infantile !

C'est exactement comme en physique : à toute action correspond une réaction égale en sens inverse. Plus les enfants supplient, plus les parents refusent. La solution consiste évidemment à changer la nature des conversations.

Le second outil est le Thermomètre relationnel (« Relationship Thermometer »). Il nous a été inspiré alors que nous travaillions avec une compagnie pharmaceutique parisienne. UPSA, filiale de Bristol-Meyers Squibb, s'est spécialisé dans le domaine des analgésiques. Or, elle a constaté que les médecins traitent les causes de la maladie mais négligent souvent la douleur qui l'accompagne. Pourtant, celle-ci peut se révéler encore plus pénible que n'importe quel autre symptôme. L'une des causes de ce manque d'attention, c'est qu'il est difficile de jauger l'intensité de la douleur. C'est un sujet hautement subjectif. UPSA a donc développé une échelle aussi simple que possible pour tenter d'objectiver, au cours d'un entretien, le niveau de douleur du patient. Beaucoup de malades essaient de faire bonne figure en disant que ça ne fait « pas trop mal », mais si on leur demande de noter la douleur sur une échelle de

1 à 10, il se peut qu'ils répondent 8, en fonction de leur niveau personnel de tolérance. Et c'est tout ce que le praticien a besoin de savoir.

Nous avons appliqué la même idée pour jauger la profondeur de la relation entre une marque et son public. Nous montrons un thermomètre à des consommateurs et nous leur demandons de noter leur attachement envers telle ou telle marque. La température va du froid glacial à la chaleur enthousiaste. Nous utilisons le même procédé pour interroger nos clients sur l'envie qu'ils ont de prendre des risques dans leur entreprise.

Une observation plus macroscopique du contexte nous est fournie par le Bulletin météo (« The Weatherfront Check »). L'exercice est adapté d'un séminaire de scénarios destiné à des spécialistes du planning venus du monde entier, qui s'est tenu en février 2000. Nous considérons tour à tour chacun des grands fronts – social, économique, technologique, environnemental, politique. Le but consiste à identifier des événements futurs qui pourraient concerner la marque, puis de faire en sorte que des stratégies soient mises en place pour y répondre. L'astuce consiste à traiter comme des priorités aussi bien les évolutions qui seront à coup sûr importantes que celles dont l'effet semble incertain.

Les idées disruptives

Traditionnellement, il incombe aux équipes de créatifs au sein des agences de trouver des idées. Chez nous, c'est la responsabilité de tout le monde. Chacun va tenter d'inventer des concepts qui accéléreront le mouvement de la marque vers sa vision. Les outils de la zone des Disruptions sont pour la plupart des techniques de collaboration, des exercices de travail en équipe. Les équipes pluridisciplinaires incluant nos clients produisent des idées beaucoup plus intéressantes que ne le font des groupes centrés sur une seule spécialité ou les travailleurs solitaires. Il faut plus d'une personne pour débusquer une idée, et elle sera amplifiée en quelques secondes par le reste de l'équipe.

Nous sommes à la recherche d'idées qui ont certains caractères. Des idées disruptives, c'est-à-dire des idées inspirantes, rafraîchissantes, audacieuses, qui défient les catégories ou les règles du marché. Mais aussi ce que nous appelons des idées « media infinite », c'est-à-dire des stratégies et des concepts qui peuvent être adaptés, déclinés et amplifiés sous une multitude de médias différents.

« Media infinite », voilà qui sonne comme le Graal. Comment se débrouiller pour sortir une idée « media infinite » ? Les idées créatives ne naissent pas dans le vide, elles sont souvent imaginées pour un média particulier. On peut développer une stratégie ou un concept neutre en terme de médias, mais une idée suppose toujours un support ou un moyen d'expression. Donc toute idée de communication concerne à l'origine un média donné. Nous avons dès lors conçu une procédure pour aller voir au-delà de ce média et comprendre l'idée en profondeur. On pose une question simple : « Quelle est l'idée derrière l'idée ? » (« The Idea Behind the Idea »). Une fois que nous avons répondu, nous pouvons la déployer sur toutes sortes de médias.

La même question peut être utile lorsqu'on a trouvé une idée formidable pour une marque, sans savoir pourquoi elle fonctionne aussi bien, ni comment la décliner dans une version ultérieure. C'est ce qui aurait pu se passer pour la campagne SBAB en Suède. La marque avait orchestré toute sa communication autour d'un événement unique et qu'on ne peut répéter, un tournoi de football. Nous avons fait l'exercice de l'idée derrière l'idée et nous avons trouvé une façon de la faire évoluer pour l'année suivante.

SBAB propose des prêts immobiliers via l'Internet ; elle a atteint 5 % de parts de marché en 2000, sur un marché dominé à 90 % par les quatre grandes banques suédoises. L'objectif consistait à créer pour SBAB l'image d'un challenger de petite dimension mais plein d'énergie. Pour y parvenir, il fallait agir en permanence comme un challenger. La grande idée consistait donc à défier les banques lors de cette compétition de foot.

La vraie question restait de savoir comment conserver cet élan après l'événement. Or, l'idée derrière l'idée est la suivante : défier les banques sur un terrain concret et quotidien. Avec ça, on tenait une formule qu'on pouvait répéter. On a donc inventé une règle subsidiaire : une idée n'est retenue que si elle fait vraiment mal. La deuxième année, la campagne de SBAB a donc consisté à envoyer des hommes-sandwichs devant les banques, avec des affiches comparant les taux des prêts immobiliers. Lorsque les directeurs ont essayé de les faire déguerpir, les incidents furent relatés par les médias et les banques eurent le mauvais rôle.

D'une certaine manière, nos outils de disruption ne sont rien d'autre qu'une suite de bonnes questions. À commencer par la classique « Et si… ? » Nous disposons d'un ensemble de vingt et un « Et si », dérivés de nos meilleurs exemples de stratégies disruptives. Chacun contribue à doper la créativité. Nous posons ces questions en début de réunion, pour se mettre en train.

Nous nous inspirons aussi des idées des autres. C'est un bonheur de rencontrer une entreprise affranchie des conventions du marché et qui fait preuve d'imagination. Récemment, nous avons construit un modèle analytique inspiré par des créations publicitaires qui n'ont pas suivi les normes, en termes d'arguments de vente ou d'avantages produit. En fait, il s'agit de créations où l'annonce n'est pas le média privilégié. Ce sont les actions de communication qui lui sont liées. En l'occurrence, la publicité sert uniquement à les médiatiser. Nous avons essayé d'identifier et de mettre en catégories ces différents types d'action. D'où la Roue des Grandes Idées

(« Big Idea Wheel »). Nous l'utilisons pour tester nos idées et voir jusqu'où il faut les renforcer.

Bien sûr, il faut de temps en temps redescendre sur terre. Après avoir conçu des stratégies ou des idées décalées, il faut encore s'assurer que l'entreprise va pouvoir vivre avec et que les gens, dans le monde réel, vont apprécier. Nous avons adapté un modèle classique, souvent employé par d'autres compagnies pour tester ces idées. C'est notre Contrôle d'in-

tégrité de la marque (« The Brand Integrity Check »). Trois critères pour qu'une proposition passe la barre :

- être fidèle à l'esprit de l'entreprise ou de la marque ;
- être impliquante pour les consommateurs ;
- se distinguer par rapport à la concurrence.

Les visions

Identifier une vision pour une entreprise ou une marque revient à définir un marché du futur sur lequel on veut occuper une place plus large. Lorsque nous travaillons sur des visions, un seul point de départ possible : chez le client. On découvre des visionnaires au sein des conseils d'administration ou des départements marketing, mais également à tous les étages, y compris à l'accueil ou à la réception du courrier. Les employés qui travaillent au contact des clients ont souvent des intuitions en rupture qu'ils ne demandent qu'à partager. On trouve chez eux une source d'inspiration inestimable, et nous incluons dans nos procédures les moyens de prospecter ces mines essentielles. Plus précisément, nous avons mis au point un questionnaire de base qui permet de les « accoucher ».

C'est quoi, une vision ? Le terme peut faire rêver, mais il reste vague et semble usé jusqu'à la corde. Nous insistons sur la nécessité d'être concret. Pour nous, une vision, c'est une projection de l'entreprise ou de la marque dans l'avenir. Une vision va bien au-delà d'une proposition publicitaire ou d'un positionnement de marque. C'est une culture globale. Elle parle à tout le monde.

Quelques-uns des exercices les plus utiles dans la zone des Visions sont destinés à ancrer la vision dans la réalité, à s'assurer qu'elle possède une substance, qu'elle peut vraiment agir comme catalyseur pour l'entreprise et se déployer dans le marché futur tel que nous l'envisageons. L'un de nos responsables du planning à Paris a développé la Grille des visions (« The Vision Grid »), qui pousse à travailler sur l'effet désiré à travers quatre éléments clés. La grille comporte deux axes horizontaux, l'interne et l'externe, et deux axes verticaux, la marque et l'entreprise. Grâce à cette grille, nous évaluons le potentiel de la vision pour inspirer les employés, le département recherche-développement, le positionnement de la marque sur le marché, et enfin les actionnaires et leaders d'opinion. Si nous constatons qu'une proposition ne remplit pas son rôle dans chacun des quatre quadrants, nous nous remettons au travail.

Bien sûr, nous avons de l'ambition pour les marques dont nous avons la charge et nous espérons que nos idées auront un impact sur le marché. Mais quel type d'impact ? Dans tout processus d'évaluation, il est indispensable d'avoir défini clairement les objectifs. Sur ce point, les malentendus sont trop fréquents, en particulier quand on omet d'exprimer explicitement ses attentes. Pour éviter les erreurs par omission, le département planning à Londres a développé un modèle d'évaluation qui ratisse large, le Moniteur d'impact des idées (« The Idea Impact Monitor »). En conjonction avec nos clients, nous passons en revue les types d'impact souhaités dans six domaines différents : le monde des entreprises, le monde du marketing, les communications classiques, le monde des consommateurs, la culture interne et le contexte culturel extérieur. Il s'agit de définir des cibles claires et de déterminer des priorités, sur la base d'une discussion constructive avec le client. Elles varient considérablement d'un domaine à l'autre. Par exemple, PlayStation ou Absolut doivent avoir un impact sur le contexte culturel extérieur, tandis que la SNCF doit soigner sa culture interne. Ensuite, on peut passer à l'évaluation des performances selon les critères dégagés, et cela donne lieu à une deuxième séance pluridisciplinaire, souvent animée.

Qu'y a-t-il de commun entre tous ces outils ? Dans la plupart des cas, on n'y trouvera pas le mot Disruption. En revanche, ils mettent en avant l'attitude ludique, l'énergie, la curiosité, la naïveté, le changement de perspective. La rupture, elle, réside dans ce que nous construisons à l'aide de ces outils.

La Disruption en évolution

Nous utilisons tous ces outils de façon quotidienne. Qui sait ce que nous utiliserons demain ? Nous adaptons nos outils à chaque marché et aux besoins de chaque client. Nous développons constamment de nouvelles pratiques. Disruption Central continue à mûrir. Nous aurons toujours nos vieux favoris, des jouets bien rodés qui ne manquent jamais d'électriser l'imagination. Nous aurons des jeux neufs, de nouveaux outils qui nous empêcheront de nous assoupir. Rien ne serait plus alarmant, pour une entreprise qui se flatte de ses capacités à penser de façon disruptive, que de glisser vers des conventions.

La Disruption, parce que c'est une discipline, nous conduit à rester toujours curieux. Et à poser sans cesse de nouvelles questions.

UN TOUR DU MONDE DE LA DISRUPTION

Think different.

5. L'AMÉRIQUE, MARQUE DISRUPTIVE

Faisons maintenant un voyage dans l'univers de la Disruption à travers notre réseau, à travers le monde. Commençons par le pays des entrepreneurs. Dans **L'Amérique, marque disruptive,** Tom Carroll, qui dirige l'ensemble de nos activités aux États-Unis, et Cindy Scott, notre directrice du marketing à Los Angeles, se sont alliés pour démontrer comment toutes les grandes entreprises américaines, celles en tout cas qui ont réussi de façon spectaculaire, ont opéré des disruptions à un moment ou à un autre de leur histoire. Ils décrivent ensuite les moments de la vie d'une entreprise – ils en ont listé sept – où le besoin de se réinventer devient indispensable. Ce qui est le cas bien plus souvent que l'on croit.

« Les différences entre la publicité américaine et la publicité française sont multiples. Quand on ne s'arrête pas à la surface des choses, on prend conscience qu'elles diffèrent profondément. Cela tient tout d'abord à la relation au commerce et plus simplement à l'argent qui diffère radicalement d'un pays à l'autre. En France, l'acte commercial reste suspect. On ne fait guère confiance au vendeur. C'est pourquoi les messages sont "très mis en scène", les argumentaires souvent indirects, sinon obliques. La publicité est théâtralisée. Rien de cela aux États-Unis : personne ne sera choqué par un message commercial pur et dur. Les Américains chérissent le pragmatisme brut, ils ne craignent pas la concurrence la plus virulente. Leur culture est celle du commerce ; pour eux, la publicité est un outil de vente comme un autre. » (Jean-Marie Dru, **Disruption**.)

Si les Américains ont cette attitude à l'égard du business, c'est qu'elle s'enracine profondément dans leur histoire. On pourrait presque dire que la Disruption est dans leurs gènes.

Cela remonte à la fondation même des États-Unis. Les colons ont dû faire face à des situations qu'ils ne connaissaient pas et pour lesquelles les codes appris dans la vieille Europe se sont vite révélés caducs. Non seulement ils n'avaient plus d'utilité, mais ils devenaient des obstacles, ils empêchaient d'avancer. Dans le Nouveau Monde sont nées de nouvelles valeurs, une nouvelle vision, et, en fin de compte, une pratique naturelle de la Disruption.

D'où l'approche américaine en matière d'industrie, de commerce, de vente et de publicité. Les mots mêmes de business et de marketing ont éclos aux États-Unis. Un autre mot caractéristique est « ingenuity ». Dans « ingenuity », on trouve à la fois l'ingénu et l'ingénieux. Nous le traduirons par « esprit d'invention ». Quant à l'autre terme qui caractérise le business à l'américaine, il se passe de commentaires : c'est l'esprit d'entreprise.

La Disruption n'est pas la propriété exclusive de l'Amérique. On la trouve à l'œuvre dans le monde entier. Néanmoins, la plupart des success stories typiquement américaines font appel à l'esprit de Disruption.

CONVENTIONS EUROPÉENNES

- LIBERTÉ + RELIGION
- CONFORMISME
- MONARCHIE ET FÉODALISME
- LOI ANCRÉE DANS LA TRADITION
- RESPECT DE L'APPRENTISSAGE

DISRUPTION

- ABSENCE DE RACINES COMMUNES
- SÉPARATION DE L'ÉGLISE ET DE L'ÉTAT
- ESPACE ILLIMITÉ
- PÉNURIE DE MAIN D'ŒUVRE
- ETHNIES MULTIPLES
- ÉLOIGNEMENT DE L'EUROPE

NOUVELLE VISION

- INITIATIVE PERSONNELLE
- LIBERTÉ INDIVIDUELLE
- DÉMOCRATIE
- ÉGALITÉ DES CHANCES POUR CHACUN
- LOI FONDÉE SUR LA CONSTITUTION
- MOBILITÉ
- PRAGMATISME

L'esprit d'invention est par définition disruptif. En voici trois exemples, parmi les plus classiques. Celui d'Henry Ford, pour commencer. Ford est animé par une idée visionnaire : il veut démocratiser l'usage de l'automobile. Comment s'y prend-il ? Il fait de ses ouvriers les futurs consommateurs de ses produits, en les payant trois fois plus qu'il n'est d'usage dans l'industrie à l'époque. Une véritable décision disruptive. Levitt and Sons, ensuite. Cette firme s'inspire de la quintessence même du rêve américain : que chacun puisse posséder son lopin de terre et sa maison. Pour en faire une réalité, elle applique les techniques de la production de masse à la construction. Du coup, elle peut proposer des prix abordables à n'importe quelle famille moyenne. Dernier exemple, la conquête de l'espace. Là encore, on part d'une vision enracinée dans l'histoire américaine, celle des grands espaces à conquérir. Sauf qu'au 20e siècle, il n'existe plus vraiment de territoires inexplorés. On va donc lancer le programme spatial et marcher sur la Lune et, pour ce faire, il faudra franchir tous les obstacles technologiques en trouvant des solutions neuves et disruptives.

L'esprit d'entreprise américain s'incarne particulièrement dans la start-up, une entreprise qui doit son existence même à un concept radicalement nouveau. Mieux encore, il arrive que ce concept entretienne un rapport métaphorique avec les idéaux de la Révolution américaine. Parmi les cas les plus souvent cités de réussites nées d'une disruption, on trouve trois entreprises, Southwest Airlines, Apple Computer et Federal Express.

Ces trois entreprises sont nées d'une idée en rupture. Chacune a remis en question des valeurs industrielles établies. Face à des valeurs aristocratiques, elles proposent un pacte démocratique. Prenons un exemple, Federal Express. Cette société a osé s'attaquer à un très vieux monopole, celui du service postal public. Tout le monde s'y est tellement habitué qu'on ne conçoit même plus un autre fonctionnement possible. Or, non seulement le monopole n'a pas de raison d'être, mais il manque singulièrement d'efficacité. La jeune entreprise propose de nouveaux services et de nouvelles pratiques. Ce faisant, elle instaure un esprit de compétition et une éthique du travail bien fait, dans un domaine où ces valeurs n'existaient pas.

Ces idées sont éminemment américaines et encouragent particulièrement ce type de pensée en rupture. Pourtant, en se développant, les entreprises développent une résistance plus forte à la Disruption. L'explication tient dans le fait que les États-Unis ont évolué à partir d'une position de challenger vers une situation de champion. Au cours de cette transition, il s'est créé un second courant dans les conventions culturelles américaines, un courant qui s'oppose à la Disruption.

En devenant un « pays champion », l'Amérique, sa culture et son gouvernement se sont laissés gagner par la complaisance. On le constatait dès le début du 20e siècle, avant la Première Guerre mondiale ; c'est redevenu manifeste pendant les années 1950 et le début des années 1960, et à nouveau dans les années 1990. Pourtant, chacune de ces périodes prospères s'est achevée alors que le mode de vie américain connaissait une rupture. À chaque fois, les États-Unis ont renoué avec leurs origines et leurs valeurs de challenger. C'est donc que le pays s'est comporté à la fois comme champion et comme challenger.

Le comportement champion/challenger

Une fois la popularité gagnée, les marques américaines ont tendance à se reposer sur leurs lauriers. De marques challengers, les entreprises américaines deviennent rapidement, grâce à la taille sur leur marché intérieur, marques leader. Résultat, les États-Unis, plus que toute autre nation, définissent souvent des conventions pour chaque catégorie de marché. En fait, les grandes entreprises américaines vivent en se positionnant sans cesse dans le flux et le reflux champion/challenger.

General Electric et IBM ont adopté, ces dernières années, le mode de pensée champion/challenger. Elles ont su se réinventer sous la houlette de

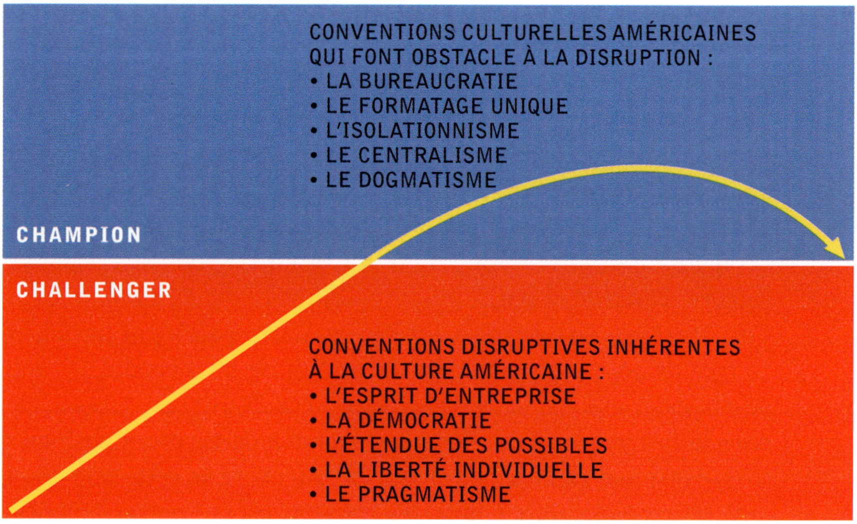

dirigeants qui leur ont insufflé une combativité nouvelle. Au début des années 1980, General Electric avait perdu la plus grande part de son esprit d'entreprise. C'était devenu un conglomérat bureaucratique, sans objectif et sans vision. En 1981, Jack Welch a pris les commandes et sa présidence a coïncidé avec un renouveau de l'initiative et des idées disruptives. De la même façon, Louis Gerstner a fait preuve d'un vigoureux esprit d'entreprise et d'une vision qui a conduit à une véritable réinvention d'IBM. D'un simple fabricant de matériel, IBM est devenu le premier fournisseur de solutions dans la société de l'information.

Disruption et communication

Lorsque des marques championnes s'efforcent d'accéder au statut mixte de champion/challenger, la publicité peut représenter un outil puissant pour signaler le changement et mobiliser les conventions culturelles qui facilitent la Disruption.

Au début des années 1990, Visa subit de plein fouet la concurrence d'American Express, dont la croissance a été éperonnée par une campagne publicitaire très efficace, sous la signature « Membership has its privileges ». Ce message reflète des valeurs conventionnelles, celles du statut social et de l'exclusivité. En réponse, Visa fait alors appel à la disruption de ces valeurs en puisant dans les idéaux de démocratie et de liberté individuelle. En affichant « It's everywhere you want it to be », sa campagne stigmatise l'exclusivité comme une faiblesse.

Il arrive aussi que des entreprises non-américaines, mais présentes sur le marché américain, puisent dans les traditions américaines du challenger pour opérer un rétablissement spectaculaire. C'est le cas de Nissan avec sa campagne récente, « Driven ». Elle met en avant son principal designer américain, Jerry Hirshberg, qui présente son approche du design automobile et des innovations techniques, approche radicalement en rupture, basée sur le pragmatisme. La campagne a bel et bien ouvert une brèche par le simple fait de célébrer l'américanisation de Nissan, ce qu'aucune entreprise japonaise n'avait jamais fait auparavant.

Chacun de ces exemples illustre la façon dont des marques évoluent, d'une position de champion à une position de challenger jusqu'à une position propre. Mais malgré les glissements du marché qui minent leur suprématie, comment les marques championnes peuvent-elles anticiper les dangers qui les guettent et garder leur avance ? Comment peuvent-elles être disruptives d'une manière pertinente, plutôt que défensive ? Comment peuvent-elles maintenir leur position de champion/challenger ?

Reconnaître le besoin de Disruption

Nous avons répertorié sept déclencheurs de la Disruption. Savoir les distinguer, c'est se donner la possibilité de naviguer avec succès dans les eaux toujours agitées du marché. Lorsque les entreprises championnes se retrouvent confrontées à ces déclencheurs, elles doivent se laisser guider par ces deux grands idéaux que sont l'esprit d'invention et l'esprit d'entreprise, ceux-là même qui ont assuré autrefois les fondements de leur réussite. Il leur faut retrouver un comportement de challenger afin de concevoir une stratégie en rupture efficace.

1. Lorsque vous n'êtes plus la marque qui initie les tendances

C'est le signe que vous vous êtes enfermés dans des conventions qui inhibent la Disruption. L'industrie automobile américaine se retrouve dans cette situation à la fin des années 1970 et au début des années 1980. Le Japon a changé la donne. Désormais, la tendance n'est plus au tape-à-l'œil ni au style ostentatoire, mais à la qualité et aux avantages concrets. Face à la menace, au lieu de puiser dans ses racines et de prendre un risque disruptif, Ford décide d'abord de se retrancher dans une position isolationniste et dogmatique. Avant de réagir et de redéfinir ses catégories et ses valeurs – comme ce fut fait finalement en 1986, avec une priorité nouvelle accordée à l'ergonomie et au design pour la Taurus. En attendant, les Japonais avaient conquis plus d'un quart du marché américain des véhicules de tourisme.

2. Lorsque vous avez de plus en plus recours aux promotions et au discount

C'est en général le signe que votre marque s'est recentrée vers des valeurs conventionnelles et que tout effort pour se différencier est désormais mal vu dans la culture interne de l'entreprise. On voit aujourd'hui une exacerbation de la guerre des prix dans des secteurs qui n'ont pas encore eu le temps de mûrir, comme la téléphonie mobile ou les services Internet. Les offres spéciales ont remplacé la différenciation. Dans ce type d'environnement, les marques challengers peuvent sortir du lot en adoptant une stratégie disruptive. EarthLink, par exemple, a réussi une disruption dans le fonctionnement classique des fournisseurs d'accès, en prenant le contre-pied d'AOL et de sa politique « Members only ». EarthLink se proclame « Fournisseur d'accès numéro un de l'Internet réel ». Le message fait penser au premier amendement de la constitution américaine. Il s'agit de faire percevoir la distinction entre des clients enfermés dans le jardin privé d'AOL et les utilisateurs qui souhaitent profiter sans restriction de tous les contenus disponibles sur Internet, avec leur richesse et leur diversité.

3. Lorsque vous vous croyez invincible

C'est le signe que vous vous êtes isolé. Vous n'avez pas compris que la dynamique du marché change sans cesse et que de nouveaux concurrents potentiels vous rendront vulnérables. Il est indispensable de faire face à ce défi permanent si on veut garder sa place sur le marché. On peut citer l'exemple de Polaroid, qui s'est récemment placé en redressement judiciaire pour éviter la faillite. Ce constat d'échec aurait pu être évité si Polaroid avait renoué avec ses racines, à savoir l'esprit d'invention et d'innovation, et si la marque s'était réinventée elle-même en tenant compte des nouvelles tendances de la photographie numérique. Pendant des décennies, Polaroid a été le seul fournisseur d'images à développement instantané. La marque aurait pu de plein droit prendre une place de leader dans la révolution numérique. Mais l'entreprise manquait d'expérience en matière de lutte concurrentielle. Elle n'a pas vu venir la menace, restant aveugle à l'évolution du marché. Il lui aurait fallu, pour cela, dépasser la convention selon laquelle un appareil photo fonctionne forcément avec de la pellicule.

4. Lorsque le contexte compétitif change

C'est le signe que les conventions ont probablement changé elles aussi. Prenons l'exemple de l'industrie des boissons non alcoolisées. Sur le marché américain, l'eau minérale a fait une percée fulgurante et s'impose aujourd'hui comme une alternative sérieuse aux boissons gazeuses sucrées. Pour le consommateur, la tendance est aux préoccupations de santé, et les sodas n'ont plus la cote. Les deux éternels rivaux régnant sur le marché des sodas, Coca-Cola et Pepsi, se sont laissés prendre par surprise avec l'irruption de marques européennes comme Perrier ou Evian. Puis ils passent à l'attaque. Pepsi, qui se comporte souvent en champion/challenger face à l'icône incarnée par Coca-Cola, devance son concurrent en lançant sa marque d'eau en bouteille, Aquafina. Coke réagit quatre ans plus tard avec la marque Dasani. Aujourd'hui, elle est loin d'avoir rattrapé son retard sur le marché.

5. Lorsque votre clientèle de base se renouvelle trop vite

C'est sans doute le signe que le message qui sous-tend votre marketing est en train de perdre sa pertinence. Exemple, le marché du téléphone portable. À l'origine, il suit les règles habituelles : les consommateurs les plus intéressants à toucher sont des gens d'âge mûr appartenant aux couches sociales les plus aisées. En conséquence, le marketing du portable s'adresse à ces utilisateurs privilégiés, à la fois dans son message global et dans ses campagnes publicitaires. Mais il se trouve que l'usage du portable a surtout explosé chez des consommateurs jeunes, urbains et appartenant à des minorités ethniques. D'où le succès d'un opérateur, Cingular Wireless, et de sa campagne « Express yourself ». Non seulement le message célèbre la diversité culturelle et les libertés individuelles, mais, d'une manière astucieuse et disruptive, elle cible des catégories de consommateurs que l'on avait jusque-là sous-évaluées.

6. Lorsque votre clientèle de base se renouvelle trop lentement

C'est peut-être le signe que vous n'avez pas tiré les conclusions qui s'imposent face à des changements démographiques ou sociaux. Lorsque l'entrepreneur Ray Kroc a créé aux États-Unis le concept de restauration rapide et connu le succès que l'on sait avec McDonald's, la population américaine connaissait une mobilité croissante. Il était temps de mettre à profit le nouveau pouvoir d'achat des enfants du baby-boom. Toute la croissance industrielle dans les années 1970 et 1980 a en effet été alimentée par l'arrivée massive sur le marché de ces jeunes de 18 à 34 ans, qui sont devenus les premiers clients de la restauration rapide. On pouvait penser alors que le renouvellement de cette classe d'âge n'allait jamais ralentir. Or, au début des années 1990, une des très rares enseignes à connaître une croissance significative a été Wendy's. La marque a su discerner une opportunité lucrative, en s'adressant à une clientèle qui ne se situe pas dans cette classe d'âge. Wendy's n'a pas hésité à mettre en avant, dans ses compagnes publicitaires, son fondateur Dave Thomas, un homme d'âge mûr, pour séduire une population vieillissante. Du coup, l'enseigne a fait augmenter à la fois la fréquentation de ses restaurants et la valeur moyenne des commandes.

7. Lorsque vous n'arrivez pas à formuler une vision claire de votre activité

Cette situation se manifeste de bien des façons, aussi bien dans la culture interne que dans l'image publique de l'entreprise. Ses conséquences peuvent non seulement entamer les chiffres de ventes, mais aussi créer un malaise à l'intérieur de l'entreprise, qui va bientôt se propager vers l'extérieur. Les employés se sentent mal, la confusion règne, les responsables prennent des décisions en dépit du bon sens, et tout va à vau-l'eau.

Les marques qui n'ont plus de vision ont probablement ignoré au moins un des déclencheurs de disruption qui viennent d'être mentionnés. Avec un peu de chance, grâce à la Disruption, elles ont encore le temps de renouer avec leurs valeurs de challenger et de retrouver leur vision initiale.

La Disruption est un outil puissant. Elle peut ressusciter l'esprit d'invention et l'esprit d'entreprise qui sommeillent en toute marque. Il a fallu un grand courage aux Pères fondateurs de l'Amérique pour briser les conventions. Il faudra encore aux marques américaines une bonne dose de témérité pour s'aventurer au-delà du statu quo. Leur leadership futur tient à cela.

Virgin

6. CONFUCIUS, LA DISRUPTION ET LES NOUVEAUX MARCHÉS

Dans les pays émergents d'Asie, le désir de rentrer dans le cadre, de s'intégrer au groupe, passe comme la première règle à laquelle souscrivent les individus. Le besoin de Disruption ne semble pas évident. Les gens du marketing s'attaquent tout simplement à deux mille ans de confucianisme, doctrine qui pose la stabilité, voire l'immobilisme, comme la plus grande des vertus. Pour illustrer cet inextricable conflit, Sandip Mahapatra de Bombay et Gavin Heron, de Hong Kong, nous invitent à découvrir avec eux les nouveaux marchés et leur évolution.

Les nouveaux marchés récemment apparus en Asie possèdent plusieurs points communs. Le premier ? La notion d'individualisme y est quasiment inexistante. Les gens ne tentent pas de se différencier les uns des autres et, encore moins, de contester l'opinion majoritaire. A priori, ces marchés paraissent loin d'être mûrs pour la Disruption. Ou, en tout cas, l'application d'une pensée en rupture y représente un défi de taille. La Disruption semble à mille lieues des valeurs conservatrices qui nourrissent les cultures du Japon, de Chine continentale, de Corée du Sud ou de Singapour. Dans un livre au titre volontairement provocateur, **Pourquoi les Asiatiques sont-ils moins créatifs que les Occidentaux ?**[1] Ng Aik Kwang, chercheur à Singapour, écrit : « Les valeurs repères qui guident les comportements dans les sociétés confucéennes sont la tradition, le conformisme et la sécurité. »

Time Magazine s'interrogeait récemment : pourquoi la Chine a-t-elle passé aux oubliettes Zeng He, un des grands héros de son histoire. « L'une des explications est que les Chinois ne vouent aucun culte aux aventuriers. Cette société a été dominée pendant des siècles par une idéologie confucéenne accordant une vertu prééminente à l'ordre établi. Chacun devait jouer le rôle que lui prescrit son statut social. Chaque individu rester à sa place. C'est dans ces conditions, pensait-on, qu'une civilisation pouvait prospérer ».

Réagir contre 2000 ans d'enseignement confucéen

La culture confucéenne est régie par ce que l'on appelle les « six relations ». Gouvernant tous les aspects de la vie sociale, celles-ci sont fondées sur le modèle des rapports entre parents et enfants, de sorte que la piété filiale détermine le code moral pour les échanges entre gouvernants et gouvernés, enseignants et élèves, et même entre deux amis d'âge différent.

Dans une grande mesure, la piété filiale et l'obéissance, vertu qui lui est associée, interdisent toute contestation de la pensée dominante. Comme le souligne Shoji Shiba, professeur au Massachusetts Institute of Technology, « la société japonaise valorise traditionnellement le travail en groupe, le goût d'apprendre ensemble et l'union pour réaliser les objectifs de l'entreprise. La sérieuse contrepartie de cet héritage est qu'il tue dans l'œuf les idées en rupture, celles qui mènent à des percées conceptuelles ».
Sur les marchés asiatiques, la Disruption se confronte ainsi à la barrière culturelle du confucianisme. Non contente de résister au changement, la pensée confucéenne accorde une valeur positive au passé plutôt qu'à l'avenir. Elle voue un culte à l'ancien. Confucius disait lui-même : « Je suis un traditionaliste, je ne crée rien de nouveau. Je suis une âme fidèle, un amoureux du passé. » Son héritage exerce aujourd'hui encore une influence prépondérante en Asie, notamment dans la pratique du marketing. On lui doit la préférence accordée au court terme et aux résultats immédiats, plutôt qu'à la stratégie, et de manière générale une mentalité de suivisme par rapport aux leaders du marché.

Les ventes avant le positionnement de marque

En Extrême-Orient, le travail sur la marque, tel qu'il est pratiqué dans les pays occidentaux, ne représente pas une priorité. Le marketing asiatique se concentre sur la distribution, la fixation des prix et la qualité des produits. Non que la notoriété de la marque apparaisse sans importance, mais personne ne consent aucun effort particulier pour susciter des liens émotionnels entre celle-ci et les consommateurs, de façon à garantir leur loyauté future. Ceci est particulièrement vrai sur les marchés en forte croissance de la zone Pacifique. Ils connaissent depuis plusieurs années un boom économique extraordinaire. Le revenu par tête grimpe, de nouvelles marques apparaissent tous les jours et sont aussitôt plébiscitées par les consommateurs en demande de perpétuelle nouveauté. Dans ce contexte, nul besoin de communication ou de pratiques commerciales sophistiquées. Il suffit d'informer le public de l'existence des produits et de leur disponibilité.
Bref, on ne voit pas trop la nécessité de trouver des idées innovantes pour ouvrir de nouveaux marchés, puisque l'économie tout entière constitue un nouveau marché, en croissance de 8 % par an. « Il suffit de produire pour vendre » : tel a été le cri de ralliement récent du marketing dans toute l'Asie Pacifique.

Suivez les leaders

En conséquence, on a tendance à se référer à des stratégies et des techniques qui ont déjà fait leurs preuves. Pourquoi devrait-on essayer autre chose ? Le fait que cette attitude n'a fait que renforcer la position du leader n'est généralement pas pris en compte, ni même perçu. Copier ce que tout le monde a toujours fait revient à éviter de prendre des risques. Comment pourrait-on vous reprocher d'adopter une stratégie dont l'efficacité a été démontrée par vos concurrents à succès ?

Copier est sans risque

En Chine, les deux marques leaders de produits de grande consommation sont Procter & Gamble et Unilever. La formule publicitaire de Procter & Gamble – présenter un problème touchant à la vie quotidienne, puis lui trouver une solution « scientifique », le tout aboutissant à un « happy end » émotionnel – est à présent largement copié par les marques chinoises, pas seulement pour les produits d'entretien courants, mais aussi dans des secteurs comme l'alimentation des bébés ou les produits de santé.

À Singapour, cette mentalité suiviste est nommée « kiasu », terme que le Dr Kwang définit ainsi : « Si une multitude de gens apprécie la même chose, c'est que cette chose est bonne, sinon pourquoi serait-elle appréciée ? » Le raisonnement tourne en rond : le fait qu'une majorité recherche et apprécie quelque chose devient la raison pour laquelle on la recherche et on l'apprécie.

Disruption : la séduction de la méthode

Heureusement, la Disruption dispose d'un avantage précieux : c'est un processus totalement ouvert. Aucun schéma pré-établi n'est appliqué de force aux problèmes, on n'essaie pas de vendre à qui que ce soit des solutions clés en main. Tout au contraire, il s'agit de pousser les responsables à tirer leurs propres conclusions en les plongeant dans un environnement conçu pour favoriser la créativité. Il n'y a donc a priori rien à perdre et beaucoup à gagner.

Trois arguments de poids peuvent être avancés pour faire comprendre la valeur de la Disruption aux acteurs de ces marchés essentiellement conservateurs : un travail d'équipe, une approche systématique, une ouverture à la créativité.

Un travail d'équipe

Pour des sociétés fortement imprégnées de confucianisme, le travail collectif et dans l'harmonie constitue une valeur primordiale. Leur culture est tout entière axée sur la collaboration et la responsabilité collective. Autant il est improbable que de simples individus osent des initiatives anticonformistes, autant un groupe fortement motivé peut, lui, se risquer à des actions fondées sur sa propre analyse du système. C'est l'inverse dans les sociétés plus individualistes, où les participants ont plutôt tendance à tirer leurs conclusions personnelles, puis à se servir des conditions stimulantes du travail en groupe pour justifier leurs positions.

Dans les environnements conservateurs que sont les marchés asiatiques, les ateliers de Disruption fonctionnent extrêmement bien parce qu'ils sont par nature des processus collectifs. Ils impliquent tous les dirigeants, aussi bien ceux de l'agence que ceux du département marketing. L'harmonie confucéenne contribue à combler le fossé entre les deux parties. Le processus est parfois plus lent, mais il suscite moins de désaccords et les conclusions recueillent une belle unanimité. Un consensus authentique.

Une approche systématique

Au cours d'un atelier de Disruption, on va débusquer les conventions qui régissent un marché. À titre d'exemple, on peut citer le témoignage de deux dirigeants d'une grande multinationale asiatique, Selective Herbicides/Syngenta. Pour Kee Fui Kon, directeur produits et développement, « la Disruption met à rude épreuve notre façon de voir plus traditionnelle. Elle nous force à penser en dehors des cadres établis, à imaginer des axes stratégiques inédits et à entreprendre des actions qui vont bousculer la concurrence. Désormais, nous l'appliquons systématiquement, d'abord pour réfléchir aux réorganisations internes, ensuite pour imaginer l'avenir de nos marques et de nos produits ». Propos confirmé par son collaborateur Kaspar Mueller : « Les entreprises de grande taille, comme la nôtre, courent le risque de développer des anticorps à l'innovation et au changement, par peur de fragiliser ou de cannibaliser leur succès actuel. Chacun doit être convaincu qu'il est payant de prendre des risques et de lancer de nouvelles formules. »

Une ouverture à la créativité

Penser en dehors des cadres établis, voilà une activité dont le commun des mortels ignore pratiquement l'existence, faute d'opportunité. Même au Japon, où le management pour une qualité totale (MQT) demeure la clé qui a permis à ce pays de tenir tête à l'Occident, beaucoup de responsables reconnaissent que les idées les plus radicales issues des sessions de MQT n'ont jamais été mises en pratique. Chacun a préféré rester fidèle au principe du « kaizen » (action graduelle, par petites touches). Et chacun n'a retenu que des idées peu impactantes, suscitant peu de controverse, mais assurant une réduction des coûts ou une amélioration de la qualité.

L'opportunité de penser en dehors des carcans, dans un environnement dépourvu de risques, exerce une attirance certaine. La Disruption autorise les décideurs à élargir leur réflexion, au-delà des contraintes imposées par leur culture d'entreprise. C'est surtout la limitation du risque, inhérente au format des ateliers de Disruption, qui installe l'état d'esprit indispensable pour y parvenir. Ce qui explique que l'approche séduit un nombre grandissant de départements marketing sur ces marchés conservateurs.

La séduction opère d'une manière différente par rapport à l'Occident. Elle commence par le processus de disruption lui-même qui permet à des spécialistes de disciplines différentes de se réunir et de résoudre des questions et des problèmes précis. En conséquence, lorsqu'on introduit l'idée de rupture, l'argumentaire doit être différent de celui utilisé généralement pour des marchés où la révolution, la différentiation et les scénarios audacieux font partie de la psyché collective.

Exposer la Disruption dans les marchés conservateurs

On peut voir trois avantages clés à la Disruption sur les marchés conservateurs : une plus grande résistance à la concurrence, une efficacité qui a fait ses preuves historiquement et une pertinence certaine par rapport au marché et à l'industrie.

Les marchés en développement sont de plus en plus soumis à la concurrence mondiale. L'entrée récente de la Chine dans l'Organisation mondiale du commerce en est l'exemple. On peut s'attendre à une situation similaire à celle que connut le Mexique en entrant dans l'Accord de libre échange nord-américain (Alena). Comme l'explicite Jeanne Vaughn, directrice du planning stratégique pour notre agence mexicaine : « Après la ratification de l'accord, beaucoup de nos clients mexicains ont subi les effets d'une concurrence implacable de la part d'une multitude de compagnies internationales qui prennent pied en Amérique latine pour élargir leur part du gâteau. À moins que les entreprises locales soient équipées des mêmes outils, elles sont sûres de perdre sur le long terme. »

Les acteurs économiques des nouveaux marchés ne jouissent plus de protections étatiques. Ils assistent à l'arrivée souvent triomphante de marques, propriétés des multinationales, et constatent l'incapacité des producteurs locaux à rester compétitifs sur les secteurs à forte marge. En outre, l'encombrement des marchés atteint très vite des niveaux records. En Chine, par exemple, le consommateur moyen est désormais exposé à deux fois plus de publicité que le consommateur allemand. Virgin Atlantic a dû renoncer à faire une campagne d'affichage pour son lancement à Hong Kong : la profusion de panneaux existants rendait impossible tout impact conséquent. La seule façon d'échapper à ce problème d'encombrement est de développer des formes de communication qui tranchent sur la concurrence et d'inventer un nouveau média publicitaire – ce qu'a fait Virgin Atlantic en repeignant en rouge le Star Ferry, le célèbre bac de Hong Kong.

Que les participants aient confiance dans la théorie et le processus de la Disruption est une condition indispensable. Des illustrations comme PlayStation, Apple ou Absolut sont édifiantes, mais on ne peut marteler l'argument de la pertinence si on ne s'appuie que sur la saga des entreprises occidentales. Nous avons récemment conçu une publicité pour le rasoir Bic Orange destinée uniquement aux marchés en développement. On y voit un père qui fait une bise à sa fille dans son lit pour la réveiller le matin. La petite fille a le dos tourné et lui dit, les yeux encore fermés : « Bonjour maman. » Cette simple scène véhicule un message universel sur la douceur de la peau masculine. Le spot est désormais exporté dans le monde entier, y compris dans les marchés plus mûrs. Il a valeur d'exemple.

Devancer la concurrence

Sans jamais faillir, la Disruption s'est révélée capable d'offrir des avantages concrets et mesurables à nos clients opérant pourtant sur ces marchés très conservateurs. Et tout indique qu'avec le progrès de la mondialisation, les remous prévisibles de l'économie et la pénurie de talents dans le secteur du marketing, l'efficacité de la méthode ne pourra qu'augmenter.

Comme le signale Keith Smith, notre directeur régional pour la zone Asie-Pacifique : « À mesure que les réalités économiques du 21e siècle imprègnent cette région, la nécessité de s'assurer de nouveaux espaces sur les marchés va devenir plus pressante pour les marques qui veulent survivre et prospérer. »

Pour ces marques, la Disruption doit être comprise comme une opportunité de passer en tête. Les marchés asiatiques demeurant pour une bonne part au stade des balbutiements en terme de stratégie, la Disruption leur offre une chance de battre les nouveaux arrivants internationaux sur leur propre terrain. Et ce faisant, elle s'attire une nouvelle clientèle qui tente, de plus en plus, de s'affranchir du conservatisme de la pensée confucéenne.

Religions et marques

La différence fondamentale entre les marchés occidentaux et orientaux trouve en partie son origine dans le domaine religieux. Les vieilles religions asiatiques n'ont rien à voir avec les cultes plus récents nés au Moyen-Orient puis diffusés dans le reste du monde. D'un point de vue occidental, les principes de l'hindouisme apparaissent au mieux comme ceux d'une philosophie assez souple, auxquels le bouddhisme a par la suite apporté un peu de rigueur. Cette philosophie continue pourtant d'influencer l'attitude collective en matière de richesse et de réussite. Car les religions anciennes offrent une explication pour toutes les situations de la vie, mais sans jamais opposer le bien et de mal, opposition qui, au contraire, représente la pierre d'angle des nouvelles religions. Plus elles sont d'apparition récente, plus elles encensent l'éthique du travail à l'instar du protestantisme.

Religions inclusives et exclusives

C'est à partir d'un petit nombre de principes fondamentaux que s'opère l'intégration des individus. Ils se rassemblent plus facilement autour d'objectifs communs sur des marchés homogènes. En ajoutant ces objectifs communs à l'absence de racines profondes, on obtient un terreau fertile pour l'essor des marques. C'est ainsi que l'Amérique du 19e siècle est devenue une marque en elle-même. En Extrême-Orient, les objectifs communs ont toujours été imposés artificiellement, de l'extérieur, par des souverains, des envahisseurs, des oppresseurs et, pour finir, les communistes. Dans ce cadre, la religion est librement réinterprétée par chaque culture. Ainsi, l'hindouisme varie considérablement entre l'Inde et le Népal ou l'Indonésie. De même, le bouddhisme diffère entre le Tibet, la Thaïlande ou le Japon.
La théorie des marques, un peu comme l'Église chrétienne, est fondée sur le principe d'exclusion – il y a des règles à respecter pour faire partie du club ! La philosophie orientale, au contraire, est inclusive par nature. On peut être hindou sans jamais mettre les pieds dans un temple. Il suffit d'être né dans l'hindouisme. De la même façon, le confucianisme s'est développé comme une pratique destinée à alléger le fardeau de la vie plutôt que comme une croyance religieuse. Cinq siècles avant la naissance du Christ, Confucius voulait définir la meilleure manière de vivre en société, tout en s'efforçant d'unir une Chine morcelée par les féodalités. Sa conception de l'harmonie, symbolisée par l'interaction des principes « yin » et « yang », enseigne que toute chose possède son exact opposé et que l'ensemble forme un équilibre naturel. Au niveau politique, Confucius encourage les citoyens à travailler pour le bien de l'État, tandis que l'État a pour devoir de protéger les citoyens. On voit aujourd'hui les mêmes principes à l'œuvre dans l'homogénéité sociale apparente à Singapour ou à Taïwan.

Les cultures asiatiques assurent aux individus un sens de l'appartenance. Le nom de famille, le rang social, la caste ou le clan fondent un système d'intégration forte qui laisse peu de place à l'apparition des marques. À l'inverse, les principes religieux occidentaux, fondés sur l'exclusion, s'accommodent parfaitement du système des marques, mais, du coup, restreignent leur capacité d'exportation en Asie. L'Église catholique est elle-même une marque universelle. La publicité à l'occidentale insiste sur la supériorité de tel produit sur tel autre, ce qui rend difficile la pénétration des marques dans les cultures orientales. Et si elles réussissent à s'y implanter, au point que les Asiatiques se sont mis à les envier, c'est bien que la « rupture » constitue une force maîtresse.

Kakis dans l'été indien

Avec le cricket, la langue anglaise a constitué le creuset du Commonwealth. Les Britanniques ne l'ont pas vraiment imposée dans les pays qu'ils ont conquis. L'anglais, un peu comme le port du pantalon kaki, a été adopté par les locaux comme une aspiration, une façon de paraître aussi civilisés que les colons. La langue a profondément influé sur les diverses cultures de l'Empire. Dans le contexte indien, elle a fait vaciller une échelle sociale extrêmement complexe. L'idéal était de « devenir Anglais » plutôt que de n'être que Brahmane. Du coup, le sanscrit, la langue des Brahmanes, malgré ses trésors de savoir et de sagesse, a été relégué au second plan. Alors que les missionnaires avaient échoué à s'immiscer dans la société indienne, les Britanniques ont réussi à s'imposer comme une sorte de caste suprême. C'est en opérant de telles ruptures qu'une marque se propage.

Nous avons dit que la théorie des marques se fonde sur le principe d'exclusion. Pourtant, si elle veut réussir au plan mondial, une marque doit laisser un espace suffisant pour des déclinaisons locales. C'est ce qu'a fait la langue anglaise. Aujourd'hui, entre le « taglish » de Manille, le « singlish » de Singapour ou l'« hindlish » de Bombay, elle permet à tous ses usagers d'inventer un idiome souple, le même qui est indispensable à la survie d'une marque. Dans cette histoire, l'**Oxford English Dictionnary** a joué sa part : il incorpore les mots métissés dans une stratégie d'inclusion. L'anglais est devenu aujourd'hui la langue véhiculaire pour 85 % de l'Internet, tandis que le français continue interminablement de se débattre avec sa grammaire.

Disruption à l'œuvre

Et voici comment des cultures locales peuvent en venir à réglementer les batailles entre grandes marques. Pepsi a pris pied en Inde au début des années 1990, au moment où le pays renonçait à sa politique d'autarcie économique, caractérisée par un niveau modeste, mais contrôlé, de croissance économique, et par un régime de type socialiste. Pepsi, comme à son accoutumé, s'est rallié la jeunesse en s'identifiant à l'optimisme nouveau né du retour au libéralisme. Son slogan proclamait : « Le bon choix ! » Ironiquement, Coca-Cola s'était vu expulser du pays en 1977 parce qu'il symbolisait les maux du capitalisme. Quand Coke est revenu en 1993, Pepsi a réagi sous la forme d'une annonce sortie le jour du nouveau lancement de son rival. « Coca-Cola et Coke sont des marques déposées par Coca-Cola Company. Pepsi est le choix d'une nouvelle génération. » Moqué à travers cette signature, Coca se retrouvait ironiquement associé à la mentalité bureaucratique qui avait longtemps freiné l'essor du pays. Et ce n'est pas tout. Lorsque Coca s'est assuré l'exclusivité de la coupe du monde de cricket en 1996, en devenant la boisson officielle de la rencontre, tous ses espoirs de popularité se sont envolés dès le premier match, quand des grappes de ballons bleus ont décollé des stands en portant le slogan : « Pepsi n'a rien d'officiel. »

Quelque part entre l'ordre et le chaos

Le Mahatmah Gandhi est l'homme qui a su rassembler les Indiens sous la bannière de leur héritage religieux. C'est sans aucun doute la plus grande disruption dans l'histoire du sous-continent. Les Britanniques ont observé, impuissants, une société entière qui se ressaisissait. Gandhi, génie en rupture, a métamorphosé le concept de résistance à l'occidentale. Au lieu d'une grève générale ou d'une vague de manifestations, il lançait « un jour de jeûne et de prière ».

L'influence de Gandhi a imprégné tout le mouvement de désobéissance civile, puis de libération. Entre le moment où il débarque en Angleterre en 1888 pour y étudier le droit et son retour en février 1931 pour y discuter les termes du Traité de Delhi, il est devenu une personnalité charismatique, avec tous les signes distinctifs d'une marque moderne qui incarnerait la face politiquement correcte de l'anarchisme. Son parcours devrait être une leçon pour tous les commerciaux désireux de pénétrer les marchés asiatiques. Pour défier l'emprise économique britannique, Gandhi a choisi le plus petit dénominateur commun – le sel, produit basique et vital. En terme de bénéfices, le monopole du sel n'avait qu'une valeur infime pour les Britanniques, mais en tant que symbole il va rassembler les Indiens de toutes religions et de toutes castes. Qui aurait pu imaginer l'impact d'une telle action ? Mais voilà, Gandhi n'était pas un opportuniste, c'était un visionnaire.

Il est possible qu'en dernière analyse l'Asie détienne un jour le secret des grandes visions à long terme. Après tout, en Orient, le temps s'écoule plus lentement. On attribue cette phrase étonnante au président chinois Deng Xiaoping, interrogé sur ce qu'il pensait de la Révolution française : « C'est trop tôt pour le dire. »

Cinq changements récents et radicaux concernant la jeunesse du Japon, de Chine, de Hong Kong, de Singapour et de Malaisie

De la modestie à la confiance en soi

Les jeunes asiatiques paraissent moins coincés qu'avant. Exposés à plus de richesses et d'informations, à une meilleure éducation, nourris de tant de nouveautés, ils sont convaincus qu'ils peuvent réussir au moins aussi bien, et souvent mieux que leurs parents. Quand ils se comparent à la génération précédente, leur mode de vie, largement amélioré, fonde leurs ambitions, de très grandes ambitions. Et renforce du même coup leur conviction qu'ils sont là pour changer l'ordre des choses.

De l'écoute à la parole

Dans la tradition, la communication était à sens unique. On enseignait aux jeunes asiatiques à écouter et à obéir. À ne jamais répondre. Pour régler les relations entre les générations et les différentes strates sociales, la morale confucéenne dictait qu'il fallait se contenter de faire ce que l'on était commandé de faire. La jeunesse asiatique d'aujourd'hui a acquis la liberté d'exprimer ce qu'elle pense (même si elle doit toujours le faire dans un cadre acceptable).

Du même au singulier

La morale qui domine n'est plus édictée par le groupe, elle est celle de l'individu. Les jeunes asiatiques se trouvent au cœur d'un conflit qui oppose le « nous » au « moi ». D'un côté, ils rêvent de se distinguer de la foule. De l'autre, ils veulent être sûrs que leurs pairs, en âge et en compétence, l'acceptent. Ils ne cherchent pas nécessairement à paraître singuliers, mais juste à ne pas être comme tout le monde. Croisé avec le regain de confiance en soi, cela donne un hybride original : une portée de jeunes conformistes non-conformistes. Ce changement d'attitude a été une des raisons majeures de l'adoption éclair, et de leur rejet tout aussi rapide, des mouvements de mode dans la majorité des mégapoles asiatiques.

Du réfléchi au ressenti

De prime abord, la culture asiatique paraît rationnelle. Une chose est sûre : il est mal vu d'exprimer ses émotions en public. On ne crie pas devant les autres. On ne se bagarre pas. On ne s'expose pas. On reste contrôlé. On ne dévoile pas ses sentiments. Heureusement, tout cela est en train de changer. Les jeunes asiatiques sont de plus en plus expressifs. Le Quotient Intellectuel reste utile pour évaluer ces marchés, mais le Quotient Émotionnel gagne en importance.

Du jupon maternel à l'envie de voir le monde

L'apprentissage traditionnel consiste essentiellement à ânonner. La tradition confucéenne réserve une place essentielle aux pédagogues, aux chefs, aux parents. Apprenez en recopiant ! Répétez après moi ! Encore et encore...
Dans les dernières années, nous avons assisté à un basculement radical dans le mode de transmission du savoir, avec, pour commencer, une ouverture au système d'éducation occidental, puis l'influence exercée en retour par nombre d'étudiants qui se sont rendus aux États-Unis, en Angleterre, en Australie ou en Europe.
En Chine, la soif de connaissance apparaît de façon encore plus forte à travers le désir de voyager, dans le pays et à l'extérieur. La popularité croissante de Discovery Channel ou des émissions de National Geographic milite pour la même tendance. Les jeunes Chinois d'aujourd'hui aiment méditer le vieux proverbe : « Reste assis sous le même arbre jusqu'à ta mort. » Pour mieux le contester.

7. DISRUPTION AU COIN DE LA RUE

Avant de boucler ce tour du monde, nous faisons étape en Suède, pays étonnant où la publicité est loin d'être appréciée, et pas plus d'ailleurs par les gens qui travaillent dans notre agence locale. Et s'il existait des formes de communication qui ne passent pas par la publicité telle qu'on la conçoit habituellement ? Nos amis suédois Johan Almquist, Anne Qvennerstedt et Albin Gustavson proposent quelques exemples dans lesquels la création publicitaire est la conséquence d'une idée décalée, imprévisible, d'un simple événement souvent surgi de la rue. Instructif.

Des chiffres : en Suède, dans le commerce de détail, le nombre de marques a été multiplié par dix au cours des dix dernières années. Depuis 1980, l'investissement publicitaire par tête dans les médias a augmenté de 450 %. Le coût publicitaire pour défendre une marque déjà connue a doublé en cinq ans. Au printemps 2000, les dix plus grandes entreprises d'Internet ont dépensé 200 millions de dollars en publicité, pour obtenir un niveau moyen de notoriété de 3,4 %.
Aux États-Unis, il y avait 20 types de boissons sucrées dans les années 1970, il en existe 87 aujourd'hui. Dans le même temps, le nombre de marques de chaussures de sport est passé de 5 à 285. Celui des lentilles de contact de 1 à 36. Les marques d'ordinateurs personnels de 0 à 300. Au même moment, moins de 10 % des Américains font confiance aux publicités. Le taux de mémorisation des campagnes n'a jamais été aussi bas.
En toute logique donc, la publicité devrait profondément se remettre en cause. C'est une discipline où l'on ne devrait jamais travailler comme on le faisait hier. Deux individus se réunissaient dans un bureau pour écrire un script ; après quoi, on réalisait un « board », on sélectionnait un réalisateur et on passait des mois à dépenser des millions de dollars pour fabriquer un film de trente secondes, une œuvre d'art inoubliable, bien sûr.
Et aujourd'hui ? Il serait peut-être temps de changer, non ? Et si, par exemple, on plongeait dans le monde réel ? Si on créait des événements qui émeuvent et touchent les gens de la rue ? Si on les filmait sur le vif pour en faire un spot ? Nous ne sommes pas particulièrement obnubilés par la publicité. Elle n'est qu'un outil parmi d'autres. Ce qui nous intéresse, c'est d'atteindre des gens qui s'appliquent à éviter des publicités qui ne les touchent pas.
Il est temps de comprendre que les gens peuvent être lassés par la publicité. La publicité classique est devenue une entreprise à hauts risques. Car œuvrer comme on a toujours eu l'habitude de le faire coûte trop cher, beaucoup trop. Ce que nous recherchons désormais, ce sont des idées qui aient un peu plus de sens qu'un spot télé de trente secondes. Des idées virales, capables de faire leur propre chemin, en usant, entre autres ingrédients – pourquoi pas ? – des spots, mais qui passent aussi par les clips musicaux, les matchs de foot, les autocollants ou les lettres de lecteurs aux journaux.
En fait, il nous faut des idées dotées d'une paire de jambes et capables d'aller courir et prêcher dans le vaste monde. Des idées qui soient reprises et commentées par les médias, qui alimentent les conversations lors de la pause café, des idées qui aient une vie propre, qui s'impriment dans les neurones et le cœur des gens. Si notre travail n'aboutit qu'à produire

l'ébauche d'un sourire à la vue ou à la lecture d'une annonce, c'est dommage. Il est probablement temps de tout reprendre à zéro.

Parler « jeune »

Il y a peu, nous nous sommes vus confier la tâche de relancer le site web de MTV Europe, qui venait d'être remodelé pour intégrer des liens interactifs avec les émissions. C'était déjà l'amorce d'un nouveau média effaçant les frontières entre télévision et Internet. Évidemment, il aurait été idiot de n'utiliser que la publicité classique pour une chaîne qui maîtrise elle-même, et à ce point, l'art de dialoguer avec le public.

Notre stratégie a consisté à nous placer du côté des utilisateurs de MTV. La chaîne a toujours entretenu une posture décalée par rapport à la publicité et envers les jeunes en général. Pour communiquer, elle invente systématiquement de nouvelles recettes, inattendues. Pour nous, c'est l'étalon qui nous a servi à mesurer et juger tout ce que nous leur livrions. Est-ce que notre proposition brisait les conventions ? Est-ce qu'elle repoussait les limites de la communication ? Si ce n'était pas le cas, ce n'était pas pour MTV.

Quand nous nous sommes attelés à la communication du site Mtve.com, nous avons accouché d'une idée plutôt astucieuse qui reposait essentiellement sur un pacte gagnant-gagnant passé avec les jeunes fidèles de la chaîne. Nous voulions que ce soit ce groupe cible qui aide à diffuser lui-même l'adresse web de MTV. La chaîne tirerait avantage de son public jeune, inversement celui-ci bénéficierait de MTV. Il n'était pas question de faire semblant d'être faussement cool, et encore moins de promouvoir le site web avec des annonces classiques.

Sur la base de ce « brief », notre équipe créative a sorti au moins dix idées différentes. Ces idées n'étaient a priori pas destinées à tel ou tel média particulier, mais s'inscrivaient dans une approche originale et plus générale. Il n'y avait pas lieu non plus, à ce stade, de faire des maquettes ou des « story-boards » – il nous fallait seulement décrire l'architecture de l'idée centrale. Laquelle pouvait aussi bien consister à mettre des publicités Mtve.com sur le dos des animaux domestiques ou sur les voitures des particuliers. Une des idées consistait à louer un seul panneau d'affichage dans toute la Suède et à récompenser ceux qui feraient le voyage pour aller le voir. Une autre idée encore s'inspirait de la facétie consistant à coller une feuille de papier sur le dos de quelqu'un avec une inscription du genre « Frappez ici ». Aucune marque ne s'en était jamais servi, à notre connaissance, comme espace publicitaire. Si MTV arrivait à relayer son message sur les dos de personnes à leur insu, l'effet serait garanti. C'est finalement cette idée-là qui a été retenue.

Ce faisant, nous voulions éviter d'affecter les poses « faux jeunes » pour nous faire bien voir de notre cible. Il fallait que les choses restent claires : nous travaillions pour une multinationale utilisant des anonymes à leur insu en leur faisant porter une campagne de pub. Dans le texte des annonces, nous avions donc pris soin d'éliminer tout ce qui pouvait apparaître comme du « jeunisme » complaisant.
Le résultat ? Un demi-million d'autocollants jaunes portant le message « Attention ! www.mtve.com » furent imprimés, avec au verso des instructions sur les meilleures façons de les poser sur le dos des gens. Dans le même temps, nous avons diffusé annonces et spots, calqués sur le modèle des petites annonces, dans lesquels MTV disait vouloir recruter des petits malins. Une récompense était promise à ceux qui rempliraient les conditions et s'acquitteraient de leur mission. Par exemple, un autocollant sur le dos d'un de vos parents, et vous gagniez une place de cinéma. Sur une célébrité ? Un téléphone portable. Sur une personne en train d'être filmée par la télévision en « prime time » ? Une VW Coccinelle pour six mois.

De nombreux publicitaires critiquèrent la campagne en contestant son attrait auprès des jeunes. Un texte abondant et quelques photos en noir et blanc ne la rendait pas très excitante visuellement. Mais elle opérait une disruption majeure dans le monde de la publicité pour jeunes. Et elle remettait en question la publicité en tant que telle.
Nous en sommes convaincus : de plus en plus de gens se défendent du bombardement publicitaire grâce à des mécanismes d'autoprotection qu'on ne soupçonne pas. Quand on a grandi avec des dizaines de chaînes, que l'on a appris à zapper avant d'apprendre à lire et écrire, que l'on connaît par cœur les derniers jeux PlayStation, que l'on a vu tous les films du box-office avant leur sortie en vidéo, que l'on connaît le nom des dernières pop stars, on a sans aucun doute la capacité de regarder une pub pendant une fraction de seconde et de juger instantanément si elle est intéressante ou drôle. Il faut croire que nos annonces pour MTV remplissaient ce critère.

En tout cas, elles ont suscité un courrier énorme adressé à MTV : des photos de professeurs, de policiers, de parents et de stars, tous piégés avec des autocollants dans le dos. Un des artistes suédois les plus populaires est apparu au journal télévisé sans se douter qu'il portait un grand autocollant jaune. Bonne ou mauvaise, la campagne a réussi à embouteiller le serveur de Mtve.com jusqu'à l'implosion !

Loin des conventions : le cas SBAB

La banque SBAB n'était, lors de notre rencontre, qu'un acteur de second rôle dans le secteur du prêt immobilier. Mais ses ambitions étaient immenses : défier les géants, les grandes banques, et leur en faire voir de toutes les couleurs.

Celles-ci possédaient quelques atouts majeurs. Elles se partageaient 90 % du marché, sans se sentir vraiment menacées. La convention était que les prêts immobiliers et les hypothèques étaient une affaire bien trop compliquée que seules les grandes banques pouvaient maîtriser. Dans leurs annonces, elles se contentaient de faire état de leur compétence et de décliner des chiffres. Mais SBAB avait un « petit quelque chose » en plus. Ses taux d'intérêt se situaient presque toujours en dessous de ceux des banques. En outre, elle manifestait avec force son envie de se ranger du côté de l'homme de la rue.

Notre stratégie a consisté à défier les banques. Sur le terrain.

Pour être juste, une publicité vantant les mérites du petit challenger ne pouvait pas vraiment apparaître comme une nouveauté. Dans le genre, tous les trucs avaient déjà été essayés. Cette fois, il ne suffirait pas de proclamer qu'on défiait les banques. Il fallait le faire pour de vrai.

Notre solution ? Convier les banques à participer à un tournoi de football. Et ceci pour plusieurs raisons. D'abord, le football est aussi étranger au monde de la banque qu'il est familier à l'homme de la rue. C'est le sport populaire par excellence, au contraire de la voile ou du golf, par exemple. Pour jouer au foot, il suffit d'un espace libre et d'un ballon. Ensuite, c'est un sport d'équipe, on gagne ou on perd ensemble. Tout le monde y a joué un jour et tout le monde en connaît les règles. Bref, notre défi avait toutes les chances de surprendre et d'éveiller l'intérêt. Enfin, dernier argument, mais pas le moindre, cette campagne allait s'appuyer sur du spectacle, et non sur du baratin.

La mise en œuvre de l'enjeu de ce tournoi était cruciale. La campagne de publicité devait être différente de tout ce que nous avions produit jusqu'ici. Nous avions l'habitude de travailler dans des conditions proches du laboratoire, de tourner des centaines de plans pour obtenir le bon spot.

Cette fois, on ne pouvait pas anticiper le résultat. Quand nous avons mentionné cette incertitude au patron de SBAB, Christer Malm, il nous a calmement répondu : « C'est ça, être un challenger. »

Nous avons essayé d'envisager tous les scénarios imaginables. Si les banques acceptaient et que SBAB gagnait, on ferait un triomphe au petit challenger ; si SBAB perdait, elle serait quand même considérée comme une équipe sympathique, sans doute plus douée pour les prêts que pour le football ; et si aucun de ceux que nous avions conviés ne se présentait, les banques seraient automatiquement perçues comme des institutions rigides et rabat-joie.

Une lettre d'invitation a donc été envoyée aux directeurs des quatre principales banques. Le même jour, nous annoncions notre proposition dans tous les grands quotidiens :

SBAB défie par la présente les banques dans un match de football qui se tiendra au Stockholm Stadium. Même si notre intention est de les battre à plates coutures sur le front des prêts immobiliers, un challenger est un challenger, quel que soit le domaine. Coup d'envoi samedi 29 avril à 13 heures. Rendez-vous sur le terrain !
Cordialement,
Christer Malm, PDG et arrière gauche.

Plus tard, dans la soirée, un spot télévisé montrait Christer Malm en maillot de footballeur, assis à son bureau, et s'adressant à ses concurrents : « SBAB pratique le prêt immobilier à des taux toujours inférieurs à ceux des banques. Aujourd'hui nous défions les banques hors du terrain des prêts bon marché. SBAB défie les quatre grandes banques suédoises, Handelsbanken, S-E-Banken, Merita-Nordsbanken et Förenings-Sparbanken, dans un tournoi de football. Le coup d'envoi aura lieu le samedi 29 avril à 13 heures au Stockholm Stadium. Nous vous attendons – si vous avez quelque chose dans le ventre. »

Le gant était jeté. Nous attendions la suite avec anxiété. Comment les banques allaient-elles réagir ? Allaient-elles seulement répondre ? Après quelques jours difficiles, nous commencions à entendre des rumeurs. On racontait que le directeur d'une des banques s'était écrié, devant sa porte ouverte : « Qu'est-ce qu'on va bien pouvoir répondre à cela ? » On prétendait aussi que les banques s'étaient réunies en secret et avaient décidé de nous boycotter. On murmurait qu'une agence concurrente avait été contactée pour réfléchir à une contre-campagne, mais que son projet avait été finalement écarté.

Il n'était plus question de faire machine arrière. SBAB constituait déjà son équipe. Pendant l'entraînement, nous avons réalisé plusieurs spots et deux semaines avant la date fixée, nous étions de nouveau sur les écrans. Ces nouveaux spots, mettant en scène l'équipe de SBAB, prouvaient que le petit challenger était sérieux et se préparait. On voyait l'équipe au complet, en survêtement, s'exerçant au tir avec le gardien de but suédois le plus célèbre, on la voyait courir, sauter, écoutant les exhortations de l'entraîneur. Dans l'une des pubs, celui-ci disait aux joueurs : « Écoutez, tous autant que vous êtes, si vous voulez battre les banques, il va falloir retrouver la forme ! Maintenant montrez-moi ce dont vous êtes capables ! » Le message final était simple et sincère : « Allez, les banques ! Le 29 avril au Stockholm Stadium... Si vous avez quelque chose dans le ventre. »

À mesure que le jour du match approchait, la pression montait. Nous avons décidé qu'il nous fallait une chanson pour notre équipe, comme n'importe quelle autre équipe de foot engagée sur le chemin de la gloire. Nous avons écrit et enregistré une chanson, que les joueurs ont chanté en chœur. Puis, à partir de cet enregistrement, nous avons filmé un nouveau spot TV pour le diffuser quelques jours avant la date du match.

Nous étions prêts, mais nos adversaires ne s'étaient toujours pas déclarés. En conséquence, nous avons concocté un dernier spot montrant SBAB seul sur le terrain, comme pour prouver à la face du monde que les autres banques étaient des poules mouillées. Tout a changé d'un seul coup. Deux jours avant le match, une des banques disait accepter le défi. C'était l'aboutissement de tous nos espoirs, de nos craintes et de palabres autour de la machine à café. Le match aurait bien lieu !

Le grand jour est arrivé. Tous les employés de SBAB occupaient les travées du Stockholm Stadium, où s'étaient tenus les Jeux Olympiques de 1912. Des supporters enthousiastes, en T-shirts et casquettes rouges et blanches, remplissaient les gradins et agitaient des drapeaux. On avait distribué des tickets en ville et des avions traînant des banderoles avaient survolé les agglomérations. La télévision filmait l'événement, et les joueurs de SBAB, alignés juste avant le coup d'envoi, n'avaient pas l'air très à l'aise dans leurs baskets.

Ils se battirent comme de beaux diables, mais en vain. Le score final sonna comme une claque pour la petite entreprise. Goliath battait David par 5 à 1. Mais, du point de vue de la communication, le résultat était parfait. Nous pouvions à présent annoncer que le minuscule challenger avait dû s'incliner devant le géant en cette occasion, mais que le défi continuait sur le front des prêts. Un spot de quatre-vingts secondes était diffusé deux jours plus tard :

Le commentateur : « Bonjour et bienvenue au Stockholm Stadium, par cette belle après-midi de printemps, pour le grand match opposant la compagnie de prêts immobiliers SBAB à ses concurrents. »

(Dans les vestiaires)

L'entraîneur : « OK, les gars. Ca y est, c'est le moment. Nous ne sommes pas favoris, mais on va quand même leur en faire voir ! Vous êtes prêts ? Vous en voulez ? Alors on les aura ! »

Le commentateur : « Et voici l'équipe de SBAB, opposée à celle de SEB, la seule banque qui ait relevé le défi. Le coup d'envoi est donné, SBAB se lance dans une attaque foudroyante et… Oooh, le ballon finit sur le poteau. Quelle entrée de jeu ! La foule est en délire. Et voici S-E-Banken qui attaque… 1 à 0 pour la banque… 2 à 0… Les joueurs de SBAB font triste mine, et pourtant leur défense se bat de toutes ses forces… Mais attention, une ouverture, et c'est le but ! Très beau but de Marcus Adolphsson… L'équipe de SBAB fait le maximum pour reprendre le dessus, mais non, ils perdent. 5 à 1. »

Le journaliste : « Avant le match, vous avez bien dit aux joueurs de se concentrer sur le football, pas sur les prêts immobiliers ? »

L'entraîneur : « Oui, c'est exact. Mais le problème est qu'ils sont très professionnels et qu'ils font énormément d'efforts pour faire baisser les taux d'intérêt. Les impliquer à fond dans un match de foot, c'est pas facile. »

Le journaliste : « Des conclusions ? »

Le capitaine de l'équipe : « J'en profite pour adresser mes félicitations à la banque. Ils ont mérité de gagner, mais quand il s'agit de prêts immobiliers, ils ne nous battront jamais. Donc vous pouvez être certains qu'on va continuer à défier les banques. »

Bref, Christer Malm avait le dernier mot. Pour tous ceux qui s'étaient impliqués dans la campagne, de l'agence aux supporters, c'était l'épuisement. Mais au bout du compte le public s'était pris d'une véritable sympathie pour notre équipe rouge et blanche.
Du coup, le taux de notoriété de SBAB grimpa de manière spectaculaire, de 56 à 82 %. Le nombre de demandes de prêt augmenta de 650 %. La part de marché doubla. Plus important, les gens s'aperçurent qu'ils en savaient beaucoup plus sur les prêts et les hypothèques que ce que voulaient faire croire les banques. Ce qui permit aux propriétaires de maisons, de villas, d'appartements, de résidences secondaires, de châteaux ou de cabanons d'économiser beaucoup d'argent. Pour nous, c'était probablement cela, la réussite.

L'opposition créative

Nous avons créé une méthode particulière pour accoucher d'idées comme celles que nous avons eues pour SBAB ou MTV. Une méthode que nous employons depuis le début. Nous ne pouvons affirmer avec certitude qu'elle marche forcément pour les autres ou même que les autres peuvent l'appliquer telle quelle. Mais nous avons mis toute notre foi en elle. Quelle est-elle ?
Dans notre agence, il n'y a simplement pas de directeur de création. Bien sûr, nous sommes conscients des avantages que fournit un tel poste, pour générer des idées, initier des projets, donner une direction ou relancer l'inspiration. En même temps, nous sommes convaincus que les vraies bonnes idées ne peuvent germer que dans un environnement qui autorise la naïveté. Or, le problème d'un directeur de création, c'est qu'il ou elle est en position de management, au sein d'une hiérarchie qui risque de conduire les esprits créatifs à se taire plutôt qu'à prendre le risque de paraître naïfs. Ce genre de terrain, il faut le reconnaître, n'est pas le meilleur terreau pour les idées neuves.
Notre expérience nous a enseigné que plus d'un directeur de création s'est rendu coupable d'étouffer les jeunes talents et les projets novateurs, tout en s'attribuant le mérite des idées trouvées par d'autres. Bien sûr, il existe de nombreux directeurs de création bourrés de talent, mais nous avons décidé, dès le premier jour, que nous nous passerions de leurs services.

Nous préférons travailler dans ce que nous appelons l'opposition – ou la contradiction – créative.
L'opposition créative signifie que l'équipe en charge d'un projet soumettra plusieurs idées différentes à une autre équipe créative. Par exemple, nous retenons dix idées pour MTV – tatouer l'adresse web sur le front de personnes payées pour cet espace publicitaire, acheter un seul panneau d'affichage en Suède, etc. Les créatifs commentent alors chaque idée et expriment leurs propres recommandations.
En bout de course, c'est l'équipe en charge qui choisit ce qui va être présenté au client. Le plus souvent, elle sélectionne plusieurs alternatives possibles. Mais, à ce jour, on n'a jamais retenu une idée qui avait suscité une forte opposition. Avec ce système, la discussion intervient dès les premières étapes de la création, avant que la moindre idée ait acquis le début du commencement d'une validation.
L'opposition – ou la contradiction – agit comme un stimulant quand nous sommes coincés, une source d'inspiration quand nous avons l'esprit trop étroit, et une douche froide quand nous glissons vers l'autocomplaisance. Elle développe notre vision de la publicité et fournit un excellent antidote au rabâchage, à tout penchant pour la routine.

De la publicité qui ne ressemble pas à de la publicité

Les deux campagnes que nous venons de décrire – les autocollants et le tournoi de football – n'ont pas gagné de trophées dans les festivals. La campagne SBAB a été nominée en une ou deux occasions, mais nous subodorons que l'industrie publicitaire en général la considère trop bizarre : ça ne ressemble pas à de la publicité, ça n'a pas été tourné par un réalisateur célèbre avec un énorme budget, ses principaux ressorts sont des ballons, des billets pour un match, des casquettes et des drapeaux. Nos spots ne se terminent même pas par un gag. Peut-être ne savons-nous pas faire ces choses-là correctement. Mais on ne nous empêchera pas de penser que la publicité est beaucoup plus intéressante quand on la pratique de cette façon : en inventant de nouveaux outils, en occupant de nouveaux espaces et en conquérant de nouveaux cœurs.
Ce que nous aimons, c'est quand la publicité est la conséquence de quelque chose d'autre. Une idée qui se situe ailleurs – dans un stade ou dans la rue – et que la publicité ne fait que relater. C'est une façon moins convenue de concevoir la publicité. Et nous sommes persuadés qu'un grand nombre de nos confrères, surtout les plus jeunes, vont l'envisager ainsi dans le futur.

« Rendez-vous sur le terrain »

"I'm responsible for the lowest inflation for over 30 years."
If you voted for change in 1997 - thank you.
Labour
www.labour.org.uk

8. LA COMMUNICATION POLITIQUE

Finissons ce voyage en Grande-Bretagne où Trevor Beattie, le charismatique patron de notre agence anglaise s'est ingénié, en compagnie de Rob Alexander, à rompre radicalement avec les règles du marketing politique. Ils ont conçu et mis en œuvre la campagne de Tony Blair pour les élections de 2001.

Quelle que soit votre activité professionnelle, il y a toujours matière à être en rupture. Tout le monde peut s'en rendre compte tôt ou tard. Et même les politiciens.

La politique, la communication politique et particulièrement la publicité politique sont étouffées par les conventions. Il règne même, dans la publicité politique, des conventions dont le monde publicitaire s'est depuis longtemps débarrassé.

Le déclin de l'intérêt pour la politique

Les consommateurs sont devenus plus compliqués, leurs comportements moins faciles à prévoir. Elle est bien finie, l'époque où l'on pouvait ranger les gens dans des cases en se fondant sur les statistiques ou les classes d'âge. Les consommateurs ne rentrent plus dans des catégories aux contours bien dessinés et résistent activement aux efforts du marketing et de la publicité pour les y faire tenir de force. Le monde tel qu'il se présente aux professionnels du marketing et de la publicité est infiniment plus difficile à appréhender que celui d'il y a trente ans.

De la même façon, le monde politique et les rapports entre électeurs et partis politiques ont également changé. Le citoyen s'identifie de plus en plus rarement à un parti politique précis. Les électeurs sont plus volatiles et leurs réactions moins évidentes à prédire qu'à toute autre époque de l'histoire. Nous sommes ainsi passés de l'électorat à l'électeur.

De même que l'étiquetage démographique ne renseigne plus sur les consommateurs, la catégorie socioprofessionnelle et la localisation géographique ne constituent plus des indicateurs clairs de l'opinion politique. En Grande-Bretagne, jusqu'aux années 1980, on pouvait être à 80 % certain qu'un ouvrier d'usine voterait travailliste et qu'un magistrat londonien voterait conservateur. Aujourd'hui, les deux peuvent très bien voter pour les travaillistes. Ces glissements d'appartenance politique au sein de groupes spécifiques s'observent également aux États-Unis où, par exemple, beaucoup de Sudistes traditionnellement démocrates se sont tournés vers le Parti républicain.

Le déclin de l'identification aux partis

Ce déclin de l'identification aux partis se combine avec une baisse de l'intérêt envers le politique en général. On peut mesurer l'impact de ces deux phénomènes par le taux de participation à quelques élections récentes. Le scrutin parlementaire britannique de 2001 a suscité la participation la plus basse depuis 83 ans, avec 59,5 % de votants. Pour l'élection présidentielle américaine de 2001, la participation était de 51 %, malgré le fait que les deux candidats se trouvaient au coude à coude dans les sondages. En France, l'abstention a atteint son record historique (40 %) lors des élections législatives de 2002.

Rompre avec les conventions du passé

Face à ces changements massifs, nous devons travailler de plus en plus dur pour communiquer et atteindre les électeurs. Notre profession a été amenée à adopter des approches innovantes. Dans l'ensemble, la publicité actuelle n'a plus rien à voir avec celle des années 1970. Combien de publicitaires utilisent le même langage et les mêmes techniques qu'il y a trente ans ? Très peu, et parmi ceux qui ont du succès, encore moins.

De son côté, la communication politique reste engluée dans les conventions du passé. Elle ignore superbement que les individus ne sont pas les mêmes. En 1968, Richard Nixon employa, dans un discours télévisé, l'expression « les familles qui travaillent dur », Bill Clinton la réutilisa en 1992 et 1996, Tony Blair en 1997, et en 2000 George Bush et Al Gore se proclamèrent l'un et l'autre le représentant des « familles américaines qui travaillent dur ». Belle constance dans le défaut d'imagination !

Bien sûr, les gens travaillent dur, sans doute plus que jamais. Mais quand une phrase est à ce point usée, elle perd toute signification. Elle devient incolore, inodore et sans saveur. Un pur cliché. Une platitude. Ce genre de communication molle et radoteuse constitue une des raisons pour lesquelles les gens se sentent de plus en plus déconnectés de la politique et des politiques.

Ce n'est pas une coïncidence si aujourd'hui, dans le monde entier, les politiques les plus populaires sont ceux qui parviennent à toucher un public plus large que la sphère strictement politique. Bill Clinton aux États-Unis, Tony Blair en Grande-Bretagne, Gerhard Schröder en Allemagne, Junichiro Koizumi au Japon, tous ont atteint les électeurs d'une manière qui va bien au-delà de ce qui est vu comme strictement politique. En fait, ce sont des « disrupteurs » nés, qui ne s'insèrent pas facilement dans les catégories existantes et qui n'obéissent pas aux règles conventionnelles de la politique. Au lieu de s'appuyer sur un noyau de partisans unique et bien identifié, ils possèdent l'art de rassembler sur leur nom des catégories très éclectiques d'électeurs, souvent au-delà des frontières traditionnelles de leur parti – les dites frontières délimitant d'ailleurs des territoires qui, par les temps qui courent, se réduisent comme peau de chagrin. Ces groupes d'électeurs sont fondés en partie sur des rapports émotionnels avec l'homme politique, au moins autant que sur un programme et des arguments rationnels.

Les politiques en question établissent ces connexions par la force de leur charisme et leur talent naturel pour communiquer. Leurs campagnes, elles aussi, sont souvent meilleures que celles du secteur politique pris dans son ensemble, et pourtant elles continuent de s'inscrire dans le cadre des conventions du genre. Il leur faut à présent faire un pas de plus. Peut-être contribueront-ils alors à stopper la désaffection des citoyens envers la politique. Mais pour y parvenir, ils doivent impérativement rompre avec les conventions de la publicité politique.

Deux types de campagnes ont marqué les esprits au cours du siècle dernier : le dénigrement et le panégyrique.

Le dénigrement

Un grand nombre de campagnes, surtout dans les pays anglo-saxons, attaquent directement le concurrent. Exemple, le film pour Lyndon Johnson en 1964. On voit l'image d'une petite fille, suivie d'un nuage en forme de champignon, pour souligner le risque de conflit nucléaire qu'entraînerait l'élection du belliciste Barry Goldwater. D'autres exemples incluent l'affiche, désormais classique, conçue par Saatchi en 1979, « Labour is not working », ou bien la « Tax bombshell » (La bombe fiscale) de 1992, ou encore un spot télévisé, resté sinistrement célèbre, où Michael Dukakis, l'adversaire démocrate de George W. Bush, est dépeint comme un mollasson face à la criminalité. C'est de la publicité négative brutale, qui attaque l'adversaire sur son passé, son caractère ou ce qu'on peut anticiper de ses futures actions.

Il existe un parallèle très net entre la publicité politique négative et une des plus anciennes formes de publicité pour les marques, qui consiste à comparer un produit à un autre, sous la forme d'une démonstration, fondée sur une proposition unique de vente (USP – Unique Selling Proposition). Ce qui se traduit par des messages du genre « X présente plus de nouveautés que Y » ou bien « A vient à bout de taches que Z n'arrive pas à éliminer ».

Le panégyrique

Le genre a démarré avec un film de 1952 pour Dwight Eisenhower, « L'Homme d'Abilene ». Il a atteint un niveau supérieur en Grande-Bretagne en 1987 avec « Kinnock, the Movie ». L'approche a également été utilisée par Bill Clinton en 1992, avec « The Man from Hope » (L'homme de l'espérance), qui a remporté un succès certain. Toutes ces publicités présentent le candidat en vantant ses qualités personnelles, son éducation, ses valeurs, son caractère. Elles ne s'occupent plus de questions politiques, n'exposent même pas ce que le candidat a réalisé ni ce qu'il compte faire. Bien faits, ces films peuvent être émouvants et motivants. Mais le plus souvent ils sont à l'eau de rose, absolument pas crédibles et sans réel impact. Le film panégyrique reflète la seconde vague dans l'évolution de la publicité, à la fin des années 1960 et au début des années 1970, quand les marques ont découvert que les USP ne suffisaient plus. À leur place, elles se sont ruées sur les ESP (« Emotional Selling Propositions », les propositions de vente par l'émotion). Exemple, Coca-Cola avec « I'd like to teach the world to sing » (J'aimerais apprendre au monde à chanter). Le message, réduit à son essence, devient : « Achetez-nous parce que vous nous aimez. »

Attaque, panégyrique, forme négative et forme positive sont à présent usées jusqu'à la trame. Mille fois reprises depuis trente ans, elles ne font plus du tout d'effet. Et pourtant les politiques continuent de s'y accrocher. Et le degré d'ennui et d'inefficacité atteint un niveau à peine imaginable... Un vaste coup de balai s'impose. La publicité politique doit devenir disruptive, en suivant l'exemple des meilleurs politiques. Elle doit établir un rapport avec les électeurs sur leur propre terrain. Elle a besoin d'innover et de trouver de nouveaux modes de communication, au-delà de l'USP et de l'ESP, comme l'a fait le reste du monde publicitaire. Les exemples suivants sont précurseurs dans cette direction.

Disruption n° 1 : Savoir dire merci

Convention Les politiques tirent la couverture à eux et s'attribuent tous les mérites de chaque réussite.

Disruption Les réussites d'un gouvernement sont en fait les réussites de ceux qui l'ont élu.

Vision Devenir le parti d'une démocratie revigorée, en faisant parler les électeurs des succès comme si c'étaient les leurs.

Les politiques passent une grande partie de leur temps de parole à nous vanter ce qu'ils ont accompli. Résultat, évidemment, personne n'y croit. On voit clairement qu'ils exagèrent leur contribution personnelle et que certains vont même jusqu'à tordre les chiffres pour se donner le beau rôle. En novembre 2000, le parti travailliste britannique ose une campagne publicitaire qui brise toutes les conventions de la politique. Elle est positive, mais sans panégyrique. Elle ne s'attribue pas le mérite d'une amélioration économique et sociale. Aucun politique ne s'y exprime pour donner des leçons aux citoyens. Et là se trouve la Disruption.

La campagne « Thank you » exposait les objectifs accomplis pendant les quatre premières années du gouvernement travailliste. Face à un électorat plutôt cynique, elle énumérait tout ce qui avait changé depuis l'élection de 1997. Mais au lieu d'en attribuer le crédit au gouvernement travailliste, elle laissait parler les électeurs eux-mêmes, et leur donnait à eux, plutôt qu'aux politiques, tout le mérite du chemin accompli.

Ici, la Disruption consiste à reconnaître que les succès d'un gouvernement sont aussi les succès des gens qui ont voté pour l'élire. Avez-vous jamais, avant cela, entendu un politique mettre en valeur la contribution d'un autre que lui ? Grâce à cette première audacieuse, inattendue et en rupture, le parti travailliste a récolté un énorme capital de sympathie.

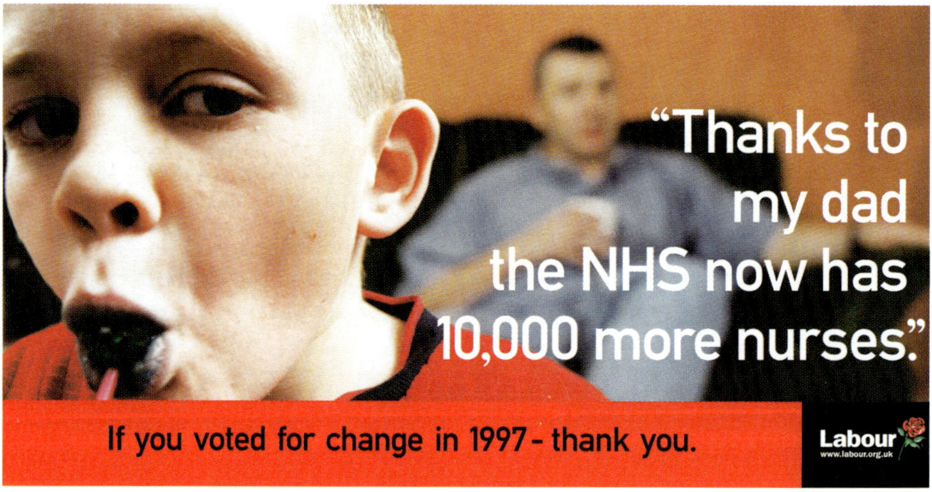

Disruption n° 2 : Savoir rire

Sagesse « Avoir de l'esprit, c'est allier le sérieux et la légèreté, de façon à ce que le sérieux en sorte renforcé. » (T.S. Eliot)

Convention La politique traite de problèmes sérieux, la publicité politique doit donc être sérieuse.

Disruption Les problèmes sérieux n'ont pas besoin de publicités sérieuses.

Vision renforcer le rapport entre un parti et ses électeurs à travers l'humour partagé et la communication d'adulte à adulte.

En 2001, le leader conservateur William Hague manque très nettement d'une vision politique personnelle. Il se raccroche aux idées et au programme que Margaret Thatcher avait incarnés dans les années 1980. Et le fait est que Madame Thatcher va s'investir, pour la première fois depuis son départ des affaires, pour soutenir ce candidat. Le public y voit immédiatement une menace réelle et sérieuse. Mais la manière la plus efficace de communiquer ce sentiment d'inquiétude consiste justement à éviter l'esprit de sérieux.

La réponse fut une publicité politique ancrée dans l'actualité tout en tirant les leçons de l'histoire, selon lesquelles une victoire du parti conservateur signifie une menace pour l'avenir. La superposition, par effet de

« morphing », du visage de William Hague avec la coiffure de Margaret Thatcher, fit les gros titres des journaux et alimenta toutes les conversations. On la reproduisit en photo à la une de trois grands quotidiens nationaux, tous trois d'obédience conservatrice.

Une telle satire impliquait le public dans la communication et offrait une caisse de résonance à un message sérieux, à savoir que Hague était l'héritier de Thatcher et du thatcherisme. L'accusation, en elle-même, était sérieuse. La satire la rendait encore plus puissante et imparable. Une image humoristique en dit plus que cent discours.

Plutôt que de ressortir les vieilles ficelles, l'annonce publicitaire recadrait le propos politique dans le langage des électeurs d'aujourd'hui –

des électeurs sensibles à l'humour tout en restant concernés par le côté sérieux du message.

Disruption n° 3 : L'art de la dérision

Convention Attaquer la politique de l'adversaire.

Disruption La subversion est plus efficace que l'attaque.

Vision Faire des Libéraux le parti du bon sens dans un monde absurde.

Changer son nom en Doris Day

Pour finir, la publicité politique n'a pas besoin de ressembler à la publicité classique. Lors des élections canadiennes de 2000, Jean Chrétien et le parti libéral lancèrent une campagne humoristique et disruptive destinée à saper la crédibilité de leur adversaire. Une des promesses politiques majeures du leader d'opposition, Stockwell Day, était d'offrir la possibilité de tenir un référendum sur n'importe quelle question, pourvu que 3 % de l'électorat en expriment le souhait. Chrétiens et libéraux, aidés par les médias, ouvrirent alors un site web spécial pour faire signer 3 % de l'électorat canadien en faveur de la proposition suivante : que Stockwell Day, s'il était élu, change son nom en Doris Day !

L'idée prit de l'ampleur, les libéraux organisaient des rassemblements et des émissions de télévision, au son du tube « Que sera, sera » chanté par Doris Day. Et leur pétition canularesque rassembla effectivement 3 % de supporters ! Il n'en fallait pas plus pour mettre en lumière les faiblesses de cette proposition de loi, tout en ridiculisant Stockwell Day. Cette campagne eut un impact extraordinaire. Jean Chrétien remporta une large majorité, et Stockwell Day vit sa crédibilité ruinée.

Ces exemples montrent le bénéfice que l'on tire en rompant les conventions qui étouffent la publicité politique. Au contraire de la majorité des campagnes habituelles, ces campagnes en rupture tiennent compte des changements survenus depuis une trentaine d'années. Comme dans les meilleures réussites de la publicité pour les marques, elles s'appuient résolument sur l'innovation. La publicité politique s'engage parfois sur les chemins déjà défrichés par le marketing. Mais ce travail peut être encore plus systématique, plus approfondi, plus professionnel. On pourrait par exemple imaginer des « marques challengers » dans le domaine politique, des visions disruptives pour de nouvelles formations, des partis décidant d'investir une « niche sur le marché », ainsi que des « propositions de vente personnalisées ».

LA DISRUPTION DANS TOUS SES ÉTATS

PlayStation
SONY COMPUTER ENTERTAINMENT INC.
REGISTERED TM

9. VIVE L'INCONFORT !

Après une initiation précoce, sud-américaine et plutôt rocambolesque à la publicité, Arthur Sadoun est arrivé à la tête de notre agence parisienne il y a trois ans. Ce benjamin du groupe est devenu un des fervents artisans de la Disruption, que ce soit dans l'élaboration des campagnes de publicité ou dans le mode de fonctionnement à l'intérieur même du réseau. Il nous explique comment la dynamique de l'instabilité encourage les idées novatrices. Et comment la méthodologie de la Disruption façonne les intuitions en stratégies porteuses.

Le monde a toujours été secoué par des séismes dont les ondes de choc ne sont pas maîtrisables. Son histoire est faite de soubresauts, d'avancées fulgurantes et de reculs aussi retentissants. Qu'un nouveau traumatisme survienne et, d'un seul coup, les investisseurs cessent d'investir.

Parce qu'elle est d'abord un média, une plaque sensible qui s'est toujours faite l'écho du monde et de ses états d'âme, la publicité ne peut pas se soustraire au devoir de rendre compte des nouvelles prises de conscience. C'est là que la Disruption intervient. Elle est un outil pour s'adapter aux nouvelles donnes dans la communication. Elle donne une flexibilité pour être en phase avec la vie et ses évolutions. Bien évidemment, on n'attend pas qu'elle change le monde, mais qu'elle permette de le regarder plus justement. C'est peu de choses et c'est beaucoup.

Dynamique de l'instabilité

De fait, pourquoi la Disruption séduit-elle ? Parce qu'elle pousse à intégrer l'instabilité dans les raisonnements. Elle offre la dose d'inconfort intellectuel nécessaire pour exciter les neurones. Elle est un mode de pensée et d'action qui pose la fragilité en règle de vie, le déséquilibre comme principe dynamique.

La nature a horreur du vide. Elle ne comprend pas non plus le point mort. Elle ne se vit que dans le changement constant. La Disruption s'appuie sur une conviction : les visions d'aujourd'hui, celles qui permettent aux entreprises de prendre une longueur d'avance, sont un jour ou l'autre obsolètes, enfouies sous un tas d'idées reçues. De ce fait, le leadership tranquille est un concept périmé. Tout leader doit savoir se réinventer pour préserver son avance. Sauf à se trouver rapidement rattrapé par la concurrence. Les positions de force font des envieux et des copieurs. Dans un environnement en perpétuel tumulte, l'entreprise ne peut se permettre de regarder passer les nuages. La concurrence le lui interdit. Renault, inventeur du monospace, n'en a toutefois pas gardé le monopole. La PlayStation, qui occupait une position dominante sur le marché des consoles de jeux face à deux concurrents établis, Sega et Nintendo, doit maintenant faire face à l'arrivée d'acteurs d'un nouveau genre avec le lancement de la Xbox par Microsoft. Levi's a eu le tort de s'assoupir un court instant, Diesel en a profité pour prendre la tête des ventes de jeans en Europe, forçant le leader historique à revoir toutes ses gammes.

Jack Welch n'a sûrement jamais lu la Disruption, mais il est pour nous une référence. Tout au long de sa carrière, en arrivant dans un nouveau poste, il s'attachait à évaluer les espaces d'amélioration possible. Après quoi, il s'évertuait à mettre ses idées en œuvre. Résultat de ce souci de perfectionnement maniaque : General Electric s'est réorganisé jusqu'à devenir numéro un ou deux sur chacun de ses marchés. Les activités trop fragiles ou peu concurrentielles étaient abandonnées. Une fois parvenu au leadership, Welch aurait pu s'octroyer une petite pause, le temps de s'autocongratuler. Des actionnaires heureux, des salariés efficaces et bien payés... Que pouvait-il espérer de mieux ? Cet éternel insatisfait a vite mesuré le danger : la croissance étant plus difficile à maintenir quand on est numéro un, il a alors entrepris de convaincre chacun des membres de son équipe, de redéfinir son marché de façon plus large et ambitieuse. Ce faisant, il se replaçait en position de challenger, identifiant de nouveaux champs de croissance prometteurs, amorçant la relance de son entreprise, qui, autrement, aurait sombré dans un engourdissement douillet.

L'exemple de Welch le montre : la Disruption n'est pas une attitude confortable. Elle met en garde l'entrepreneur qui ne souhaite pas se laisser distancer par les changements, fut-ce par sa propre et fulgurante réussite.

Une arme collective

Les choses n'arrivent pas par hasard. Les idées encore moins, la Disruption est là pour s'assurer que nous mettons toutes les chances de notre côté pour trouver la Grande Idée. Dans beaucoup d'agences, on travaille de façon séquentielle, chacun prenant le relais de l'autre et œuvrant dans son coin. Le planning stratégique se cale sur une stratégie avec son client. Avant d'écrire dans la foulée un « brief » transmis à la création. Les créatifs s'enferment ensuite dans leur bureau et reviennent avec une proposition. Celle-ci est évaluée selon les objectifs établis dans le « brief », et vendue (ou pas) au client par les commerciaux.

La Disruption est une pratique collective. On ne crée rien, seul, dans son coin. C'est en se frottant aux autres, en échangeant et en télescopant les points de vue que l'on finit par faire surgir une idée. Mais si elle n'est pas guidée, la confrontation peut s'achever lamentablement dans un feu d'artifice stérile.

Ce type de collaboration, complète mais encadrée, a justement décidé d'une évolution majeure chez Bic. Lorsque nous avons gagné le budget Bic, la mission qui nous a été assignée était de construire une marque mondiale puissante, fondée sur une vision qui la légitimerait face à la concurrence internationale, et qui la rendrait plus particulièrement capable de résister aux assauts du géant Gillette.

Pour bâtir cette vision de la marque, nous avons mis en place un atelier (Disruption Day) spécifique, simultanément aux quatre coins du monde. Ainsi, nous avons fait travailler les responsables de Bic Amérique du

Sud à Salvador de Bahia, ceux de Bic Asie à Singapour, leurs homologues de Bic Amérique du Nord à New York, sans oublier les stratèges européens à Paris.

Trouver le moyen d'allier les enjeux mondiaux de la marque à la réalité commerciale de chaque région était l'objectif fixé à l'atelier. Cela rendait le travail d'analyse final plus complexe, mais bien plus riche et plus opérationnel pour chacun des marchés considérés, puisque nous le fondions sur des réalités locales distinctes.

Ceci constitue un atout majeur de la Disruption. Elle aide à aligner chacun sur un objectif commun. Récemment à New York, un atelier de Disruption a permis de trouver le point d'intersection entre les Européens, les Japonais et les Américains pour un produit de Mars. La même semaine, le patron de Häagen-Dazs pour l'Europe nous disait : « Le consensus que nous ne sommes pas parvenus à établir entre les Français et les Anglais depuis dix ans, la Disruption l'a créé en deux jours. »

Ce qui fait la force et l'originalité de la Disruption est sa position clé, au carrefour de l'idéologie et de l'action. De la stratégie et de la mise en œuvre. Elle permet d'éviter les stratégies brillantes mais impossibles à exécuter. Ou les idées justes mais trop sages ou évidentes.

L'idée derrière l'idée

On se laisse parfois séduire par une idée fulgurante, avant de comprendre qu'il s'agit d'une fausse piste. À l'inverse, on se résout parfois à un concept juste, mais manquant de souffle. Pour les puristes, une idée créative qui ne répond pas aux objectifs définis dans le « brief » ne vaut rien. Mais ce sont les mêmes qui s'aveuglent par trop de rigueur. Et laissent filer les bonnes idées qui sont le fruit d'un mode de travail plus fluide, moins contraint par la linéarité.

Dans ces conditions, quelle est la solution ? C'est de privilégier la souplesse, systématiquement, comme y incite la Disruption. C'est de savoir retenir un concept, même inabouti, quand il repose sur une force stratégique évidente. Savoir aussi faire marche arrière, revenir à la situation de départ (convention) et remettre en cause la direction vers laquelle on s'oriente (vision), quand elle ne semble pas assez porteuse. Et mieux percevoir comment une simple idée (Disruption) peut y aider.

Accepter l'instabilité d'une situation peut certes nous permettre d'y faire face, mais aussi d'y voir les fondements d'une stratégie porteuse. Ce fut le cas pour McDonald's lorsque la marque fut confrontée au grave et soudain problème de la vache folle. Au premier jour de la crise, les ventes chutaient de 20 %. Il a fallu dans l'urgence trouver une solution tactique pour enrayer le phénomène et en moins de quatre jours produire un film convaincant. En soi le défi était grand, mais les résultats obtenus dépassèrent nos espérances. Accompagnant des images conviviales, la voix off du film nous dit :

Aujourd'hui quand on vient chez nous, on est en droit
de se poser quelques questions. Voici des réponses.
Notre viande est 100 % pur bœuf.
Elle fait l'objet de contrôles qui vont au-delà de la législation.
Nous avons été parmi les premiers à mettre en œuvre la traçabilité.
Nous n'utilisons que des morceaux de viande bovine sélectionnés.
Au moment de la cuisson, nous n'y ajoutons que deux choses :
du sel et du poivre.
Nous faisons des hamburgers et nous les faisons bien.

Les ventes repartirent vite. Nous aurions pu nous en contenter. En fait, ce film fut le premier jalon de la stratégie de qualité menée depuis par McDonald's en France. Le soin porté à la sélection des ingrédients, le choix des partenaires, la charte de qualité contraignante mise en place et l'engagement de la marque pour la transparence constituent aujourd'hui un socle de communication essentiel et participent de son image d'entreprise responsable.

La sono mondiale : moi puissance nous

La Disruption présente un autre avantage inestimable : la création d'un langage commun au sein de notre groupe mondial. Elle renforce l'esprit d'appartenance et la cohésion d'un réseau présent dans soixante-neuf pays, structure les raisonnements de façon homogène. En cela, nous formons une école partageant une même façon de penser, des approches et des schémas communs. Résultat : un vrai gain de temps et d'efficacité.

Cela me rappelle l'arrivée parmi nous d'un planneur stratégique anglo-saxon. Œnologue de formation, parlant plutôt mal le français, il ne possédait aucune expérience publicitaire. L'adoption d'une méthodologie partagée avec le reste de l'agence l'a bien sûr aidé à s'adapter. En trois mois, nous parlions le même langage. Il était opérationnel. Mieux : nous nous sommes nous-mêmes enrichis de son expérience particulière, de son regard oblique et décalé. En somme, cette langue que nous partageons nous autorise à nous ouvrir, dans une grande diversité humaine, aux talents les plus inattendus. Cette diversité, j'en suis convaincu, est ce qui fait la différence entre une bonne agence et une... moins bonne !

Mais c'est aussi l'accessibilité de la Disruption qui en fait une arme redoutable, notamment lors des compétitions. Ainsi, un de nos planneurs parisiens a pu initier notre agence de Minneapolis aux principes de la Disruption et en diriger les ateliers de réflexion en moins d'une semaine. Les idées se multiplièrent, la stratégie prit un tour nouveau, tant et si bien que la proposition créative et stratégique de l'agence lui permit de convaincre un nouveau client, et pas des moindres : Staples, numéro un américain du matériel de bureau.
Au final, plus qu'un simple outil, la Disruption représente un état d'esprit, une culture que nous partageons. Au reste, un état d'esprit ne suffirait pas à une agence. Le publicitaire n'est pas là pour vendre des états d'esprit. Son client passerait vite sur la Disruption si elle n'aboutissait à de vraies idées, stratégiques et créatives.

Un mode de conduite

La Disruption dépasse largement le cadre de l'expression publicitaire. Elle pousse l'entreprise à rompre avec les conventions de son secteur. Comment ? En prenant le temps d'identifier une vision forte, qui va l'inspirer et lui servir de fil rouge, dans sa vie et son activité, durant plusieurs années. Lui permettre de refléter son identité propre, nourrir la réflexion de ses dirigeants et sa politique d'innovation, le service qu'elle propose aux clients, la recherche et développement... Sa mise en œuvre permet à chacun des acteurs, à l'interne, de s'approprier la stratégie. Avec cet objectif, pour tous : reprendre de l'avance sur son marché, en anticipant les changements.
Le sourire est au cœur de la stratégie du groupe Accor. La satisfaction client qui est naturellement au cœur des deux métiers du groupe, l'hôtellerie et les services, n'avait jamais été revendiquée si fortement et à un si haut niveau auparavant. Que ce soit dans les politiques de recrutement et de mobilité interne (avec les actions « L'avenir vous sourit ») ou dans la rénovation complète des systèmes de travail (avec le projet « Accor 2000 »), l'ensemble du groupe s'est senti concerné par cette vision et se l'est appropriée dans son travail quotidien. Selon un audit interne datant de 2001, 78 % des collaborateurs Accor considèrent désormais le contact avec le client comme une source de plaisir personnel.

Disruption et iconoclasme

La Disruption doit se manier avec précaution, sauf à se retrouver dans la situation de l'apprenti sorcier. Pris par l'excitation de la méthode, on peut être tenté de vouloir tout « disrupter ». S'attaquer sans discernement à

ACCOR

NOUS FABRIQUONS DU SOURIRE*

toutes les conventions. Or, toutes ne sont pas à jeter, loin de là. Certaines sont incontournables. Les défier vous sortirait du marché. La pensée disruptive n'est pas iconoclaste. Elle ne s'exprime pas dans le saccage.
Les outils que nous avons créés autour de la Disruption visent à repérer les visions porteuses, celles qui peuvent « héberger » un véritable point de vue de marque. Ils nous servent aussi à éviter de casser n'importe quelle convention, au seul prétexte de casser. Certains marchés sont structurés autour d'une attente centrale du consommateur. Il serait vain et suicidaire de l'ignorer.
Prenons un exemple, les entreprises de luxe. Actrices du futur, elles ont aussi une mémoire qui remonte très loin. Non contentes d'avoir soulevé, vague après vague, les tendances passées ou présentes, elles veulent annoncer les courants de demain. Elles ne se projettent pas dans la courbe d'une trajectoire déjà écrite, mais fouillent dans tous les coins, dans des lieux les plus improbables. Cette attitude, en un sens, commande d'être profondément optimiste. Quand on lui demandait laquelle de ses voitures représentait l'aboutissement de sa création, Enzo Ferrari répondait immanquablement : « Celle que je n'ai pas encore construite. »
Dans le monde conservateur-progressiste des entreprises de luxe, un rejet global du passé équivaut à un suicide. Les grandes marques savent se souvenir et ce serait une grave erreur de vouloir rompre avec cette convention du marché. Après toutes ces années, ces légendes que sont Chanel, Hermès, Rolex, Mercedes ou Tiffany continuent d'être inscrites dans la mode parce que leur conscience d'elles-mêmes est nourrie du souvenir des choses passées, ce qui ne les empêche pas d'aller de l'avant.

Alimentant sa propre forme de disruption depuis vingt ans, Vivienne Westwood s'est expliquée sur la juxtaposition conservatisme/progressisme et l'élan créatif qui en découle. « C'est l'exact opposé du conservatisme que de rechercher l'inspiration dans les choses du passé, à moins d'être décidé à avaler sans broncher la propagande de l'époque dans laquelle on vit. » À l'évidence, les tendances qui comptent aux yeux de Mademoiselle Westwood sont le passé (à partir duquel elle dessine) et le futur (qu'elle invente). Les marques de luxe, plus que toutes autres, considèrent la complexité induite par leur expérience, non comme un vice à éviter, mais comme une qualité à cultiver. Elles considèrent aussi que cette complexité irréductible, faite de plusieurs dimensions, de plusieurs strates et s'adressant souvent à plusieurs de nos sens, est ce qui suggère le désir. C'est en quelque sorte une convention incontournable.

Disruption et gesticulation

Enfin, la Disruption ne peut pas être synonyme d'esbroufe ou de création pour la création. Elle ne représente pas une simple posture, un geste de pure gratuité. Ainsi, toutes les bonnes idées ne sont pas disruptives. Le message doit être porteur d'une vision d'un métier, d'un marché ou d'un produit, seule garantie de produire une campagne qui ait suffisamment de souffle pour projeter l'entreprise en avant de façon durable.

Les campagnes simplement créatives, qui ne reposent pas sur une analyse stratégique forte du marché, restent en plan. L'exemple des communications développées par les dotcoms lors de la flambée de la nouvelle économie est à cet égard probant. Ainsi, la campagne pour Outpost.com reposait sur un principe simple : un homme, supposé être un des patrons de la start-up, racontait brièvement que son objectif premier était de développer la notoriété de sa marque. Pour cela, il se disait prêt à tout et nous indiquait les moyens auxquels il avait songé pour imprimer le nom de sa société dans nos esprits. Un des films le présentait en train de glisser des petits rats dans un canon pour les projeter sur une cible composée des lettres d'Outpost.com. Un autre le montrait dans une garderie, tatouant Outpost.com sur le front de nouveau-nés... L'humour décalé et provocateur séduisit à l'époque les jurys. On parla même de l'invention d'un nouveau registre publicitaire. Quelques mois plus tard, voyant le trafic du site s'effondrer, Outpost.com faisait machine arrière. La campagne ne construisait rien, ne délivrait aucune vision convaincante du marché pour les internautes. Au final, elle ne reposait sur aucune idée durable.

Les campagnes disruptives ne se contentent pas d'attirer l'attention grâce à une pirouette plus ou moins astucieuse. Elles remettent profondément en cause le point de vue qu'on possède sur un produit, une marque, un marché. Lorsqu'une marque opère une disruption sur son marché, on ne peut plus jamais reconsidérer les choses de la même manière. Il y a un avant et un après Disruption. Ainsi, en créant l'Institut pour la santé, Danone a fait voir les produits ultra-frais comme les ingrédients incontournables de notre « médecine quotidienne ». La marque a posé ainsi un nouveau paradigme. Pour suivre ou pour s'y opposer, peu importe, l'ensemble des produits de l'ultra-frais a été obligé, depuis lors, de tenir compte de la nouvelle donne.

Ce qui vaut pour les marques et le marketing vaut pour les individus. La Disruption ne se limite certainement pas à la sphère du commerce. Elle est aussi une ligne de conduite, une école du culot, une manière de refuser les chemins tout tracés. Cette intégrité dans les choix que l'on opère implique de l'audace. Si la Disruption séduit, c'est qu'elle donne le courage d'avancer, de douter pour aller plus loin. Pour voir.

Finalement, la Disruption prône l'inconfort comme philosophie, mais offre dans le même temps des outils précieux pour créer des idées audacieuses de manière confortable. La Disruption, c'est le confort dans l'inconfort.

WITH YOUR
ASSISTANCE
MORE LIKE
E CAN
RAINED.

10. CRÉER LA DISRUPTION LÀ OÙ ON L'ATTEND LE MOINS

En France, notre groupe comprend vingt-neuf sociétés. Toutes les disciplines y sont représentées. Le risque est d'aboutir à une hyperspécialisation, où chacun ignore l'autre. C'est l'effet de silo bien connu, chacun restant enfermé dans une boîte. Pratique malsaine, argumente Alastair McLean, planneur stratégique à Paris. Selon lui, il faut justement cesser de penser en termes de métiers. Car ce qui compte, ce sont les idées. Il faut introduire la Disruption dans toutes les disciplines de la communication. Chaque métier pourra alors être à l'origine de l'idée.

Pendant l'été 2000, lors du lancement de la console de jeux Xbox, Microsoft organisait une conférence de presse européenne au Palais des Festivals à Cannes – rendez-vous des stars qui accueillait pour l'occasion la nouvelle vedette du divertissement électronique. Après la présentation, les journalistes s'éparpillèrent pour rentrer vers leurs hôtels. En chemin, ils ne purent pas échapper aux affiches placardées tout le long de la Croisette, avec ce texte, en trois langues : « Faites comme si on n'était pas là. » Signé : PlayStation.

Faut-il le préciser, la blague fut reprise dans quasiment tous les comptes rendus consacrés au lancement de la Xbox. Elle rappelait opportunément aux journalistes et au public qu'au-delà des prouesses technologiques auxquelles ils venaient d'assister, PlayStation, de tous les jeux vidéo, gardait une longueur d'avance en termes d'ingéniosité et d'insolence.

Même si l'opération était de courte durée, elle exprimait plus une stratégie qu'une tactique, en s'inscrivant dans le dialogue permanent noué par PlayStation avec la communauté des amateurs de jeux. De fait, PlayStation est une marque disruptive, car elle maîtrise l'art de créer de la Disruption là où on ne s'y attend pas.

Les exemples abondent, sur d'autres marchés et dans d'autres pays, comme nous allons le voir. Ce qu'ils nous enseignent, c'est, bien sûr, qu'il n'existe pas de formule magique pour faire naître l'inattendu, mais qu'il existe, pourtant, dans chaque cas, une idée directrice permettant d'aborder chaque discipline de façon inattendue.

Disons-le : tout le monde brandit le vocabulaire de l'intégration, mais en réalité le business de la communication reste terriblement compartimenté. Selon les conventions dominantes, chaque activité est enfermée dans une petite boîte bien verrouillée : le design, le département média, la communication institutionnelle, le packaging, la publicité, la promotion des ventes, les médias interactifs, etc. : à chaque boîte sa fonction précise et sa place dans la hiérarchie des tâches. Or, il faut cesser de penser en termes de métiers. Ce qui compte réellement, ce sont les idées.

Nous allons décrire ici un grand nombre d'exemples, tous produits par notre groupe. Nous les avons regroupés en cinq parties.

Faire de la marque une institution

Les marques disposent d'une opportunité nouvelle : elles peuvent reprendre à leur compte les outils de la politique et leur donner une nouvelle dynamique. Ce faisant, elles gagnent une présence jusqu'ici réservée à la sphère du politique. Récemment la chaîne d'hypermarchés Géant a confié à un institut de sondages, la Sofres, l'organisation d'un référendum

auprès de ses clients, portant sur ce qu'ils souhaitaient voir sur les linéaires. Le sondage, emprunté à la stratégie électorale, fournissait à la marque une foule de données utiles sur les attentes des consommateurs, mais plus encore, il constituait en lui-même un événement, assorti d'un message fort. En les sondant, Géant administrait la preuve qu'elle était réellement « à l'écoute » de ses clients.
Comme on pouvait s'y attendre, les consommateurs donnèrent leur avis sur l'offre traditionnelle de l'hypermarché, mais ils « élirent » également des produits plus inattendus : les maisons Phénix, les piscines Desjoyaux, des stages de conduite en Formule 1, des tours du monde, des sorties en hélicoptère et même un billet sur le Concorde. Tous ces produits étaient effectivement proposés dans le cadre d'une intense promotion. Cette campagne « politique » a positionné la chaîne d'hypermarchés comme la plus innovante, avec beaucoup moins de moyens que Carrefour ou Auchan.
Dans le même ordre d'idées, Lustucru est devenu leader sur le marché des œufs frais en imposant un concept simple : inscrire sur les emballages la date de la ponte. Or, pour mettre en place cet étiquetage particulier, Lustucru a dû faire un long travail de conviction auprès de la Commission européenne. En fait de campagne publicitaire, il s'agissait de lobbying politique.
Marier une grande cause humanitaire et une entreprise commerciale n'est pas nouveau. Mais Dubble Chocolate y est parvenu de façon tout à fait nouvelle, en s'associant avec une organisation caritative britannique, Comic Relief, et un collectif regroupant 35 000 producteurs de cacao au Ghana. En proposant un « produit éthique » – une barre chocolatée dont la production obéit à des règles strictes, la marque réconciliait plaisir et morale. Seulement, avec en tout deux représentants pour l'ensemble du territoire britannique, elle n'avait aucune chance de le faire savoir. C'est alors qu'elle a inventé un mode de communication astucieux, en créant un partenariat avec un groupe de presse, Emap, spécialisé dans les magazines ciblés. Des barres de Dubble Chocolate étaient collées aux couvertures de **Smash Hits** et **Match**, journaux respectivement destinées aux filles et aux garçons. Un site web les incitait à devenir « Dubble Agents » – leur mission consistant à réclamer les barres Dubble auprès des commerçants de leur quartier. Résultat, grâce à l'argument du commerce équitable, Comic Relief a vu ses dons augmenter et Dubble figure désormais parmi les dix plus grosses ventes sur le marché britannique de la barre chocolatée. Le tout moyennant un investissement minimum.
Une autre idée consiste à lier l'événement célébrant une marque à un jour de fête. L'histoire commence d'une façon parfaitement triviale. En

octobre 1997, France Télécom lance une nouvelle offre de téléphonie mobile à la carte baptisée Ola. À la fin d'une réunion clients, quelqu'un lance un calembour facile à propos de la date prévue pour le lancement, le 31 octobre, qui est aussi le jour de la fête d'Halloween : « Ça tombe bien, on s'apprête à célébrer Ola-Ween ! » L'équipe publicitaire rebondit aussitôt et s'empare de la blague.

Le jour J, neuf mille citrouilles apparurent aux pieds de la Tour Eiffel, sur les pelouses du Champ de Mars et du Trocadéro, le plus grand potager urbain jamais réalisé. L'opération retint l'attention des médias nationaux et internationaux, toutes les grandes chaînes de télévision la couvrirent aux actualités, les radios y consacrèrent quantité d'émissions, le **Herald Tribune** et le **New York Times** en firent leur une, ainsi que les principaux quotidiens français. Simultanément les citrouilles surgirent dans les publicités et en vitrine des boutiques de téléphonie, pour promouvoir l'offre spéciale Ola-Ween.

À l'époque, Halloween n'avait pas encore pris racine en France ; c'était une fête typiquement anglo-saxonne, son nom n'était connu que d'à peine 5 % des Français. Mais la campagne « Ola-Ween » a tout changé. Non seulement France Télécom a réussi le lancement de son nouveau service, mais Halloween est devenu une véritable fête française, désormais aussi familière que la Saint-Valentin ou la Fête des Mères.

L'événement a propulsé France Télécom loin devant ses concurrents. Le nom de la marque s'est imprimé profondément dans les esprits et Ola s'est fait connaître de tranches d'âge jusque-là peu concernées par le téléphone portable. Enfin, cerise sur le gâteau, notre agence a décliné, au cours des années suivantes, la Connection Halloween auprès d'autres clients, notamment Toys'R'Us et McDonald's.

Faire du message une expérience vécue

Au lieu de se contenter d'adresser un message à des citoyens ou des consommateurs, on peut faire en sorte qu'ils le vivent au point de modifier leur environnement ou leur mode de vie quotidien. Les messages deviennent alors autant d'incitations à faire de leurs destinataires des participants ou des témoins.

Par exemple, on gare une Nissan X-Trail dans des lieux hautement improbables, comme à flanc de coteau dans les montagnes sud-africaines. Pour la population des randonneurs et des amoureux du grand air, ce modèle de 4 × 4 devient plus qu'une voiture : un compagnon d'aventure intimement lié à leur univers.

Interaction physique

Quand on veut demander aux gens de faire des dons, les êtres humains ne sont pas forcément les meilleurs quêteurs. Imaginez que vous êtes sur le point d'entrer dans un supermarché lorsqu'un chien vous tend une brochure dans sa gueule, avance vers vous et vous incite à la prendre. Qui pourrait, mieux qu'un chien lui-même, demander des dons pour la société des chiens guides ? Ce n'est pas seulement le fait que ce représentant canin vous perturbe, il réussit aussi à vous lier émotionnellement à sa cause. Vous lui caressez gentiment la tête et faites votre petite largesse à son collaborateur humain.

À Berlin, un projet immobilier avait du mal à décoller parce qu'il était situé dans une zone excentrée, à l'est de la ville, à un kilomètre des quartiers chic. Comment faire oublier aux éventuels clients leurs préjugés géographiques ? Par une campagne originale qui leur faisait réaliser l'absurdité de payer des prix exorbitants pour le seul privilège d'habiter un quartier de luxe. Sur les trottoirs, des silhouettes furent dessinées à la craie, à la manière des contours tracés par la police autour des cadavres d'accidentés ou de suicidés ; et, sur ces silhouettes, de grands post-it portant l'inscription : « Cet homme a mis fin à ses jours quand il a découvert les prix au mètre carré pratiqués à un kilomètre d'ici. »

Quand leur environnement quotidien s'en trouve transformé, les gens ne peuvent pas longtemps ignorer le message. Exemple : les campagnes antidrogues. Aux États-Unis, depuis des années, les agences de publicité rivalisent d'imagination pour concevoir des campagnes qui frappent. Mais un doute persiste : exercent-elles le moindre impact sur la consommation de drogues ? En Afrique du Sud, la communication est beaucoup plus directe, elle investit les rues, c'est-à-dire les lieux mêmes où le danger rôde. On y a vu une toxicomane décharnée (en fait, une comédienne déguisée), vêtue

de haillons, fixant de façon insistante les passants ou se glissant dans les queues de cinéma. Dans son dos, on pouvait lire cet écriteau : « Fumez du crack et vous finirez comme moi. » Ailleurs, des linceuls de plastique étaient placés sur les trottoirs, avec ces mots : « La dernière mode vestimentaire pour les usagers du crack. »

Dans la même veine, pour lancer un service téléphonique d'aide aux cocaïnomanes, des mini-enveloppes similaires aux petits paquets blancs contenant un gramme de cocaïne ont été encollées dans quelques magazines de luxe. Sur l'enveloppe, on lisait : « Vous savez pourquoi ça s'appelle une ligne ? » À l'intérieur du paquet, on trouvait tout simplement un hameçon de pécheur. Une métaphore directe, physique, de l'addiction.

Faire participer le public à la vie de la marque

Amener la transformation de la culture interne d'une entreprise en communiquant de manière non conventionnelle, c'est ce que nous avons fait avec la SNCF en 1995. À l'époque, la compagnie sortait à peine de la plus longue grève de son histoire. Les usagers, tout comme les cheminots, étaient encore sous le choc. On voyait mal comment faire avaler le retour aux publicités légères et classiques vantant les charmes des voyages en train. En conséquence, la SNCF prit la décision qui s'imposait : ne plus faire de publicité pendant une durée de dix-huit mois. Mais dans l'intervalle, elle se réservait de communiquer d'une autre manière, afin de modifier graduellement les perceptions et les idées reçues sur le transport ferroviaire. La communication institutionnelle se retrouvait en première ligne.

L'une des conséquences principales de la grève avait été le report d'un programme ambitieux visant à faire de la SNCF une entreprise plus attentive à sa clientèle. Pour un service public comme la SNCF, ce programme posait des problèmes épineux. Aux yeux des syndicats, le seul mot de « client » était banni – on lui préférait le terme d'usager. En plus, 80 % des cheminots n'avaient aucun contact direct avec la « clientèle ». Après la grève, on décida donc de s'attaquer à ce qui devint une priorité absolue : l'établissement d'une communication entre les cheminots et les voyageurs.

La première étape a consisté à adresser un questionnaire aux usagers. Publié dans la presse nationale et régionale, il était destiné à faire émerger les souhaits des usagers en vue d'améliorer les prestations de la compagnie. Au final, 200 000 questionnaires furent remplis et les résultats présentés aux employés de la SNCF au cours de réunions tenues dans toutes les gares, partout en France, mais aussi publiés dans la presse. Seulement alors commença le travail de fond. Un plan d'amélioration fut établi au niveau national, tandis que chacune des cinq cents gares développait ses propres propositions, concernant aussi bien les bancs sur les quais, l'information sur les retards ou les programmes de formation des guichetiers. Et c'est lorsque tous ces plans entrèrent en application, et seulement à ce stade, que la publicité reprit son cours. Il s'agissait à présent d'informer le public, d'une manière crédible, sur les transformations en œuvre et sur les engagements concrets pris par la SNCF.
Au cours de ce processus, une dynamique nouvelle a vu le jour au sein de l'entreprise. Plus de 16 000 employés de la SNCF se sont portés volontaires pour aller à la rencontre des usagers pour les questionner. Ces mêmes employés qui avaient parfois fait obstacle au changement devinrent les agents de cette mini-révolution. En fait, la SNCF a simplement fait preuve de bon sens. Qui, mieux que les usagers, pouvait avoir un mot à dire sur le service fourni ? Quelques mois plus tard, lorsque la publicité commerciale a repris, les usagers furent mis en scène dans une campagne témoignage filmée à la façon d'un mini documentaire. L'usager, devenu le client, était au centre. Évidemment.
En d'autres circonstances, la publicité peut provoquer un glissement dans la culture interne d'une entreprise. C'est ce qui s'est passé pour France Télécom, à l'occasion d'une campagne destinée à redéfinir la mission de l'entreprise. La signature « Bienvenue dans la vie.com » permettait de franchir le pas d'une entreprise centrée sur le téléphone à des services largement axés sur les nouvelles technologies. La publicité a tiré les premières salves, mais, à cet instant précis, le changement restait encore virtuel. Il fallait à présent qu'il soit effectivement compris et vécu à tous les niveaux, par chacun des quinze mille employés de France Télécom. Pour y parvenir, l'entreprise a organisé des séminaires de trois jours, dans toutes les villes de France. Cette fois, la vision du futur devenait une réalité, et son impact auprès des clients aussi bien qu'auprès du grand public s'est vu décuplé.

Toucher de nouvelles cibles

Il existe, dans notre monde occidental, un type d'habitat naturel en voie de disparition : ce sont les environnements 100 % masculins. Les femmes

sont désormais présentes aussi bien sur les terrains de golf, dans les syndicats et même dans ce sacro-saint bastion des mâles qu'était le stade de foot. Rare espace de résistance : le magasin de bricolage. De ce point de vue, Leroy-Merlin faisait, jusqu'à une époque assez récente, figure de sanctuaire pour les amateurs de perceuses et de scies sauteuses, cette espèce pérenne qui pratique de préférence sa passion le samedi matin, assurée qu'elle est de ne pas être enquiquinée par l'armée des épouses. Jusqu'au jour où l'entreprise a pris conscience qu'en excluant implicitement les femmes, elle se privait tout simplement d'un segment de consommateurs équivalent à plus de la moitié de la population. De fait, les femmes s'intéressent de plus en plus au bricolage, ou plutôt à ce qu'elles appellent la « décoration ». Pour elles, au contraire des hommes, c'est le résultat qui compte, plutôt que l'activité en elle-même envisagée comme un passe-temps libérateur et pour ainsi dire thérapeutique.
On a donc cherché à recadrer la perception de Leroy-Merlin par les femmes. Défi exigeant et difficile : il fallait déplacer les priorités, oublier l'accent mis sur les outils et les matériaux, et accorder plus d'importance au résultat final, c'est-à-dire l'amélioration et la personnalisation du décor domestique. C'est ainsi qu'est née la série de programmes courts, tournée en forme de mini-documentaires, et intitulée « Du côté de chez vous ». On y a vu des personnages excentriques décrivant leur intérieur et racontant comment ils y avaient mis leur touche personnelle. Certaines de ces créations sortaient franchement de l'ordinaire – une villa qui pivote à 360 degrés, un château d'eau transformé en habitation, une maison en forme de cube rouge en plein milieu d'un champ... On a découvert des réalisations résolument loufoques, mais surtout des personnalités dégageant un charme indéniable et parlant de leurs travaux d'Hercule comme si c'était la chose la plus naturelle du monde. Environ trois cents films ont été produits sur une période de quatre ans. Le rendez-vous avait lieu chaque samedi, en « prime time », sur une chaîne grand public. Et l'objectif a été atteint : montrer que Leroy-Merlin existe pour vous aider à créer vous-même la maison de vos rêves.

Afin que les rêves deviennent des réalités, Leroy-Merlin a également lancé **Maisons en vie**, premier magazine sponsorisé en France. Il s'agit d'un chaînon manquant entre le magazine de décoration de luxe comme **Elle Déco** ou **Côté Sud**, et les journaux spécialisés dans le bricolage. Le sommaire présente d'abord des réalisations où s'expriment les utopies les plus folles, puis les techniques et conseils pratiques grâce auxquels tout un chacun peut créer quelque chose qui échappe décidément à l'ordinaire. Grâce à ces initiatives, Leroy-Merlin est devenu la chaîne de magasins la mieux ancrée dans un secteur, celui de la décoration intérieure, qui connaît une croissance exponentielle.

Créer le raccourci qui personnifie une marque

Un raccourci, c'est une idée qui résume les valeurs et les bénéfices d'une marque, de façon la plus courte et directe possible. Pour créer un bon raccourci, il faut avant tout viser la simplicité. Par exemple, aux Pays-Bas, Scoot, moteur de recherche sur Internet, a bâti son lancement sur un concept on ne peut plus démonstratif : « The Find Engine » – le moteur qui trouve (plutôt que celui qui cherche). Non seulement le positionnement était original, mais la signature touchait à l'angoisse majeure des internautes saturés d'information. Trouver, et non plus chercher : une véritable rédemption !

Un simple logo peut aussi constituer le meilleur des raccourcis. Les initiales TGV, pour train à grande vitesse, représentent à l'origine une vision d'ingénieur. Elles décrivent d'une façon extrêmement littérale et basique la raison d'être du nouveau train – la vitesse. De là, le TGV a symbolisé la prouesse technologique. Aujourd'hui, il est tout autant synonyme de fluidité et d'un service qui satisfait les plus hautes exigences des consommateurs. On en oublie le sens originel des initiales. « Tégévé » est désormais un véritable nom commun, qui fait définitivement partie de notre environnement.

Autre exemple :®evolution est le logo d'un cabinet de consultants d'Afrique du Sud. Pour une entreprise de ce genre, la création graphique de son propre nom se doit d'être une démonstration de savoir-faire. Or, quoi de mieux que d'incorporer graphiquement le symbole ®, sésame le plus imparable de la profession ?

Un logo ne tient pas que dans sa forme. Parfois, il sert même d'outil stratégique pour le management. L'idée reçue, dans ce domaine, consiste à créer un logo puis de le décliner sous toutes ses formes en l'apposant aussi vite que possible sur toutes sortes de supports. Et si, de façon différente, on considérait qu'un logo est quelque chose qui se gagne et se mérite ? C'est ce qu'a pensé la SNCF en région parisienne lorsqu'elle a cherché à améliorer ses services et, donc, la qualité de la vie pour les usagers. Le nouveau logo Transilien est apparu peu à peu dans différentes gares, au fur et à mesure de leur rénovation. Seules les gares remises aux nouvelles normes ainsi que les trains et les rames de nouvelle génération recevaient le label Transilien. Le logo est devenu une sorte de médaille récompensant des efforts tangibles et perceptibles par tous les usagers. Un label en quelque sorte.

Il ne faut pas non plus sous-estimer l'importance d'une idée astucieuse en matière d'emballage, une idée capable de faire la différence sur des mar-

chés où se bousculent les produits. Mobicarte, lors de son lancement, était le troisième service français d'abonnement prépayé en téléphonie mobile. Normalement, dans le secteur des nouvelles technologies, un tel retard sur la concurrence constitue une sentence de mort à court terme. Et pourtant, avec une offre produit comparable aux autres, Mobicarte est devenu le leader sur ce secteur. Il lui a suffi, pour y parvenir, d'une idée disruptive en matière d'emballage. Les cartes d'abonnement prépayé s'adressent essentiellement aux jeunes, qui ajustent leur consommation téléphonique aux fluctuations de leurs revenus. Et alors que les services concurrents se présentaient de la même manière que les produits classiques de téléphonie mobile, à savoir des boîtes cartonnées accompagnées de notices explicatives, Mobicarte a choisi une présentation particulièrement iconoclaste : celle d'une boîte de conserve. L'image était neuve, séduisante et pertinente. Elle a imposé la personnalité d'une marque promettant l'indépendance à ses acheteurs. Au Brésil, une marque de téléphone mobile a récemment proposé des étuis de téléphone aux couleurs des équipes de football. Vous pouvez avoir un téléphone Botafogo ou Fluminense. Vous imaginez le succès...

Introduire la Disruption dans un des métiers de la communication où elle est le moins attendue, c'est une autre façon d'initier un dialogue entre une marque et son public. Dialogue qui, à son tour, crée une « communauté de marque », une expérience enrichissante, dans tous les sens du terme, pour la marque comme pour les consommateurs. Il y aurait beaucoup d'autres exemples à citer. Tous montrent que l'on peut faire feu de tous bois en matière de communication disruptive, à condition que l'idée reflète honnêtement les valeurs de la marque. Dans un cas, c'est une idée de packaging, la boîte de conserve, qui propulse Mobicarte en tête du marché des services de téléphonie mobile prépayés. Dans un autre, c'est une campagne institutionnelle de longue haleine qui redonne à une compagnie de chemins de fer, la SNCF, une vraie dynamique commerciale. Ailleurs encore, c'est une méthode de distribution, sur un secteur très encombré, qui permet à une marque de confiserie, Dubble Chocolate, de créer une communauté de représentants d'un nouveau genre : le « Dubble Agent »... Ainsi on peut dire que penser en rupture, remettre en cause les façons de travailler habituelles, ce qu'on appelle trop souvent les acquis est productif, quelle que soit la discipline considérée. Et par conséquence, quelle que soit la technique employée.

La Disruption peut, et doit, naître partout.

ABSOLUT DISRUPTION

Absolut a toujours supposé que ses consommateurs avaient bon goût, étaient sophistiqués (mais pas snob) et avaient un grand sens de l'humour. Juste comme Absolut.

Ces personnes sont aussi sociables. Elles sortent beaucoup, vont au cinéma, dans des clubs, restaurants, spectacles, musées, galeries, concerts, événements sportifs et autres. Elles le font probablement avec leurs amis et leurs amants, leurs épouses et leurs sœurs, leurs « ex » et leurs « futurs ».

Quand Absolut a choisi Andy Warhol pour peindre sa version d'une bouteille Absolut, qui par la suite devint sa campagne publicitaire la plus célèbre, c'était admettre que la marque avait déjà une touche artistique due au design de la bouteille. Un grand nombre de consommateurs sont amateurs d'art, et les artistes sont intéressés par les marques qui vont au-delà de la seule consommation du produit. Il est plus juste de dire qu'avant « Absolut Warhol », les artistes étaient utilisés pour la publicité mais pas glorifiés par elle. Ils étaient des joueurs d'arrière plan, simplement du fait que les marques ne savaient pas respecter leur statut.

Occasionnellement, des sociétés comme IBM ou United Technologies ont voulu financer des expositions dans des musées pour montrer leur bon goût ou leur engagement envers la communauté artistique. Typiquement, les artistes concernés étaient morts et célèbres depuis au moins deux cents ans et n'ont donc clairement pas tiré bénéfice de ces événements.

Mais Absolut a vu une équation différente :

Les gens pensent que les artistes sont branchés.

Les artistes pensent qu'Absolut est branché.

Donc, les gens pourraient penser qu'Absolut est branché...

Warhol a introduit la communauté artistique dans la marque. Rapidement, Keith Haring, Kenny Scharf, Ed Ruscha et une douzaine d'autres artistes établis ou « montants » sont devenus des amis d'Absolut. Et chaque peinture, sculpture, dessin a été marqué par une bouteille Absolut bien en évidence.

Il faut reconnaître, tout de même, que chaque buveur de vodka n'est pas forcément un passionné d'art. Et ce n'est peut-être pas une si mauvaise chose pour l'art !

Donc, la question se pose : dans quels autres endroits devez-vous aller pour attraper les gens branchés ?

Absolut a choisi la mode, qui à bien des égards est plus traditionnelle et sans prétention intellectuelle. Visiblement, tout le monde porte des vêtements, et beaucoup d'entre nous savons qui sont les créateurs, même si nous n'achetons pas leurs labels.

Bien évidemment, les créateurs ont été enthousiastes. (Les artistes avaient ouvert leurs portes pour la même raison.) Et ils ont accepté de mettre une bouteille d'Absolut vodka sur une robe, sur des bottes ou des maillots de bain, pour que ce soit simplement un challenge créatif. Bientôt, Versace, Galliano et Gucci seront pressés de faire la même chose – et non pas pour l'argent, mais pour partager le devant de la scène avec Absolut.

La mode offre aussi une réelle opportunité de marquer nos consommateurs. Par exemple, quand DKNY a été recrutée pour dessiner les gants de Noël Absolut, la marque en a distribué 500 000 paires directement aux lecteurs du magazine **New York**, en les plaçant à l'intérieur de celui-ci.

Nous sommes face à un défi différent quand nous décidons d'approcher les écrivains. Les écrivains sont les « artistes des mots ». Le problème est alors visuel : comment mettre en scène la bouteille d'Absolut ?

La solution : inventer une histoire dans laquelle une bouteille Absolut, un cocktail ou une image qui ressemble à une bouteille Absolut joue un rôle. Nous invitons des romanciers connus du grand public, mais pas surexposés, à écrire ces histoires. L'agence illustre ensuite chaque histoire sur mesure, en s'inspirant des thèmes principaux ou des grandes lignes de ces textes.

Il n'est pas surprenant de voir apparaître la bouteille dans chacune des histoires de façon bien différentes : l'un pourrait vider la bouteille, l'autre mettre des fleurs dans celle-ci ou un troisième s'amuserait à la renverser. Mais nous espérons que les écrivains soient plus créatifs que ça et c'est exactement pourquoi nous avons choisi en premier lieu des auteurs tels que Dominick Dune, Mary McGarry Morris, Doug Coupland, Sebastian Junger ou Tracy Chevalier.

Qu'est ce que tout cela veut dire réellement ?

Absolut communique avec les consommateurs bien au-delà de leur expérience de la consommation d'un cocktail. La marque occupe un espace dans leur esprit quand ils vont au musée ou dans une galerie. Quand ils écoutent de la musique. Quand ils lisent un livre. Quand ils s'habillent... Ou quand ils apprécient, participent, admirent, rejettent, critiquent, rient, pleurent, intellectualisent ou embrassent ce qui est désormais la plus importante des industries américaines : le divertissement et la culture.

ABSOLUT WARHOL.

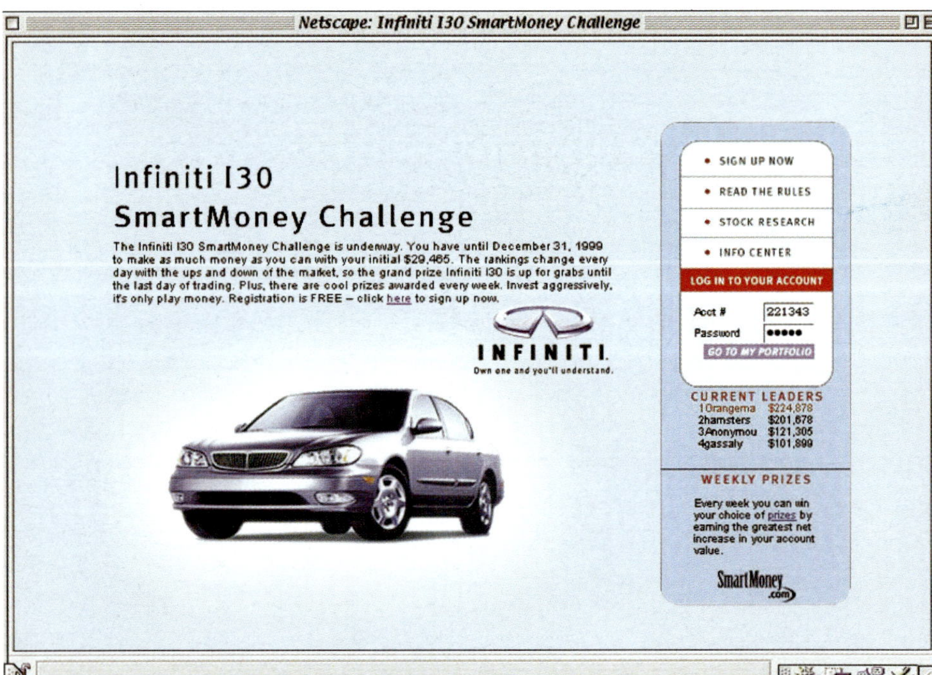
Netscape: Infiniti I30 SmartMoney Challenge
Infiniti I30
SmartMoney Challenge
The Infiniti I30 SmartMoney Challenge is underway. You have until December 31, 1999 to make as much money as you can with your initial $29,465. The rankings change every day with the ups and down of the market, so the grand prize Infiniti I30 is up for grabs until the last day of trading. Plus, there are cool prizes awarded every week. Invest aggressively, it's only play money. Registration is FREE – click here to sign up now.
INFINITI.
Own one and you'll understand.
• SIGN UP NOW
• READ THE RULES
• STOCK RESEARCH
• INFO CENTER
LOG IN TO YOUR ACCOUNT
Acct # 221343
Password
GO TO MY PORTFOLIO
CURRENT LEADERS
1Orangema $224,878
2hamsters $201,678
3Anonymou $121,305
4gassaly $101,899
WEEKLY PRIZES
Every week you can win your choice of prizes by earning the greatest net increase in your account value.
SmartMoney.com

11. DISRUPTION, INTERRUPTION, PERMISSION

Comment parler de disruption sans évoquer le « permission marketing », cette autre discipline au nom qui ressemble fort à un barbarisme ? Laurie Coots, notre directrice marketing monde, explique que la Disruption ne saurait être synonyme d'interruption. Elle est, bien au contraire, un processus inscrit dans la durée, seule condition pour accoucher d'idées fortes. En complément, Heather Albrecht, notre collaboratrice australienne, expose comment l'interactivité amenée par les nouveaux médias constitue un processus éminemment disruptif.

Vie et mort d'une convention

Avec le numérique, les gens regardent ce qu'ils veulent et quand ils le veulent. Plus question de faire irruption pour les déranger comme on le faisait dans le passé.

Il est plus facile de s'excuser après coup que de demander la permission avant (« It is easier to apologize than to ask for permission »). Ce vieil adage américain a longtemps été l'une des ficelles de la publicité. Le défi, pour les professionnels du marketing et les agences, consistait à rendre les interruptions – spots à la télévision, affiches, pages dans les journaux, mailings – suffisamment pertinentes et agréables pour que les consommateurs ne les prennent pas en grippe, et, mieux, qu'ils anticipent avec plaisir le moment de la prochaine pause publicitaire.

C'était l'époque où, dans tous les pays du monde, les ondes appartenaient à quelques grands réseaux de télévision, et où le satellite individuel, le câble à haut débit et l'accès informatique on-line ne concernaient encore qu'une infime partie de la population. Dix ans plus tard, la plupart des professionnels du marketing restent pourtant enfermés dans cette formule datée.

Chasseurs et cultivateurs

La convention suprême, dans le vieux scénario, se fondait sur l'hypothèse d'une croissance sans fin où le jeu consistait à obtenir une plus grosse part du marché. C'est un comportement typique de chasseur. Mais il existe une autre manière d'envisager les choses : considérer plutôt la valeur qu'une marque peut acquérir et exploiter tout au long de la vie ses clients. Ça, c'est une attitude de cultivateur.

Certes, on voit fleurir, dans le jargon politiquement correct des têtes pensantes du marketing, des expressions comme « lifetime customer value » (valeur estimée sur la durée de vie d'un client). Mais, depuis un an, les choses deviennent plus sérieuses. Le ralentissement de l'économie démontre les limites du jeu de la croissance infinie.

Le marketing s'est désespérément mis en demeure de briser le cercle vicieux de la croissance à tout prix. Il est demandeur de visions alternatives – des visions où la connaissance intime du consommateur permet de diversifier l'offre.

Malgré ces bonnes intentions, très peu de professionnels sont actuellement en mesure d'identifier individuellement leur clientèle. Nos meilleurs outils de mesure paraissent préhistoriques. Quand Jean-Marie Dru a écrit son premier livre, **Disruption**, Netscape venait de faire une entrée triomphale en Bourse, des milliards de dollars affluaient et les experts prophétisaient un nouvel âge au cours duquel l'Internet supplanterait tous les autres canaux de communication et de transaction. La prédiction clé du livre reste valable aujourd'hui : « Les hypothèses volent et les interprétations abondent, mais il y a une certitude : nous allons tous devenir des experts en conversation continue. »

Du dialogue à la permission

Aujourd'hui, les cadres marketing adorent pontifier sur le fait qu'ils entretiennent un « dialogue » avec leurs clients. En fait, le concept est si répandu et bien digéré qu'on le considère comme une vérité du marketing. Mais très peu de professionnels le font réellement. Pourquoi ?

- Ce n'est pas aussi facile que nous le pensions, il faut une grosse capacité d'écoute et de réaction instantanée.
- Le procédé peut revenir très cher, selon l'importance de la marque ou du groupe.
- Il demande un investissement continu plutôt qu'une série de « coups » séparés.
- Plus important : il implique un transfert fondamental du pouvoir, de la marque à ses clients.

Il a fallu attendre encore quelques années avant que Seth Godin, en 1999, ne nous donne un vocabulaire pour ce nouveau paradigme, dans son livre Permission Marketing.[1] Godin dessine clairement les règles du « permission marketing », sans oublier les nouvelles responsabilités et les codes éthiques qu'entreprises et marques doivent observer pour réussir.

- La permission n'est pas transférable.
- La permission est une attitude égoïste.
- La permission est un processus, pas un instantané.
- La permission peut être annulée à tout moment.

Afin d'apprécier le calibre de la Disruption, on peut comparer ces règles avec les conventions du marketing « interruptif » traditionnel.

Si la permission n'est pas transférable, qu'est-ce que cela implique pour toutes nos pratiques bâties sur les techniques de la prise de décision et des modèles prévisionnels, pratiques destinées à obtenir pour nos clients un accroissement des achats, des achats croisés ou plus haut de gamme ? Pour répondre à la question il faut, en fait, poser deux nouveaux impératifs. Le premier : les professionnels doivent opérer à un niveau d'intégrité plus grand que ce qui existait jusqu'ici. Le second : l'élasticité et le succès d'une marque sont directement corrélés à sa capacité d'obtenir dans la durée la permission répétée d'entrer dans la vie de ses consommateurs.

Si la permission est un processus inscrit dans la durée et non un instantané, quel impact cela a-t-il sur la manière de mesurer son succès ? Les professionnels vont devoir développer un système de feed-back en boucle, en continu et en temps réel, au lieu de faire des projections à partir d'instantanés fixes du marché.

Un processus, non pas un instantané

Et, finalement, si la permission peut être annulée à tout moment, qu'en est-il de la cohérence entre la communication d'une entreprise et ses actes ? Il va falloir traiter les deux comme parties d'un seul système. À ce niveau d'interconnexion, le moindre dérapage, la moindre panne, n'est pas sans conséquence. Cela veut dire aussi qu'un échec, aboutissant à la résiliation de la permission de la part du client, ne fait pas seulement régresser la compagnie vers le point zéro, mais menace de l'entraîner au-dessous de zéro, situation dont il est très difficile de se remettre.

En résumé, si l'une des qualités d'une disruption authentique est le degré de réinvention qu'elle impose au sein d'un secteur, d'une discipline ou d'un marché, alors le « permission marketing » est un parfait exemple de disruption. Vue l'ampleur du bouleversement en cause, il importe d'avoir bien conscience qu'il s'agit d'un profond changement d'atmosphère, et non d'une simple perturbation météo.

Enfin, bien que la mode du « permission marketing » ait décollé grâce aux promesses d'Internet et à sa capacité d'opérer à toutes les échelles, il faut se garder de réserver son usage à la seule sphère de la communication électronique. Au contraire, on peut utiliser sa force dans l'ensemble du paysage marketing.

La permission entrecroise les canaux

Les principes du « permission marketing » ne se limitent pas aux opportunités ouvertes sur le Net, ils peuvent s'appliquer d'une manière encore plus large au monde « multi-canaux » d'aujourd'hui. L'important, c'est que tous les aspects relationnels de la marque restent en phase et cohérents d'un canal à l'autre – des communications aux transactions et, au final, à l'expérience créée par le produit ou le service chez le consommateur.

Une entreprise qui fait l'effort d'impliquer ses clients les plus précieux dans un dialogue à long terme a beaucoup à gagner. Le client va voir sa valeur croître pour la marque, jusqu'à en devenir un des porte-parole et un participant actif dans ses évolutions futures.

En conséquence, la marque doit constamment, non seulement demander, mais savoir gagner des permissions. En échange, elle doit tenir ses promesses, sur chaque canal, en toutes circonstances.

Saturn, division de General Motors, est souvent considérée comme une référence modèle pour les nouvelles marques. La marque a parfaitement intégré la logique du basculement du pouvoir, de l'entreprise vers le client. Le marketing de la marque repose sur une méthode qui donne plus de maîtrise à l'acheteur, tout en éliminant les situations désagréables et les bras de fer avec le revendeur, tout ce que déteste un acheteur de voiture normalement constitué. En jouant sur la permission, Saturn crée un autre type de rapports. Les conducteurs d'une Saturn, quand on leur demande quel est leur rapport avec la marque, répondent souvent qu'ils ont l'impression de faire partie de la famille. Ils estiment que leur revendeur travaille dans leur intérêt en assurant seulement la sécurité et le bon fonctionnement du véhicule. Ils n'ont pas l'impression de s'être délestés d'une part de leur libre arbitre en faveur du revendeur. Bref, il existe un niveau élevé de confiance entre les deux parties. Ce qui représente un virage à 180 degrés par rapport à l'image habituelle du revendeur automobile. Dans la plupart des sondages, c'est un des métiers qui inspire le moins de confiance. Un revendeur, pense-t-on, ne travaille que pour son propre intérêt.

Mais que se passe-t-il quand on ne peut pas refondre et réinventer toute une marque, comme GM l'a fait avec Saturn ? Un vieux singe peut-il apprendre de nouvelles grimaces ? Et si votre produit possède un cycle de vente qui n'entraîne que des contacts sporadiques ? Peut-on impliquer le consommateur d'une manière significative en dehors de l'achat ? Nous pensons que c'est possible. Exemple avec l'un de nos clients, Infiniti Motor Corporation.

Infiniti, filiale de Nissan Amérique du Nord, est un fabricant de voitures de luxe, dont les principaux concurrents sont Mercedes, BMW et Lexus. En 1999, Infiniti s'apprête à lancer son nouveau modèle, la I30. Déjà, le marché est littéralement saturé par le choix de modèles différents qu'offre chaque constructeur. Les dépenses publicitaires, pour ce secteur, dépassent les 600 millions de dollars rien qu'aux États-Unis. Pour Infiniti, il semble urgent de prospecter de nouveaux clients tout en resserrant les liens avec la clientèle existante.

Les conventions du marketing suggèrent que l'acheteur d'une voiture n'est pas intéressé par une relation suivie avec la marque, sauf pendant les trois mois où il s'occupe justement de choisir sa nouvelle voiture. D'où une stratégie de marketing qui interrompt les clients potentiels avec des messages,

assénés régulièrement, de sorte à faire leur conquête au moment où ils entrent dans la période d'interaction, ce qui correspond aux trois mois précédant l'achat. En ce qui nous concerne, nous avons retenu ce même laps de temps, mais d'une façon différente de la concurrence : nous allions demander une nouvelle permission. Elle s'appuie sur une campagne synchronisée dans la télévision, la presse et le mailing, et dont la signature est : « Infiniti. All the best thinking » (Infiniti. Tout est pensé pour le mieux). Notre demande de permission a bousculé les conventions : pour une fois, elle a engagé une relation avec des amateurs de voitures de luxe, indépendamment du fait qu'ils soient ou non en train d'envisager un achat.
Comment ? Nous avons imaginé un dispositif, en collaboration avec le magazine **Smart Money**, en forme de jeu, I30 Challenge. Il simule la gestion en ligne d'un portefeuille boursier. La règle : chaque joueur enregistré reçoit la somme de 29 465 dollars (le prix d'une Infiniti I30). Il s'agit d'investir et de gérer le portefeuille acquis pendant trois mois. Le joueur qui obtient le portefeuille le mieux doté à la fin du jeu gagne une Infiniti I30. Résultat : un environnement dans lequel les joueurs sont engagés dans un rapport avec la marque Infiniti. Pendant le cours du jeu, ils donnent au constructeur de plus en plus d'informations personnelles. Ils franchissent des niveaux sur l'échelle de la permission, d'inconnu à ami, d'ami à client potentiel.
Plus de 60 000 joueurs ont visité le site, près de 20 000 se sont enregistrés dès la première semaine et ont joué tout au long des trois mois. À l'inscription, ils ont répondu à une série initiale de vingt questions concernant des données statistiques de base ou leurs comportements lors d'un achat automobile. Pendant le déroulement du jeu, des questions supplémentaires ont été posées. À la fin, l'analyse des comportements du joueur pendant la partie nous aida à comprendre beaucoup plus finement un groupe de consommateurs exclusifs.
Le jeu a attiré plus de consommateurs à hauts revenus que toutes les précédentes campagnes de contact direct. Plus de 62 % des joueurs se situaient dans les tranches supérieures. Par ailleurs, le jeu a rassemblé un maximum de nouveaux venus : 74 % des joueurs enregistrés ne figuraient pas sur les listes d'Infiniti. Un résultat que n'avaient jamais pu obtenir les mailings traditionnels. Sur l'ensemble des joueurs enregistrés, 76 % étaient de futurs acheteurs de voitures de luxe et avaient une préférence pour les modèles importés plutôt que les marques américaines. Plus encore : chaque visite sur le site du jeu dura en moyenne 10,7 minutes, tandis que le temps passé par un joueur individuel pendant les trois mois totalisait 494 minutes. Ce qui plaça le site à même hauteur que les pages

web les plus visitées dans les domaines de l'information et du divertissement. En moyenne, chaque joueur s'est connecté 49 fois pendant les trois mois. À chaque fois, il a partagé un moment fort avec Infiniti.
Lancement réussi : les ventes ont dépassé les objectifs de plus de 50 %. Cette stratégie d'implication a stimulé la pénétration d'Infiniti vers de nouvelles cibles et obtenu, auprès d'elles, la permission de présenter à l'avenir ses modèles et services.

L'œuf ou la poule, la permission ou l'e-mail ?

Toute discussion sur le « permission marketing » tourne à la frénésie quand on aborde le sujet de l'e-mailing. Peu importe qu'on en maîtrise tous les principes, chacun semble vouloir très vite embarquer dans ce wagon joyeux qu'est l'e-mailing.
À cela, deux raisons.

5 $ pour mille envois

D'abord, on n'argumente pas contre les chiffres. Considérez les suivants : selon Forrester Research, un programme de mailing destiné à l'interne d'une entreprise coûte 761 dollars pour mille envois. Par e-mailing, pour le même nombre, le prix est de 5 dollars. Pour un mailing classique, un taux de réponse de 2 % est considéré comme excellent, alors que, dans certaines campagnes d'e-mailing, il tourne autour de 10 %. Ceux qui ne sont pas emballés par le « permission marketing » doivent tirer la leçon du simple retour sur investissement. Une campagne d'e-mailing, même la plus pauvre et la plus bâclée, est forcément rentable.
Cela dit, des recherches récentes indiquent que le balancier pourrait bien basculer dans l'autre sens. Les internautes n'en sont plus à l'excitation initiale, quand la phrase « Vous avez du courrier » faisait battre le cœur en clignotant sur l'écran. Aujourd'hui, le plus souvent, elle est synonyme d'heures à passer pour trier une montagne de déchets. D'après eMarketer, 22 % des mails envoyés et reçus actuellement sont dûs au marketing, et seulement la moitié sont autorisés par une permission. En outre, environ la moitié de ces e-mails « permis » utilisent une autorisation simple et passive – les destinataires n'ont pas cliqué sur l'option de non-renouvellement inscrite à la fin des e-mails.

210 × 3 à 5 e-mails

Autre étude de Forrester Research : les internautes types, recevant en moyenne 210 e-mails par mois, sont aujourd'hui deux fois moins disposés à faire un achat suggéré par cette voie qu'ils ne l'étaient il y a tout juste un an. Multipliez le nombre total de 210 e-mails, pour l'internaute de base, par 3 ou par 5 lorsqu'il s'agit de professionnels du secteur, et une conclusion s'impose : les jours de la vente e-mail à la va-vite sont comptés.

Les marques qui réussissent le mieux en e-mailing sont celles qui n'essaient pas d'opérer la métamorphose du destinataire (du statut d'inconnu à celui de client) en une seule rencontre, mais qui bâtissent une relation au cours du temps. Un bon exemple : Amazon.com, qui offre à chaque visiteur des incitations astucieuses pour acheter d'autres livres des mêmes auteurs ou dans le même domaine. L'expérience est comparable à celle qu'on aurait en faisant faire ses courses par un spécialiste ou par un ami très attentionné – quelqu'un qui a remarqué que votre auteur favori vient de publier un nouveau livre et propose d'aller vous l'acheter.

Autre exemple, une marque qui vous aide à développer vos compétences personnelles. Quicken, un éditeur de logiciels de finances personnalisées, envoie des formations par e-mail à ses utilisateurs inscrits, avec des tuyaux intéressants et actualisés, notamment au moment des déclarations d'impôts.

Amazon et Quicken ont bâti leur business à partir des retours de leurs clients. Non seulement les deux entreprises comptent parmi les croyants du « permission marketing », mais surtout ce sont de vrais pratiquants.

Une chose est sûre : à l'avenir, le marketing le plus malin saura gérer ce dialogue permanent avec les consommateurs. Il comprendra comment l'e-mail s'insère dans une stratégie globale multi-canaux, et il l'utilisera comme un incitateur à la fidélité, fonctionnant sur le long terme et pour un coût raisonnable, plutôt que comme instrument de vente par correspondance au rabais.

Ma télé, mes préférences et moi

Au cours des cinq années écoulées, on a beaucoup discuté de l'approche « narrowcast ». Réseaux câblés avec accès individuels et télévisions interactives pointent à l'horizon, c'est certainement important, mais pour l'instant, rien n'arrive à la cheville de TiVo.

Pour ceux qui ne connaissent pas, TiVo est un enregistreur vidéo numérique personnel, qui, avec le temps, apprend vos préférences en matière de programmes télé, les enregistre pour vous à toute heure du jour ou de la nuit, et les diffuse à votre convenance, comme si vous étiez le patron de votre chaîne câblée personnelle. Avantage principal : quel que soit le moment, il y a toujours quelque chose à voir à la télévision. Vous avez aimé le premier épisode d'une série ? Vous aurez les suivants. Vous êtes blasé d'un sitcom qui dure depuis quatre ans ? Annulez-le immédiatement, d'une touche.

Nous sommes habitués depuis longtemps à régler des préférences sur les logiciels que nous utilisons. On peut voir TiVo comme une boîte de préférences pour le câble et le satellite. Aux États-Unis, au lieu de six cents chaînes et cinquante réseaux de téléachat, vous avez désormais les canaux que vous souhaitez voir, et ceux-là seulement, ainsi que des suggestions sur les programmes en fonction de vos goûts. Le logiciel s'améliore sans cesse, il tient compte de toutes vos réactions, affine ses modes de sélection et induit de nouvelles envies, chaque jour. Autrefois, vous jouiez de la télécommande pour surfer sur les chaînes, à présent vous l'utilisez pour le retour en arrière, le visionnage rapide et la pause. En comparaison, quand on se remet à regarder les chaînes classiques de la façon classique, l'expérience est insoutenable !

Le monde du marketing n'a pas compris d'emblée l'intérêt de TiVo – jusqu'au lancement récent d'une campagne de films pour BMW, développée par Fallon. Voici comment je l'ai moi-même vécue. D'ordinaire, j'utilise la marche avant accélérée pour zapper les pubs qui coupent les émissions. Mais avec la campagne BMW, une série de six films signés par des réalisateurs célèbres, chacun d'entre eux racontant une histoire de poursuite, et chacun mettant en scène un modèle particulier de la gamme BMW, berline, coupé ou 4 × 4, j'ai fait une exception. D'abord, j'ai téléchargé le premier film sur le web. Comme je trouvais la campagne bien ficelée, j'ai archivé les autres films, je les ai envoyés à mes amis. En fait, j'ai contribué à la stratégie virale souhaitée par BMW. J'ai apprécié l'expérience, en regrettant quand même que l'écran timbre-poste et le son de mon ordinateur ne permettent pas de me régaler de tous les détails.

Et puis, coup de baguette magique. Trois semaines après le début de la campagne, je peux voir via mon TiVo les versions complètes, en grand format, dans mon salon, et je suis ravie.

La Disruption ? En utilisant TiVo, BMW m'a demandé la permission de m'interrompre avec une question rapide : « êtes-vous intéressé par une diffusion de la version complète ? » J'ai donné à BMW la permission de figurer en bonne place dans mon choix de divertissements domestiques – comme un programme, et non comme une interruption de programme.

Le plus fort : tout cela s'est fait sur le média le plus rétif au marketing de permission, le plus accroché à la stratégie de l'interruption – la télévision. Vous avez dit Disruption ?

Disruption en ligne

On le sait, l'univers interactif est intrinsèquement disruptif. Dit autrement, c'est le phénomène le plus déstabilisant qui se soit produit dans la communication depuis... très longtemps.
Qu'on en juge ! En peu de temps, l'interactivité a bouleversé une majorité des règles du commerce et de la communication publicitaire. Elle permet de passer d'une approche « push » à une logique « pull », du rapport de masse au rapport direct, one-to-one, de l'intrusion à la permission.

Convention	Disruption
« Broadcast », grand public	« Narrowcast », public ciblé, « one-to-one »
« Push »	« Pull »
Votre temps	Leur temps
Standardisé	Sur demande, sur mesure
En différé	En temps réel, gratification instantanée
Sens unique	Double sens, interaction
Publicitaire vers consommateur	Consommateur à consommateur (« P-to-P »)
30 à 60 secondes	60 secondes ou plus

Plus que jamais, la communication passe désormais par l'« expérience ». Ce que nous désignons sous ce terme est cette portion d'espace ou ce moment partagé qui lie la marque et son consommateur. Au siècle dernier, cette expérience était brève et superficielle : elle se résumait à l'acte d'achat, une transaction de quelques secondes, ou bien à la vue d'un spot à la télévision, d'une affiche, d'une annonce ou d'un logo – contacts furtifs, jamais plus d'une minute. Aujourd'hui, l'« expérience », sur les réseaux interactifs, consiste pour le consommateur à passer en compagnie de la marque un temps beaucoup plus long, par la fréquentation d'un site web par exemple. Et cet échange direct, fluide, à double sens, bénéficie aux deux partenaires.
Le processus est simple. Il se déroule en spirale : la marque construit une « expérience » interactive à partir de ses propositions et de ses valeurs fondamentales off-line, le consommateur en reçoit un avantage unique et immédiat, qui à son tour intensifie et parfois modifie l'image de la marque on-line, ce qui exerce, par retour, un effet sur la marque off-line.
Dans l'approche conventionnelle, on essaye de trouver la bonne façon de « faire de la publicité sur Internet », en feignant de croire que la Toile et les autres réseaux numériques étaient des médias comme les autres, où il suffit juste de calibrer la taille des annonces, leur durée, leur format graphique ou sonore.
L'approche disruptive va plus loin. Elle consiste à identifier des « expériences de marque ». « Si vous me le dites, j'oublierai. Si vous me le montrez, je m'en souviendrai peut-être. Si vous m'impliquez, je comprendrai », disait Benjamin

Franklin. À travers les médias numériques, le consommateur s'implique. Raison de plus pour inventer des idées uniques, génératrices d'expérience.
Mais avant, il faut apprendre à détecter les zones où l'interactivité aura un sens – la création d'un service utile ou la continuité d'un dialogue dans lequel le consommateur est demandeur. Ces zones d'interactivité se répartissent le long de deux parcours, le parcours de vente et le parcours relationnel.
Le parcours de vente enchaîne les étapes suivantes, au cours desquelles le consommateur va passer du statut d'acheteur potentiel à celui d'acheteur et d'utilisateur :

Présence à l'esprit	Intérêt	Désir	Recherche	Essai, démonstration	Personna-lisation	Achat

Le parcours de la relation client, lui, commence à l'étape finale du parcours précédent – l'achat – et passe par les phases suivantes :

Livraison	Service après-vente	Accompa-gnement	Sphère des amis	Mise à jour	Achat périphérique	Achat renouvelé

Ces deux parcours, une fois adaptés au secteur d'activité et replacés dans le contexte d'une marque précise, permettent de repérer les moments, où, dans chaque cycle (ventes et relations avec les consommateurs), se nichent des occasions d'opérer une rupture.

Le parcours de vente

Présence à l'esprit	Intérêt	Désir	Recherche	Essai, démonstration	Personna-lisation	Achat

Quel que soit le parcours de vente, la première phase consiste d'abord à faire prendre conscience, puis à créer un intérêt, enfin un désir envers la marque et ce qu'elle a à offrir. Ce qu'ajoute la technologie interactive, c'est précisément la dimension de l'implication. Ainsi, Federal Express s'est complètement transformé en offrant à ses clients la possibilité de suivre le trajet, en ligne, de leurs envois. Dans ce cas précis, c'est le média lui-même qui constitue l'avantage nouveau, et son existence produit un effet ricochet en modifiant la perception que l'utilisateur a de la marque.
Traditionnellement, quand on cherche à associer une marque à une expérience, on lui suggère de sponsoriser un événement, un lieu ou une personnalité. Absolut a rompu avec cette convention (sponsoriser des musiques avant-garde ou des festivals de cinéma) en créant des espaces interactifs. Sur Absolut DJ, les visiteurs peuvent mixer leurs propres morceaux avec des « samples » fournis par des stars comme DJ Spooky. Sur Absolute Director, ils réalisent leurs propres vidéos en puisant dans une multitude d'extraits fournis par le site. Ces nouveaux espaces offrent à la marque une capacité réelle de déploiement, puisqu'elle entre en rapport avec des individus à travers une expérience créative. La Connection est désormais directe.

La bière Miller Lite utilise également une technologie interactive. L'esprit de Miller, c'est la camaraderie. Dans le passé, cette image était transmise de façon passive par des publicités montrant des amis en train de prendre du bon temps tout en buvant quelques bières. Miller Lite offre aujourd'hui des logiciels de courrier électronique qui permettent à ses clients de signaler à leurs amis lorsqu'ils se rendent à leur bistrot habituel. Ainsi, le pager Miller Lite a transposé la valeur de la marque, la camaraderie, en attitude familière.

L'étape suivante dans le parcours des ventes est celle de la recherche. L'intérêt du consommateur a été éveillé, à présent il va vouloir se renseigner sur le secteur concerné et sur l'offre spécifique de la marque. Il faut pouvoir lui répondre. Ce qu'a fait Procter & Gamble, par exemple, avec son site Physique.com, qui ne donne pas seulement des informations sur ses produits, mais offre aux utilisateurs des conseils pratiques pour soigner leur look.

Quel que soit le secteur, les consommateurs souhaitent une démonstration avant de se lancer dans un achat. Le web offre à cet égard toutes sortes de possibilités – du simulateur de conduite en ligne pour la Nissan 200 ZX à la commande d'échantillons gratuits pour la crème Nivea Age-Defying.
Dans l'approche conventionnelle, on reprend la vieille recette éprouvée des produits de grande consommation qui consiste à offrir une idée de recette ou un coupon de remise pour stimuler l'envie d'essayer. La marque Betty Crocker a opéré une disruption avec un service répondant à la question : « Qu'est-ce qu'on mange ce soir ? » Le site aide les consommateurs à planifier sur une semaine ses repas, puis imprime un agenda complet des menus comprenant chaque recette expliquée dans le détail et la liste des ingrédients nécessaires (où se trouvent des produits Betty Crocker, mais pas seulement). Ce faisant, la marque s'étend au-delà de la fabrication des produits pour entrer dans l'univers des services.

Le Net, on le sait, s'est mis à offrir des produits à la demande et sur mesure, et ce même pour une commande à l'unité : en d'autres mots, à faire du sur mesure de masse !
Exemples : Dell qui a semé une belle pagaille dans l'industrie du PC en axant toute sa promesse de marque sur la « customization » de ses produits informatiques, ou bien les poupées Barbie qui sont personnalisées, sur le site Barbie.com, avec des perruques différentes, des couleurs de peau ou d'yeux, et des accessoires variés. De son côté, General Mills a ouvert un site de céréales sur mesure : Mycereal.com.

Pour un dollar par portion, on peut choisir entre un million de combinaisons possibles et recevoir sa mixture personnelle dans les deux jours.

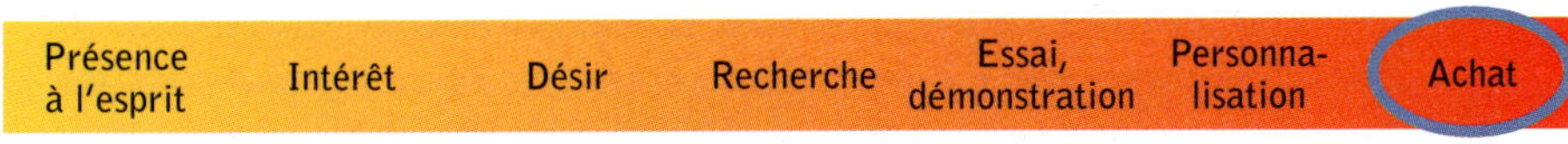

L'idée générale est d'amener la marque à rompre avec la notion, plutôt simpliste, que l'achat en ligne se limite à la seule transaction marchande. Ainsi, PetSmart, boutique en ligne pour les animaux de compagnie, gère un service du type « On s'occupe de tout » : la livraison régulière de croquettes, pâtées ou litières, à mesure que les petites bêtes consomment.

Le parcours de la relation client

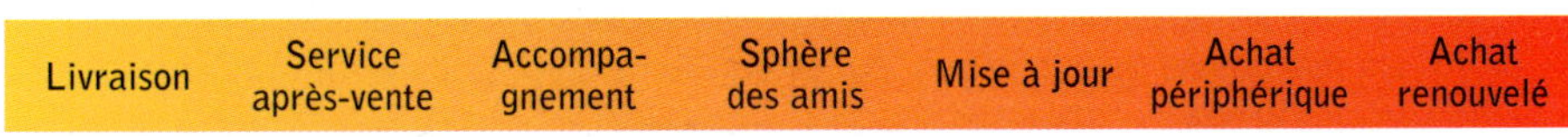

La valeur consommateur est à la fois la valeur créée pour l'utilisateur (par exemple lorsqu'on lui fournit des messages, des produits ou des services adaptés à ses besoins), mais c'est aussi une valeur créée par celui-ci, celle qui permettra une segmentation plus fine des clients les plus attractifs.

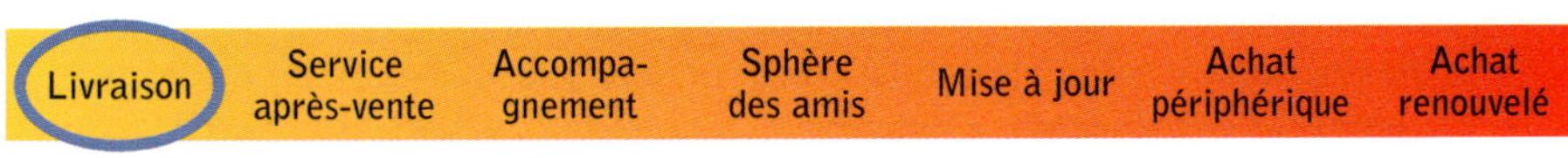

La Disruption bouscule ces conventions limitatives que sont « La musique se vend en CD », « Un livre possède une couverture » ou « L'éducation a lieu dans les salles de classe ».
Imaginons que vous sautiez dans un taxi pour rejoindre l'aéroport, et que vous receviez sur votre portable un SMS de Qantas vous prévenant que votre vol aura un retard de deux heures. Plutôt que de tuer le temps à l'aéroport, vous préférez passer un moment dans un café que vous aimez bien. Vous venez de bénéficier d'un service exemplaire dans les étapes du suivi et de la livraison du parcours de la relation client.

Kimberly Clark a classiquement associé sa marque Huggies avec des messages concernant les enfants. D'où son engagement, de longue date, auprès d'associations indépendantes d'information aux parents. Sur le web, la marque a créé Parentstages.com, boussole virtuelle qui aide les papas et mamans à naviguer sur l'océan d'informations disponibles en ligne. Bénéfice pour la marque ? Elle apparaît comme une autorité en la matière.

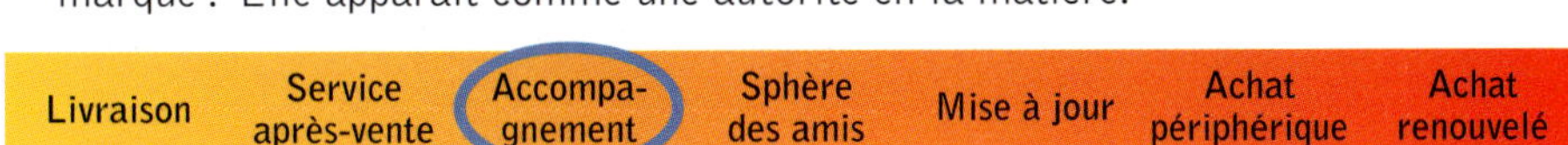

Traditionnellement, le seul instant où une marque entre en contact avec un acheteur après la vente, c'est quand quelque chose ne tourne pas rond, via le service après-vente. La Disruption, sur ce plan, consiste à poser la question : en quoi la marque peut-elle aider le consommateur à tirer plus de ce qu'il a acheté ? Plus d'efficacité, d'excitation, de valeur et, en définitive, plus de satisfaction. Dans cette optique, Sony a conçu Imagestation.com pour aider les utilisateurs à tirer le maximum de leur appareil photo ou de leur caméra vidéo numérique. Des manuels en ligne enseignent à monter les images, à créer une galerie photos ou à mettre, toujours en ligne, un nombre illimité d'images fixes ou mobiles.
Mais peut-on interagir de la même façon avec une marque de détergent ? Oui, comme le prouve Tide qui a créé le Tide Stain Detective. Ce détective de la tache prodigue des conseils, incorporant des produits Tide et d'autres. Il s'agit de parer à toute attaque de la crasse, salissure et dégâts en tout genre infligés aux tissus. La marque se pose ainsi en leader par son expertise dans l'élimination des taches.

Dans le passé, la publicité par bouche à oreille représentait un exercice hasardeux, pas sûr de marcher à tous les coups. Aujourd'hui, le marketing viral, rendu possible par les médias interactifs, est à la mode. S'il marche, c'est qu'il est créateur de disruptions. Il fait du bouche à oreille ou du « buzz » une affaire hautement stratégique. Exemple : le lancement viral de Sony PlayStation 2 en Australie sous forme d'un concours auquel participèrent des dizaines de milliers d'internautes.

Les trois dernières étapes consistent à utiliser le relationnel pour susciter de nouvelles ventes. C'est ici que les technologies numériques et interactives donnent leur pleine mesure parce qu'elles seules arrivent à tenir enfin la promesse des 3 B : le Bon message, à la Bonne personne, au Bon moment.
En fait, il s'agit rarement de révolutionner l'intégralité du parcours de vente, de la prise de conscience jusqu'à l'achat, voire au service après vente. Il suffit souvent de déterminer quelle étape est clé et offre à la rupture toute sa pertinence. Ensuite, le potentiel de l'outil interactif entre en action. La Disruption permet de déterminer ce moment crucial dans le parcours de la relation client et de savoir comment lui donner un nouveau jour.

12. RUPTURES, INNOVATION ET ACTE CRÉATIF

Valérie Hénaff, responsable du planning d'une de nos trois agences françaises, nous fait prendre de la hauteur. En collaboration avec notre ami et collaborateur, le Madrilène Ugo Ceria, elle rédige un bref essai sur les parallèles entre notre approche et la philosophie au sens classique du terme. Elle étudie les ruptures culturelles qui ont permis les grandes inventions et la création des œuvres d'art. Il ne faut voir là aucune prétention de notre part, juste le désir de s'inspirer du mode de pensée des plus grands.

« Je suis venu au monde très jeune dans un temps très vieux », plaisantait Erik Satie. Comme tous les créateurs qui ont marqué leur temps, le musicien se posait d'abord en génie de la provocation. Ceux dont l'histoire se souvient étaient, de leur temps, de grands perturbateurs. Des rebelles, sinon des révolutionnaires. Des individus en porte-à-faux. En rupture de ban.
Satie se sentait assez peu en phase avec l'esthétique étriquée et la morale compassée de son époque. Est-ce cette distance qui le poussait à composer ?
D'Erik Satie au rock 'n' roll, en passant par la musique répétitive et le punk-rock, avec ses miaulements suraigus et son cortège de distorsions sonores destinées à casser l'harmonie consensuelle, on serait tenté de dire que la musique n'est que Disruption.
Qu'est-ce qui fait la nouveauté d'une partition ou d'une composition musicale ? Qu'est-ce qu'une idée, une forme ou une icône neuve ? Comment rompre radicalement avec ce que l'œil ou l'esprit concevait jusqu'alors ? Peut-on, dans le champ culturel compris au sens le plus large, énoncer une règle valide et fiable qui permette de saisir le processus créatif et son objet comme une coupure radicale et nouvelle avec ce qui leur préexiste ?
Difficile d'énoncer les règles qui permettent à tout coup d'inventer ou de créer. La rupture demeure néanmoins une constante au cœur du processus de création. Une idée ou une forme nouvelle se reconnaît à ce qu'elle se pose en rupture par rapport à un corpus de conventions existantes et opère par rapport à celles-ci un changement de point de vue.
Si c'est vrai en publicité, c'est parce que c'est vrai ailleurs, qu'il s'agisse de science, d'art, de politique, bref de culture au sens où on l'entend comme l'ensemble des systèmes symboliques d'une société. La publicité, miroir de cette société, emprunte à celle-ci les modes de raisonnement qui lui permettent de faire émerger du nouveau. Une différence toutefois : dans tous ces domaines, le nouveau n'est pas une fin en soi, alors qu'il est le fonds de commerce de la publicité.

La Disruption n'est pas une invention

Si l'on s'intéresse à la manière dont naissent et se propagent les idées neuves, dont se fomentent les révolutions, dont s'opèrent les grandes découvertes scientifiques ou dont procède la pensée philosophique, on se rend à l'évidence que toute démarche intellectuelle qui crée de l'innovation, tout processus de pensée qui a su générer du neuf est disruptif. Toute idée neuve révolutionne le passé, bouscule les schémas établis, remet en cause les croyances, les modèles dans lesquels elles prennent corps. Toute création de neuf crée immédiatement du vieux.

Dès sa naissance, la philosophie occidentale se fonde sur le questionnement. En incitant les jeunes à penser par eux-mêmes, au lieu de se conformer aux opinions reçues, Socrate enfreint le dogme qui veut qu'on ne remette en question ni les traditions civiques ni les dieux qui en sont les garants. Cette transgression majeure lui coûtera la vie.

La philosophie s'est toujours pensée comme art, expérience, histoire de la question. Elle interroge les principes et les systèmes, elle est un questionnement des conventions qu'elle nomme présupposés. C'est en cela que la philosophie peut être qualifiée de disruptive.

Le doute cartésien est emblématique de cette démarche. Descartes a placé le doute au rang de méthode. Cette interrogation méthodique consiste à remettre en question l'ensemble de ce qui existe aux niveaux réel et conceptuel – et si deux et deux ne faisaient pas quatre ? – pour atteindre la seule vérité dont on ne puisse douter, à savoir le fait du doute lui-même et l'existence de son sujet. Husserl, dans ses **Méditations cartésiennes**, reprend cette démarche qu'il nomme « epoché », ou « mise entre parenthèse » du monde, et qu'il place à l'origine de la démarche phénoménologique.

Des stances mystiques d'un saint Jean de la Croix au questionnement existentiel des écrivains d'après-guerre, en passant par Montaigne et Montesquieu, Locke et Spinoza, Fourier, Proudhon ou Hegel, les penseurs à l'origine de nouvelles visions ont tous questionné les présupposés de leur époque. Alexandre Koyré semble confirmer que pour Hegel, l'idée d'une remise en cause des schémas de pensée traditionnels devenus inopérants est la condition préalable à la construction de nouvelles visions. « Pour Hegel, écrit-il, le but et la fonction de la philosophie est d'expliquer "ce qui est". Elle apparaît lorsque [...] s'écroulent et disparaissent les formes traditionnelles de la civilisation qui fondaient et formaient l'unité de la vie spirituelle d'un peuple [...] S'en débarrasser, les détruire et, repartant à nouveau, recréer et réformer le contenu de cette vie devient alors la tâche du philosophe. »[1]

La démarche disruptive, qui consiste à remettre en cause les conventions empêchant la pensée de progresser pour pouvoir imposer des visions neuves, est omniprésente. C'est même l'une des caractéristiques principales de la pensée humaine. Revues au prisme de la connaissance contemporaine, quelles sont les principales caractéristiques de cette démarche ?

La Disruption est une conséquence, pas un objectif en soi

La rupture est souvent la conséquence nécessaire à l'établissement d'une nouvelle vision, pas un objectif. Jean-Marie Dru l'énonce lui-même dans son livre **Disruption** : « Il faut d'abord partir de l'idée et vérifier ensuite si elle tient la route par rapport aux données. C'est le rôle du planneur de faire des hypothèses et de les confronter à sa connaissance du marché et des consommateurs. L'hypothèse éclaire d'un jour nouveau la situation, elle permet de découvrir peu à peu ce qu'on ne voyait pas. [...] Ce qui compte, ce n'est pas tant de remplir le schéma de Disruption avant, c'est d'être capable de le remplir après. »

Autrement dit, la Disruption doit être comprise moins comme une méthode d'investigation que comme une méthode de vérification. La Disruption est un formidable outil de mesure de la puissance de novation d'une idée. Nous allons voir pourquoi, dans l'univers particulier de la publicité, cette quête de l'idée en rupture est devenue aussi centrale.

La Disruption est une construction, pas une négation

Une mauvaise compréhension de la Disruption consiste à croire qu'il suffit de faire ou de proposer l'exact contraire de ce qui se fait, se dit ou se pense pour innover. C'est faux. Le contraire d'une idée n'est pas une idée disruptive.

En revanche, c'est dans la contradiction des idées que naissent les idées neuves.

Avec sa dialectique, Hegel nous éclaire sur ce point en élevant la contradiction au rang de méthode : pour lui, la contradiction est sans doute l'endroit où s'approfondit la vérité. Chaque chose, chaque idée contient intrinsèquement un principe opposé qu'il s'agit de révéler, et d'articuler à celle-ci pour produire une idée-autre. Ainsi, ce n'est ni dans le conservatisme, ni dans la simple négation de ce conservatisme, que réside l'idée neuve, mais dans la manière de transcender la confrontation des deux. La rupture est un moment : poser une chose et la nier pour créer une nouvelle chose.

Au cœur de la Disruption, il y a la vision, pas la rupture

On considère à tort la Disruption comme un mécanisme destructeur. Elle serait une manière de faire table rase du passé et de se donner l'illusion d'inventer le futur. Or, il n'y a pas de disruption majeure qui n'ait été portée par une vision. À l'origine des grandes révolutions de la pensée, on trouve davantage de grands visionnaires que de grands révolutionnaires. À l'inverse, les grands contestataires ne sont pas toujours des visionnaires. Il n'y a pas de rupture productive qui ne se soit provoquée sans raison. Même quand la vision se résume à une image, elle est porteuse de sens, d'une idée. La psychanalyse nous révèle ainsi que le rêve ne génère pas d'image sans raison. Ceci est aussi vrai en sciences. Rejeter un paradigme sans lui en substituer un autre, c'est rejeter la science elle-même. Le visionnaire est celui qui est le seul à voir ce que tout le monde regarde. Or, on représente souvent les idées révolutionnaires comme des éclairs fulgurants de pensée. C'est Newton recevant la pomme sur la tête ou le fameux « eurêka » d'Archimède dans son bain. Est-ce à dire qu'avant eux, personne n'avait vu tomber des pommes ou fait la planche dans son bain ?

La vision est au cœur de toutes les révolutions de la pensée : la science invente des idées qui sont autant de visions de notre monde. Pour Einstein : « Les concepts physiques sont des créations libres de l'esprit humain et ne sont pas, comme on pourrait le croire, uniquement déterminés par le monde extérieur. » Et le célèbre physicien de proposer une image : « Dans l'effort que nous faisons pour comprendre le monde, nous ressemblons quelque peu à l'homme qui essaie de comprendre le mécanisme d'une montre fermée. Il voit le cadran, les aiguilles en mouvement, il entend le tic-tac, mais il n'a aucun moyen d'ouvrir le boîtier. S'il est ingénieux, il pourra se former quelque image du mécanisme, qu'il rendra responsable de ce qu'il observe, mais il ne sera jamais sûr que son image soit la seule capable d'expliquer ses observations. Le chercheur croit certainement qu'à mesure que ses connaissances s'accroîtront, son image de la réalité deviendra de plus en plus simple et expliquera des domaines de plus en plus étendus de ses impressions sensibles. Il pourra aussi croire à l'existence d'une limite idéale de la connaissance que l'esprit humain peut atteindre. Il pourra appeler cette limite idéale la vérité objective. »[2]

Mais comment se forger une vision ?

Comment la vision vient-elle à l'esprit de son créateur ? Telle est la question à laquelle continuent de se heurter nombre de ceux qui étudient l'histoire des révolutions scientifiques, philosophiques, politiques ou artistiques. La poser revient à se demander comment on identifie une anomalie. Comment un individu invente-t-il, ou s'aperçoit-il qu'il a inventé, une nouvelle manière d'ordonner ou de regarder les choses ?

Un fait s'impose, qui est devenu un cliché : presque toujours les auteurs d'inventions fondamentales ou de nouveaux paradigmes étaient soit très jeunes, soit tout nouveaux venus dans la spécialité.

Première condition d'une pensée disruptive : cultiver sa propre curiosité et garder l'esprit en alerte sur autre chose que la réalité qui se donne à voir, pour être ainsi capable d'imaginer celle que l'on ne voit pas encore. Il ne faut jamais oublier que nous sommes tous victimes de nos propres conventions. Comme l'écrit Jean Baudrillard dans **La Pensée radicale** : « La réalité en général est trop évidente pour être vraie. » Elle est « une illusion [que] toute pensée doit chercher à démasquer ».[3] Pour prendre au piège la réalité, l'idée doit aller plus vite qu'elle.

Repérer l'anomalie ne se fait pas de manière naturelle. C'est une démarche qui s'apprend. Au cours d'une expérience de psychologie, Bruner et Postman ont démontré que, si parmi différentes cartes à jouer normales, on soumet aux sujets des cartes fausses comme un six de cœur noir ou un valet de trèfles rouge, les cartes anormales sont identifiées comme normales, sans perception de l'anomalie. Elles sont immédiatement intégrées à l'une des catégories conceptuelles fournies par l'expérience antérieure : le six de cœur noir est perçu comme un six de cœur ou comme un six de pique. C'est en augmentant le temps d'exposition aux cartes qu'on augmente l'hésitation, l'identification d'une anomalie facilitant ensuite celle des autres. Sauf pour certains sujets qui, au comble de la perplexité, ne parviennent plus à identifier aucune carte !

En fait, Newton ne voit pas la pomme tomber, il questionne la pomme qui tombe. Interroger, questionner, remettre en cause : telle est l'attitude proposée par la Disruption.

Il est à noter qu'il existe un domaine particulier, ou plutôt un moment, dans lequel nous nous trouvons naturellement dans cette attitude, c'est celui de la lecture d'un roman policier. À force, nous avons appris à nous méfier des fausses pistes qui brouillent le récit et retardent le dénouement. Les plus immédiates ou évidentes de ces pistes ne mènent bien sûr nulle part. La lecture de thrillers ou de polars s'avère ainsi un excellent exercice d'entraînement à la Disruption. Elle nous apprend à nous méfier des apparences.

Pour autant, ne confondons pas la défiance utile à l'égard des apparences de celle qui nous ferait douter de nos intuitions. L'intuition reste la base de la construction d'une vision. Ce qui caractérise les visionnaires, c'est qu'ils sont préparés à voir. Ils ont l'intuition de ce qu'ils vont découvrir. Les systèmes symboliques qui constituent notre culture sont imbriqués les uns dans les autres. Nous savons que la pensée scientifique influe sur la pensée philosophique, de même que la pensée philosophique a un effet sur les idées politiques ou sur les conceptions de l'art... Bien que disruptifs, les visionnaires se nourrissent des innovations de leur temps. Leur intuition se nourrit de ces différentes influences.

Savoir tout cela n'offre néanmoins aucune garantie : de fausses ou mauvaises disruptions, nous en faisons tous les jours.

Ne pas penser « en rupture »

Quels que soient les terrains culturels auxquels nous faisons référence, on vit bien, et même très bien, en dehors des grandes révolutions. La preuve, la science évolue et avance tous les jours. Pour autant, elle n'invente pas un nouveau paradigme chaque semaine. Plusieurs raisons à cela. La première tient à la résistance que rencontre tout nouveau paradigme : on ne change pas de cadre théorique comme ça. Thomas Kuhn nous le fait remarquer : « La science classique est surtout cumulative. Lorsqu'un nouveau paradigme apparaît, il ouvre un champ de découvertes tellement vaste qu'il va faire référence commune pendant des années. Il ne trouve sa fin qu'en trouvant sa limite, ce qui peut prendre des années, voire des décennies. La science normale n'est pas dirigée vers les nouveautés, elle tend d'abord à les supprimer mais elle se révèle efficace pour les amener à la lumière. »[4]

Un monde dans lequel on vit apparemment très bien sans Disruption, c'est celui de la communication. On peut le vérifier chaque jour : les écrans publicitaires sont truffés de messages qui reprennent, en les aménageant à peine, des poncifs éculés depuis longtemps. La publicité aime se répéter et refaire, pas toujours en mieux, ce qui a déjà été fait. De sorte qu'on est amené à penser que marketing et communication sont, eux aussi, surtout cumulatifs. À partir d'une invention, le marketing va se contenter de créer des « plus-produit ». À partir d'une idée neuve, la communication va se satisfaire d'être le mieux-disant, et cela peut durer !... Un exemple. En 1984, la convention voulait que « l'informatique, ça s'apprend ». Toutes les bonnes écoles, acceptant ce présupposé, enseignaient donc à leurs élèves les langages informatiques comme le Basic, le Fortran, le Cobol ou le MS Dos. Apple effectuera une inversion radicale de point de vue : « Arrêtons d'apprendre des langages inhumains. Désormais, c'est à la machine de se mettre au service de l'homme. Apple invente Macintosh. » Depuis ce jour, toutes les marques se sont engouffrées dans la même voie : elles promettent, aujourd'hui encore, toujours plus de simplicité, de convivialité et d'ergonomie. Depuis 1984 et cette campagne, il n'y a pas eu réellement de vision neuve en informatique.

Pourtant, ce qui apparaît comme normal dans certains espaces culturels est moins acceptable dans le domaine de la communication. C'est toute la différence entre celle-ci et les autres systèmes de production d'idées. Si la science est tendue vers la recherche du résultat, si la philosophie est motivée par la quête de sens ou de vérité, si l'art est le lieu où la pensée s'exprime de la manière la plus libre, le marketing et la communication sont soumis à la pression de la concurrence et tendent vers la recherche d'une efficacité commerciale maximale. En conséquence, dans ces univers où le renouvellement est la première condition de survie, proposer de la nouveauté est, plus qu'une contrainte, une raison d'être.

Pourquoi la Disruption est-elle si nécessaire dans nos métiers ?

Par sa nature compétitive et son fonctionnement dans l'urgence, la communication se présente comme un champ de bataille d'idées. Elle doit faire en permanence comme s'il fallait provoquer une révolution au sein de sa propre tradition de pensée.

D'un terrain culturel à l'autre, les moyens de diffusion d'une idée sont différents. Mais pour que cette idée émerge, il faut qu'elle rencontre son public et qu'elle le marque.

Si la communication a pour objectif de faire partager une idée, celle-ci doit être la plus forte possible. Elle le sera d'autant plus qu'elle s'opposera ou qu'elle s'appropriera la place de l'idée précédente. Tant que l'idée ancienne n'est pas détruite, on ne peut y placer la nouvelle.

Allons plus loin : l'idée seule permet à la communication de produire un événement à partir de quelque chose – un produit, un service – qui n'en est pas un. À certains moments, les paroles peuvent être plus fortes que certains actes, ce sont ces fameuses « paroles qui ébranlent le monde ». Socrate nous le rappelle : « De la perplexité naît l'intelligence. » Voilà le type d'effet que recherche la communication publicitaire : une provocation, non pas au sens où l'entend la morale, mais au sens où elle entraîne un changement d'attitude, de perception et de comportement. En cela la Disruption est une méthode destinée à augmenter les chances de produire des idées performantes. Elle est un accélérateur d'émergence.

Sept champs culturels

Peinture

L'art, au sens de production et reproduction de l'imaginaire, n'a jamais avancé que par grandes fractures. À la hache. Toute son histoire est un long déroulement de scissions successives, de cassures brutales. Avec Giotto, qui était aussi architecte et qui introduisit le volume et la profondeur de champ dans ses toiles, la peinture italienne renaissante s'inscrit contre l'imagerie sacrée, les aplats de l'art byzantin et des miniatures médiévales. Les œuvres de Piero della Francesca impressionnent par la vigueur des coloris mais aussi parce qu'elles posent de façon originale la question de la perspective. Avec cette révolution technique, le peintre crée la brèche, opère une rupture irréparable par rapport aux formes esthétiques antérieures. Apparue comme un artifice pour restituer la profondeur visuelle sur une surface, la perspective devient pourtant une nouvelle convention partagée par toute la communauté des artistes qui en fait la norme de représentation du réel. On entrevoit une tentative d'échapper à ce système dans le Baroque et ses trompe l'œil qui essayent de transformer la règle en divertissement. Mais il s'agit là d'une parodie ou d'une mise en abîme plus que d'une rupture.

La peinture est riche d'autres expériences visionnaires qui s'affranchissent des schémas traditionnels. Plus près de nous, Manet annonce l'art moderne. Son « Déjeuner sur l'herbe », à l'époque, fit scandale. Pas tant par sa représentation d'une femme nue et de messieurs habillés, mais parce qu'il cassait systématiquement avec l'académisme petit-bourgeois du 19e siècle. « La Naissance du Monde », de Courbet, s'inscrit aussi joyeusement dans la rupture. Les peintres de l'époque, Corot en tête, sont aussi les premiers à sortir leur chevalet de l'atelier, pour peindre à l'extérieur. Attitude disruptive s'il en est !

Par la suite, le 20e siècle va voir se succéder à une rapidité affolante sécessions et déflagrations avec l'expressionnisme, le cubisme et le surréalisme, Picasso, Breton, Dubuffet et l'art brut déboulonnant le règne des impressionnistes et des figuratifs, mais aussi Warhol et la peinture pop américaine, ou le « body art » des Autrichiens. La vision unique de l'auteur cubiste y est remplacée par une pluralité de points de vue qui « casse » les limites de la toile pour y représenter la réalité dans sa complexité. La présence de ces différents angles de vue simultanément, sur la même surface, invite le spectateur à une vision plus libre et ouverte.

En réalité, analyser l'art du 20e siècle revient à analyser les effets du 20e siècle sur l'art. Trois faits majeurs vont obliger l'art à évoluer, vont le contraindre à rompre.

C'est d'abord la démocratisation du goût avec l'ouverture des salons au public qui va conduire à la désuétude des critères d'évaluation académiques. L'apparition de la critique d'art et l'individualisation du goût en seront les conséquences directes.
C'est ensuite et surtout une innovation technique qui va obliger l'art à innover. L'invention de la photographie et du cinéma va avoir deux effets majeurs. D'un côté, ces nouvelles techniques vont multiplier les supports possibles d'expression mais de l'autre, elles vont lui confisquer, au passage, la représentation du réel.
Ce sont, enfin, les sciences humaines qui, jouant un rôle croissant dans la production artistique, vont rendre ces démarches plus conceptuelles.
L'art moderne va ainsi se définir non plus comme représentation du réel (convention), mais au même titre qu'un essai, une œuvre philosophique ou une mise en scène rituelle comme expérience du réel (Disruption).

Science

La rupture est également ce qui marque la découverte et l'invention scientifique. Thomas Kuhn écrit : « Le progrès ne s'accomplit qu'en éliminant et en remplaçant certaines croyances et certains procédés admis jusque-là comme éléments du paradigme antérieur. Les découvertes sans surprises ne portent que sur des précisions de détails. »[5]
Pour lui le processus d'une découverte suppose trois temps. La découverte commence avec la conscience d'une anomalie : ce qui vient contredire les résultats attendus dans un paradigme donné. Elle se poursuit avec l'exploration plus ou moins prolongée de cette anomalie dans le schéma de pensée (ou paradigme) dans lequel elle est identifiée. L'épisode n'est clos que lorsque la théorie du paradigme est réajustée, que lorsqu'un nouveau schéma a été bâti, afin que le phénomène anormal devienne phénomène attendu.
De la théorie du chaos à la découverte de l'ADN, de celle du génome humain aux thèses sur la « mémoire de l'eau », de la théorie des fractales aux protocoles « paradoxaux » de la recherche sur le Sida, les exemples abondent pour démontrer qu'une découverte scientifique ne se présente pas comme une information nouvelle dans un cadre de réflexion donné, mais qu'elle est une révolution du cadre lui-même obligeant la création d'un nouveau schéma de pensée plus opérant.
Prenons un exemple. Deux savants, au moins, peuvent prétendre avoir découvert l'oxygène. Joseph Priestley, homme de science britannique, a été le premier à identifier le gaz libéré de l'oxyde rouge de mercure comme du protoxyde d'azote puis plus tard comme étant de l'air « déphlogistiquisé ». Mais est-ce que tenir dans ses mains de l'oxygène impur équivaut à le découvrir ? C'est Lavoisier qui, isolant ce même gaz, conclut qu'il s'agit d'un corps distinct, l'un des deux principaux constituants de l'atmosphère. Surtout, ce que Lavoisier va annoncer en 1777, ce n'est pas la découverte de l'oxygène,

mais la théorie de la combustion par l'oxygène. Cette théorie va totalement remettre en cause le paradigme dans lequel il effectue sa recherche. Ce qui va finalement trancher, c'est la découverte de Lavoisier. Cette nouvelle théorie de la combustion de l'oxygène est la clé de voûte d'un changement si complet dans la conception de la chimie qu'on l'appelle la Révolution chimique. Priestley a découvert l'oxygène, mais Lavoisier l'a inventé.

Littérature

La littérature abonde d'auteurs qui, d'une façon ou d'une autre, se sont trouvés « en rupture ». La Disruption se trouve également présente en littérature. Citons, entre autres, Rimbaud et Apollinaire, Edgar Poe et Huxley, le « cut-up » et l'écriture hallucinée des écrivains « beat », ou le nouveau roman rompant avec la linéarité du récit. Malgré ces nombreux exemples, il est moins facile d'envisager la disruption dans l'écriture, même si celle-ci vit sous la règle stricte du point de vue de l'auteur, de la subjectivité absolue et de la re-création arbitraire du réel. Pourtant, au cours du siècle dernier, le statut de l'écrivain et son point de vue égoïste sont à plusieurs reprises battus en brèche. James Joyce, le premier, annonce une révolution avec son « stream of consciousness », dans lequel il transcrit la libre pensée du personnage, telle quelle, sans ponctuation, ni jamais de commentaires. Ce faisant, il initie une relation directe entre lecteur et personnage, le « grand pas en arrière » de l'auteur, qui va tout changer dans la règle de la narration.

De son côté, Pirandello fait se rebeller les personnages face à l'auteur. Quant aux surréalistes, ils font la promotion du rêve et de la liberté dans l'écriture automatique et le cadavre exquis.

Dans ces trois cas ce n'est pas une mort de l'auteur qui se produit (la réalité représentée et le personnage n'existeraient pas sans lui), mais une redéfinition des règles, une nouvelle vision de la relation entre celui qui dit et celui qui écoute, celui qui montre et celui qui regarde. Cette vision relativise ce qui était perçu jusque-là comme la norme, et donne ainsi une force nouvelle et inattendue au message.

En un sens, la disruption publicitaire partage quelques-unes de ses sources avec ces auteurs qui ont défié les manuels de bonnes manières dans la relation avec leur public, pour créer un rapport différent, une nouvelle séduction par l'image et la parole.

Cinéma

Le cinéma travaille avec une machine produite par la culture de la perspective. La caméra est construite autour du principe de la chambre optique, machine de mise en boîte du réel munie d'un seul œil.

Soit dit en passant, il n'est pas anodin qu'un être humain ait deux yeux, cela le rend potentiellement disruptif, ou du moins dialectique, puisqu'il passe sa vie à tirer des conclusions de deux points de vue différents... les siens.

La caméra, cyclope donc, sélectionne des morceaux de réalité dans le cadre clos de son regard. Quels morceaux, sous quelle perspective ? Celle de l'auteur, encore une fois.
Cette dictature de l'œil s'est trouvée violemment attaquée par Luis Buñuel, quand, avec Salvador Dalí, dans « Un chien andalou », il tourna la fameuse scène de l'œil coupé par un rasoir. Refus de l'œil de la caméra ? Ou réduction de la duplicité visuelle du spectateur à cet œil unique du cinéma ? Ou encore disparition définitive du regard pour ouvrir le rideau sur un cinéma aux yeux fermés ? Que fallait-il y voir ?
On peut donner l'interprétation qu'on voudra. Il est cependant certain qu'il s'agit là d'une révolution semblable à celle de la peinture : la rupture d'un point de vue unique et l'ouverture à une nouvelle forme de représentation.

Sociologie

Autre domaine, autre science, humaine cette fois, dans laquelle la rupture paraît « vitale » : la sociologie. Pierre Bourdieu explique que la première difficulté, pour le sociologue, est d'appartenir au système qu'il étudie, puisqu'il est lui-même être social. Il ne peut pas se dire seulement observateur, il est aussi, forcément, participant. « Le sociologue doit rompre avec le sens commun, c'est-à-dire avec des représentations partagées par tous. [...] Le pré-construit est partout. Le sociologue est assiégé par lui, comme tout le monde. »[6]
Le sociologue nomme « pré-construit » ce que nous appellerions « convention » : « La force du pré-construit réside dans le fait que, étant inscrit à la fois dans les choses et dans les cerveaux, il se présente sous les dehors de l'évidence qui passe inaperçue parce qu'elle va de soi. »
Et ce qu'il nomme par ailleurs « conversion » est également nécessaire pour penser le monde social : « La rupture est en fait une conversion de regard et, on peut dire de l'enseignement de la recherche en sociologie qu'il doit d'abord "donner de nouveaux yeux". [...] Il s'agit de produire, sinon un "homme nouveau", du moins un "nouveau regard", un œil sociologique. »
Nous ne sommes pas loin de la notion de vision. Pour qu'il y ait vision neuve, il faut qu'il y ait conversion du regard.
Bourdieu poursuit : « Et cela n'est pas possible sans une véritable conversion, une « métanoïa », une révolution mentale, un changement de toute la vision du monde social. » Ce que l'on peut aussi, après d'autres, appeler « rupture épistémologique ». Ou, plus modestement, Disruption.
Pour finir, Bourdieu propose d'instaurer en norme fondamentale de la pratique scientifique la conversion de pensée, la révolution du regard, la rupture avec le pré-construit : « La mise en suspens des pré-constructions ordinaires et des principes ordinairement mis en œuvre pour réaliser ces constructions suppose

souvent une rupture avec des modes de pensée des concepts, des méthodes, qui ont pour eux toutes les apparences du sens commun, du bon sens ordinaire et du bon sens scientifique. »

Mode

Dans cet univers autrement plus éphémère et frivole, il n'y a pas de rupture marquante qui n'ait été portée par une vision. Les « penseurs » de la mode, ses créateurs, sont les grands couturiers. Or, pour être un grand couturier, il ne suffit pas d'être opportuniste et de proposer du court quand la tendance est au long ou du foncé quand elle est au clair. Ceux qui marquent l'histoire au point d'y laisser leur nom ont tous été des visionnaires. Visionnaires d'une époque qui s'annonçait et visionnaires de la place nouvelle que la femme allait y occuper.

Dès le début des années 1920, Coco Chanel va complètement bouleverser l'ordre établi. Rompant avec cette convention bien établie qui veut que le luxe définisse une appartenance de classe, elle va proposer un vêtement qui n'est plus apparat mais signe d'élégance.

Commentaire de Gilles Lipovetsky, sémiologue de la mode : « En 1931, on pouvait lire : Chanel a lancé le genre pauvre [...], elle rend élégant le col et les manchettes des femmes de chambre [...] et habille les reines en combinaison de mécano. » En 1936, l'édition américaine de *Vogue* conclut « Voici la Ford signée Chanel » au sujet d'une robe noire, stricte, à manches longues.[7]

Le commentaire de *Vogue* est particulièrement pertinent car le bouleversement du luxe par Chanel annonce la révolution qui se prépare, celle de l'industrialisation du look via le prêt-à-porter. Durant les années 1960, la haute couture va vivre son propre « aggiornamento ». Dès 1960, Courrèges déclare : « J'ai recherché une mode dynamique, avec le constant souci de la liberté du geste... La femme d'aujourd'hui s'est libérée. Il faut qu'elle le soit aussi physiquement. On ne peut plus l'habiller en statique, sédentaire. »

Avec sa collection de 1965, conçue pratiquement en même temps que l'apparition de la minijupe en Angleterre, le maître de l'esthétique pop introduit le style court et déstructuré. Sa collection fait alors un tel événement que les photos parues dans la presse du monde entier représentent, selon Lipovetsky, un impact publicitaire évalué à quatre ou cinq milliards de francs de l'époque.

Là encore, un visionnaire : non seulement Courrèges a vu qu'il fallait accompagner le mouvement d'émancipation de la femme en lui proposant un vêtement qui la rende plus libre dans son corps et ses mouvements, mais surtout – et on ne le vérifiera que bien plus tard – Courrèges annonce la montée des valeurs juvéniles et le culte de la jeunesse que nous allons connaître plus tard. Réflexion d'Yves Saint Laurent sur cet immense bouleversement : « Autrefois une fille voulait ressembler à sa mère. Actuellement, c'est le contraire qui se produit. »

Pensée politique

Regardons l'évolution des idées politiques. Il apparaît nettement que la pensée révolutionnaire se pose toujours comme une contestation de l'idéologie dominante, même si elle ne s'exprime pas toujours avec la violence d'une révolution. Prenons par exemple l'émergence récente d'un nouveau courant : l'écologie.

Le sujet est complexe. Il suscite, en ce moment même, des débats aussi divers que contradictoires. Apparue dans les années 1920, la vision écologique est devenue un mot-valise de notre culture. Le mouvement écologique est devenu une « valeur culturelle », un élément incontournable pour les structures politiques contraintes d'y être attentives. Né d'une rupture de la pensée philosophique, il est aujourd'hui une remise en question de toute la pensée politique.

Les idéologies traditionnelles, que l'écologie conteste aujourd'hui, ont pour point commun de séparer l'homme et la nature. Depuis les sophistes, la même conception oppose l'homme et la nature dans une relation conflictuelle, le premier ne devant sa survie qu'en dominant la seconde. Maîtrise et possession sont les deux mots-clés de cette conception : dans sa conquête de l'univers, l'homme doit maîtriser et s'approprier le monde. La pensée écologique propose un nouveau rapport de l'homme à la nature et prend le contre-pied de nombreuses perceptions.

Modification de la perception de la nature d'abord : l'écologie met en doute la puissance du monde. De menaçant et dangereux, le monde apparaît fragile. D'une toute-puissance, jadis déifiée et vénérée par les hommes, la Terre devient une victime. Car ce qui a profondément changé c'est que l'homme n'est plus isolé, il pèse par sa masse – on le voit d'ailleurs dans les images satellites, sa présence est aussi immense que celle des montagnes ou des océans.

Changement de perception de l'homme ensuite : la pensée écologique met en lumière cette idée que, jusqu'à présent, l'homme s'est comporté comme un parasite. Elle propose une idée en rupture, celle de l'homme symbiotique.

De quoi s'agit-il ? Le symbiote adopte le droit de l'hôte sur le territoire duquel il vit, là où, le parasite, notre statut actuel, condamne à mort celui qu'il pille et qu'il habite. À terme, il se condamne lui-même à disparaître. L'écologie induit une nouvelle vision dans laquelle la nature et l'homme forment un tout, l'affaiblissement ou la mort de l'un entraînant nécessairement la mise en péril de l'autre.

Cette vision écologique du monde remet en cause les notions de modernité et de « civilisation » technologique industrielle, le mythe de la croissance continue, l'idée même de progrès, ainsi que leurs moyens et leurs fins. Elle est la voix de la contestation d'une société mise en danger de mort par l'homme lui-même.

“We don’t see things
as they are,
we see things
as we are.”

ANAÏS NIN

L'AVENIR D'UNE IDÉE

LA ROUE DES CONNECTIONS

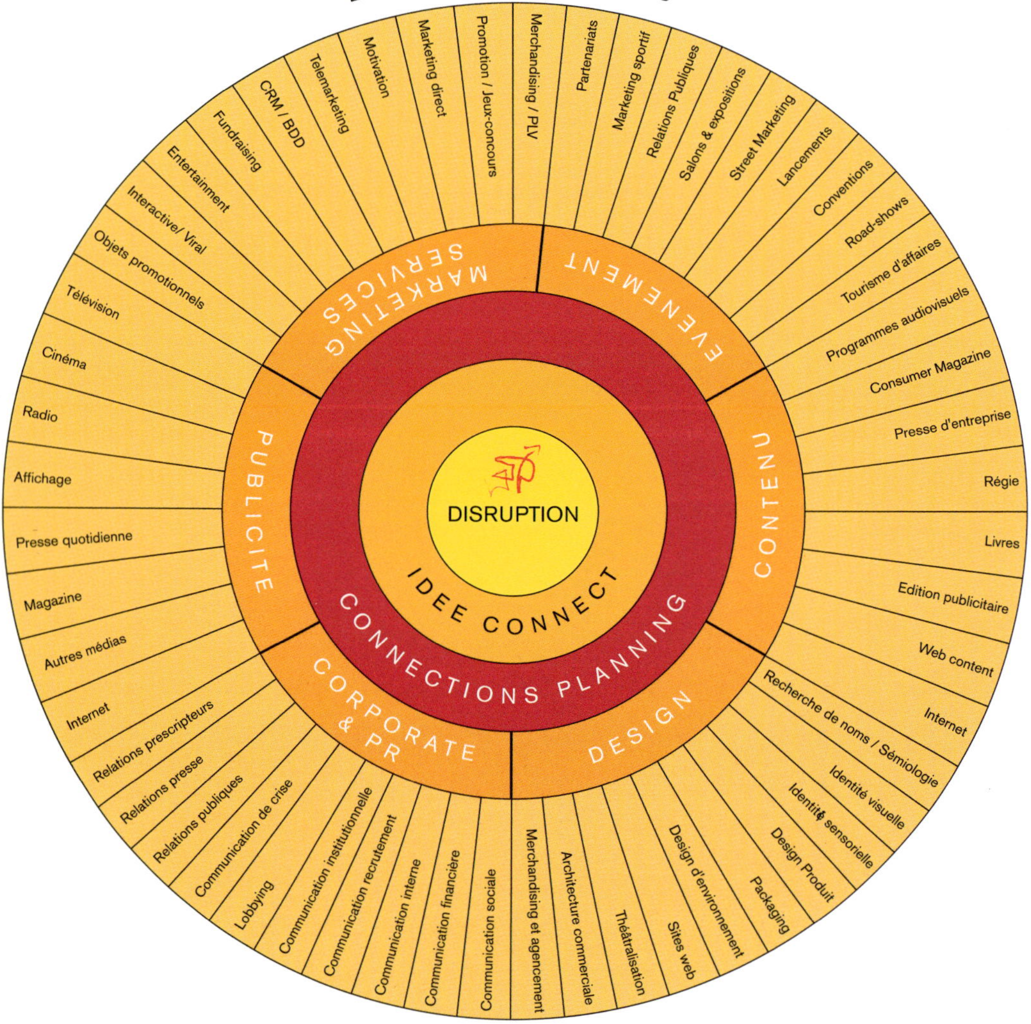

13. CONNECTIONS

L'objet du programme Connections Planning, initié depuis notre bureau de New York par Carl Johnson et Nick McLean, est simple : relier systématiquement la marque et ses consommateurs, en multipliant leurs points de rencontre. Alors que la Disruption est un mode de pensée destiné à dessiner le futur des marques, Connections Planning, qui lui est lié, se donne comme une méthode active permettant d'y parvenir. L'objectif est de renforcer les points de friction et d'échange entre la marque et ses clients. Ce qui revient à lier de façon optimale les différentes disciplines entre elles et, en créant ces ponts, à planifier leurs interventions. C'est ce que nous rappellent César Croze et Nicolas Bordas, nos experts Connections à Paris, dont l'ambition avouée est de remettre en cause la fameuse remarque d'Isaac Newton : « On trouve plus de gens pour bâtir des murs que de gens pour construire des ponts. »

Souvenez-vous de votre première déclaration d'amour. Si elle a pu atteindre son but, toucher le cœur de celui ou celle que vous désiriez, c'était probablement du fait de son ingénuité et sa fraîcheur. De sa maladresse, presque. Et si vous êtes parvenu à vos fins, c'est presque malgré vous. À l'insu de votre plein gré !... Pourtant, dans le cours des aventures amoureuses qui ont suivi et des jeux de séduction nécessaires pour les mettre en œuvre, vous avez peut-être été tenté de reproduire la méthode, en faisant de cette confusion un stratagème conscient. À mesure que l'on grandit, l'art de charmer s'apparente à une stratégie de la ruse ou, mieux, à une gestion astucieuse de la diversité des ruses disponibles ; une stratégie, plus consciente que l'on n'oserait l'avouer, mêlant audace et réserve, aveux transis et transes subites, indifférence feinte et flamme débordante. L'amoureux se déclare en privé ou en public, par oral ou par écrit, de manière discrète ou spectaculaire, ou en combinant habilement dans le temps ces différentes formules. Il choisit et ajuste ses tactiques en fonction du contexte et des réponses qu'il connaît ou anticipe de la part de l'être aimé.

Ainsi, l'effet d'une stratégie découle de la bonne gestion, simultanée ou alternée, de ses modes d'expression. Et la force persuasive d'un message est moins dépendante de la puissance de sa diffusion que de l'intelligence et de la synchronisation de ses formes d'émission. La communication publicitaire l'a bien compris.

Au cours de ces dernières années, les consommateurs ont vécu une double évolution. D'un côté, ils sont devenus de vrais professionnels de la consommation, mieux avertis, conscients et parfois immunisés à l'égard du discours des marques. Dans le même temps, ils ont vu se multiplier, grâce à Internet et à l'accès à une information individualisée, immédiate, sélective et tous azimuts, les occasions d'échange avec les grandes marques. Preuve de la volonté de dialogue et de l'attention grandissante de ces mêmes marques à l'égard de leurs publics. Le nombre de points de rencontre entre une marque ou une entreprise et ses clients s'est donc considérablement accru, avec une incidence évidente sur la façon dont ces derniers s'informent, dont ils décodent la communication et dont, finalement, ils consomment.

À cela s'ajoute un paradoxe. Alors que la prolifération des canaux de communication semble plaider pour une grande idée centrale qui les fédérerait et faciliterait la cohérence de son déploiement, l'industrie de la communication évolue, comme à rebours, vers une organisation éclatée de conseils hyperspécialisés. D'un côté, on assiste à la création de groupes de communication, démultipliant les disciplines et les métiers, chacun d'entre eux fondant son activité sur une expertise particulière, pas toujours compatible

avec celle des autres. Phénomène inverse : les agences spécialisées tendent à regrouper leurs fonctions médias et achats. Elles élargissent ainsi leur champ d'intervention (partenariat, événementiel, web ou marketing direct) en fondant leur expertise principalement sur le critère économique.
Pour mieux comprendre l'utilité de Connections Planning, créé pour trouver des voies nouvelles et plus efficaces d'échange avec les consommateurs, l'inventaire préalable des conventions générées par ces évolutions s'impose.

Les conventions du marketing

La maturité croissante des consommateurs, la concurrence accrue et la nécessité d'être présent sur la scène internationale devraient, pense-t-on, pousser les marques et leurs agences à développer des réflexions stratégiques toujours plus pointues. Pourtant, les dispositifs de communication continuent pour l'essentiel à s'appuyer sur des conventions : ils s'adressent à une population considérée comme monolithique, saisie aux mêmes moments par des envies ou des attentes repérées depuis longtemps, que l'on croit, par paresse ou habitude, identiques d'une marque à l'autre, et dont on ne cherchera à améliorer le rendement que par une simple réduction des coûts, quitte à perdre en efficacité. Contester cette logique est urgent.

La question du QUI est devenue d'une extrême complexité

Les consommateurs ont cessé de réagir aux marques, produits et services en fonction de leur appartenance à tel ou tel groupe sociodémographique. Ils les apprécient désormais selon leurs propres affinités avec des communautés de comportements, d'opinions ou de styles de vie. Ainsi, des marques comme BMW, Michelin ou Adidas ont-elles pris l'initiative d'éclater leur cible en faisant apparaître au moins sept ou huit « sociotypes » distincts. De même, les enseignes de « hard discount » que l'on trouve dans les centres ville sont aujourd'hui autant fréquentées par des consommateurs défavorisés que par des actifs qui y achètent des produits de fond de placard. Autre signe : un acheteur en ligne sera moins tenté par un achat d'impulsion, mais plus sensible à l'argumentation qu'un client du même âge, du même sexe, fréquentant physiquement le point de vente, pourra développer à son intention.
Pour ajouter à la complexité, citoyens et consommateurs, considérés jusqu'alors comme des publics distincts, se trouvent plus solidaires que jamais face au monde de la consommation. Les murs entre opinions publique et individuelle sont tombés. On a vu comment un conflit social

chez Lu pouvait fragiliser les positions commerciales de Danone, comment un pétrolier éventré, affrété par TotalFinaElf, pouvait polluer l'image de la compagnie, et jusqu'à celle de ses stations-service.

La question du QUI ne cesse d'évoluer depuis dix ans. Pourtant, le mode d'achat des principaux médias ne suit pas cette évolution. Il continue à fonctionner selon le principe du plus petit dénominateur commun : des cibles prédéterminées, limitées en nombre et définies uniquement par des critères socio-démographiques.

Marques et entreprises exploitent plusieurs canaux de communication, chacun ayant un rôle en fonction des publics qu'il touche, et de son degré de proximité avec ceux-ci (client/non client, actionnaires/partenaires, salariés/candidats). Rares sont les entreprises qui maîtrisent à tout moment l'ensemble de ces moyens, c'est-à-dire le pilotage du « système de relations » les rapprochant de chacun de leurs publics. Bien que reposant sur une vision ou un positionnement commun, cette cohabitation débouche sur l'addition des idées de chacun des secteurs (idée publicitaire, idée de marketing opérationnel, idée d'événement…). La mise en cohérence n'est généralement assurée qu'a posteriori, par une déclinaison de forme, d'esprit (en général celui de la campagne publicitaire) ou par la présence transversale des codes de la marque (la signalétique). Mais l'harmonie de forme dictée par la charte graphique masque souvent mal l'absence de cohérence de fond. Sans cette idée de fond, deux écueils majeurs sont à craindre : le premier tient à la concurrence traditionnelle entre les canaux qui pousse chacun à vouloir exister à tout prix face aux autres, quitte à aggraver l'absence de cohérence de fond. Le second, qui en est la conséquence : les idées de chaque discipline ne reposant de fait que sur des éléments intangibles (forme, esprit, codes) ou sur une somme d'éléments tangibles n'ayant que peu de rapports entre eux, la Vision de marque peut s'en trouver diluée, voire gravement menacée.

QUAND n'a plus de sens si on oublie le OÙ

L'évolution de la technologie, l'éclatement de l'offre média classique autant que l'influence des conversations (le bon vieux « bouche à oreille » récemment renommé « buzz ») ont fragmenté l'audience et donc profondément modifié l'approche habituelle de la relation entre une marque et ses publics, actuels ou potentiels. Il devient de plus en plus difficile pour une marque de capter l'attention et de maîtriser parfaitement les conditions de réception de son message.

De nouveaux modes d'influence s'exercent désormais n'importe où, à tout moment. Exemple flagrant : l'Internet et avec lui le téléphone mobile ont largement participé à décloisonner le monde de l'entreprise et celui de la vie privée. Ainsi, il apparaît désormais que l'essentiel des transactions bancaires directes s'effectue en semaine, le matin, donc depuis le bureau. De même, il est désormais courant de recevoir des offres de séjour de dernière minute sur son adresse e-mail professionnelle. Il est par ailleurs plus que probable que le consommateur va vouloir exercer son droit d'accès aux contenus sans interruption publicitaire. La chaîne câblée américaine HBO, qui fait désormais partie des réseaux américains les plus puissants, a ainsi fondé la totalité de son modèle économique sur la qualité de ses programmes et donc sur les abonnements qu'elle génère. Plus anecdotique mais tout aussi révélateur, la nouvelle génération de magnétoscopes et de lecteurs graveurs DVD intègre désormais une fonction « zap-pub » permettant d'éviter automatiquement l'écran publicitaire intégré au sein des programmes.
Or, la question qui continue à primer n'est pas : « OÙ toucher les publics visés avec le plus d'efficacité », mais toujours, et plus souvent : « OÙ les toucher au meilleur coût ». Ceci a pour effet de générer un phénomène de concentration dans les moyens de communication les plus économiques (10 % des 50 canaux identifiés – les grands médias – drainent plus de 40 % des dépenses de communication). Parallèlement, on assiste à une surenchère en matière d'emplacements pour contrebalancer cet encombrement. En somme, la maturité croissante des publics et la fragmentation des audiences, alliées aux innovations technologiques et la diversification des canaux de communication ont rendu le QUI, le OÙ et le QUAND beaucoup plus complexes à gérer qu'auparavant.
Les outils conventionnels de média planning, fondés sur le modèle obsolète de la prédominance des grands médias, ne sont aujourd'hui plus adaptés pour comprendre des publics en constante évolution, pas plus qu'ils ne peuvent anticiper leur demande. Il serait enfin temps d'adopter un nouveau modèle qui place sur un même plan tous les médias, ou plus précisément toutes les sources de connexions entre une marque et ses publics.

La théorie des Connections

Piloter dans le temps l'ensemble des moyens de communication d'une marque, développer des idées qui sortent des sentiers battus et optimisent les relations avec les publics de la marque : tel est le programme de Connections Planning. Dans cette nouvelle configuration, le QUI, le QUAND et le OÙ de l'idée disruptive ne sont plus traités a posteriori, mais considérés comme des questions aussi fondamentales que le QUOI.

En gommant toutes formes d'a priori hiérarchiques entre les médias, Connections Planning, on va le voir, contourne la majeure partie des conventions. Le QUI n'est plus nécessairement le consommateur final d'un produit ou d'un service, mais tous ceux pour lesquels l'idée de marque peut avoir une résonance : l'interne, les réseaux de distribution, l'opinion publique, les partenaires et les actionnaires, en plus, bien sûr, des consommateurs.

Cette nouvelle approche exige, une fois encore, de partir de l'idée plutôt que du consommateur. Pour mémoire, une Grande Idée se caractérise par sa capacité à nourrir une vision marketing ou « corporate » et à se déployer sur les trois grands champs de la marque ou de l'entreprise que sont son identité (ce qu'elle est, ce qu'elle veut être), sa relation (les liens qu'elle établit, la posture qu'elle adopte) et sa réputation (ce qu'elle apporte à ses clients, mais aussi à la société toute entière).

Connections Planning passe aussi au-dessus des conventions du OÙ et du QUAND en multipliant les occasions de contacts et de rencontre, et en les organisant autour d'une « idée connect ». Qu'est-ce qu'une « idée connect » ? Ce peut être un principe abstrait de communication (exemple : « La marque s'exprimera toujours au travers d'une preuve démontrable »), ou bien une idée tangible et transversale (comme le match de football SBAB, décrit au chapitre 7, ou le vote des couleurs de M&M's, déclinable dans tous les médias imaginables). Connections Planning scénarise les différentes actions et décide de leur chronologie. Une meilleure utilisation, un meilleur ordonnancement et une meilleure interaction des disciplines entre elles augmentent les chances de parvenir à toucher le consommateur en profondeur.

Plus que l'addition de moyens, ce sont les interactions qui créent la valeur. La « Nuit des clans », par exemple, vaste bamboula où sont conviés fêtards et noctambules, a considérablement crédibilisé la campagne du whisky Clan Campbell, devenu leader sur le marché français. Dans un autre registre, l'Institut Danone s'est appuyé en publicité sur son « évangélisation » des crèches et cantines. Quant au guide Michelin, il démontre la capacité d'accompagnement et de service de la marque au-delà de la vente des pneus.

Maîtriser les connexions d'une marque suppose pour commencer d'en avoir une vision globale. C'est tout l'intérêt de la Roue des Connections (« Connections Wheel ») qui offre une représentation exhaustive et simple de l'ensemble des moyens de communication dont elle dispose (et même, si l'on souhaite aller plus loin, des moyens de ses concurrents). Les Connections de la roue sont réparties en six grandes disciplines : design, publicité, marketing services, événementiel, contenu (de l'édition à la production audiovisuelle) et relations publiques. Chaque discipline se trouve elle-même subdivisée en canaux qui lui sont propres. Ceux dévolus à la publicité incluent ainsi la télévision, la presse, l'affichage, la radio, le cinéma, Internet et d'autres nouveaux médias. Car le développement technologique interdit que la liste des canaux soit fermée ou figée. Chaque canal peut par ailleurs faire l'objet de plusieurs utilisations, selon la latitude qu'il propose, allant de l'interruption (un spot dans une page de publicité à la télévision ou à la radio), au partenariat (proximité de la marque avec un contexte adéquat mais distinct) et à la collaboration. Pourtant, même si la façon dont on utilisera un canal paraît essentielle, la réflexion sur ce point reste négligée et trop souvent subordonnée à la seule logique budgétaire.

DE LA THÉORIE À LA PRATIQUE : DES AGENCES DIFFÉRENTES POUR DES EXPERTISES ET DES CANAUX DIFFÉRENTS

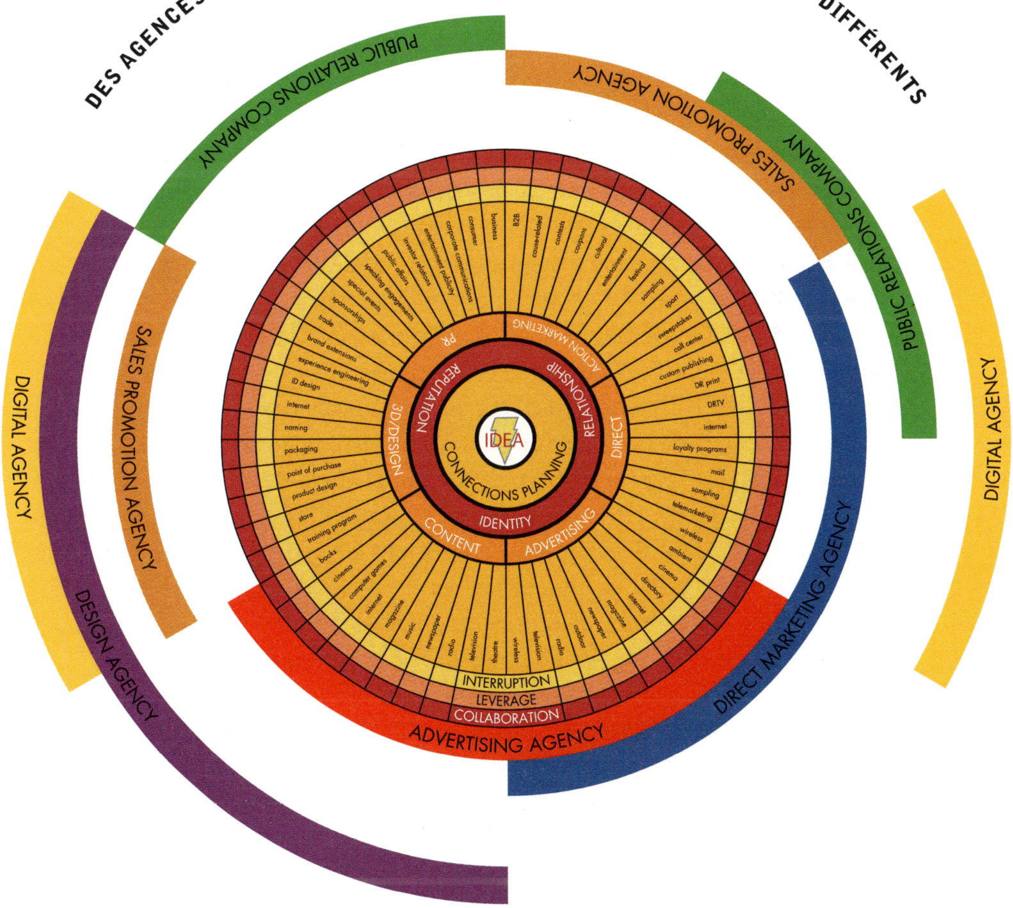

Quelle que soit leur discipline d'origine, les agences en communication revendiquent leur expertise sur un ou plusieurs canaux. Aucune ne peut pourtant espérer légitimement les couvrir tous avec le même degré de pertinence. Une entreprise décidant de s'engager dans Connections Planning doit à la fois disposer de ressources performantes dans chacune des disciplines, chacun des canaux, mais aussi faire évoluer radicalement sa méthode de travail. Concrètement, cela signifie qu'elle intègre le plus tôt possible les bons QUI, OÙ et QUAND dans la recherche de l'« idée connect » qui va le mieux servir sa vision de marque. Simultanément, elle doit s'assurer de son déploiement sur les trois grands champs de la marque ou de l'entreprise (identité, relation, réputation) et sur l'ensemble des publics. Enfin, il lui faudra stimuler, auprès de ses agences et dans toutes les disciplines, un système vertueux de recherche d'idées transversales.
C'est à cet ensemble de besoins que répond Connections Planning, système actif intégrant en amont l'ensemble des disciplines utiles à l'expression de la marque.

Le système actif Connections Planning

Chaque agence du groupe TBWA dispose de son « Connections planner », issu en général des fonctions de planneur stratégique, responsable du développement ou directeur de marque. Cette organisation permet d'échanger des informations, de partager des expériences, d'anticiper les sujets, sans nuire pour autant à l'expertise spécifique de chacun. Le processus se déroule en trois phases : l'audit, la stratégie et le planning.
En complément des audits traditionnellement pratiqués par les agences (« brand » et « business »), l'audit des Connections a pour objet de mesurer, sur l'ensemble des six grandes disciplines et des canaux qui leur sont liés, le spectre et l'intensité des connexions émises par une marque ou une entreprise, celles des principaux concurrents, mais aussi la perception des publics visés. La représentation et la comparaison de ces mesures sur un outil dédié (« Connections Audit Wheel ») permet d'évoluer sur trois points importants : l'identification des conventions de moyens existants au sein d'une catégorie, celle des opportunités de déploiement, enfin la mise en évidence des forces et faiblesses relationnelles à partir de l'écart existant entre les connexions émises et celles qui sont perçues.

La stratégie des Connections : de la Disruption au « scénario connect »

Vient alors l'étape essentielle, celle qui consiste, à partir de la Disruption élaborée pour la marque, à imaginer l'idée (conceptuelle ou concrète) qui va guider sur le fond toutes les expressions de celle-ci. L'objectif est ensuite de s'assurer de la capacité de cette idée à être déclinée, avec une efficacité égale auprès de tous les publics, dans toutes les disciplines, et d'en scénariser le déploiement, chacune se voyant assigner un rôle ainsi que le moment adéquat de son intervention.

BRAND AUDIT WHEEL : DIFFÉRENTIEL D'EXPOSITION ENTRE DEUX MARQUES

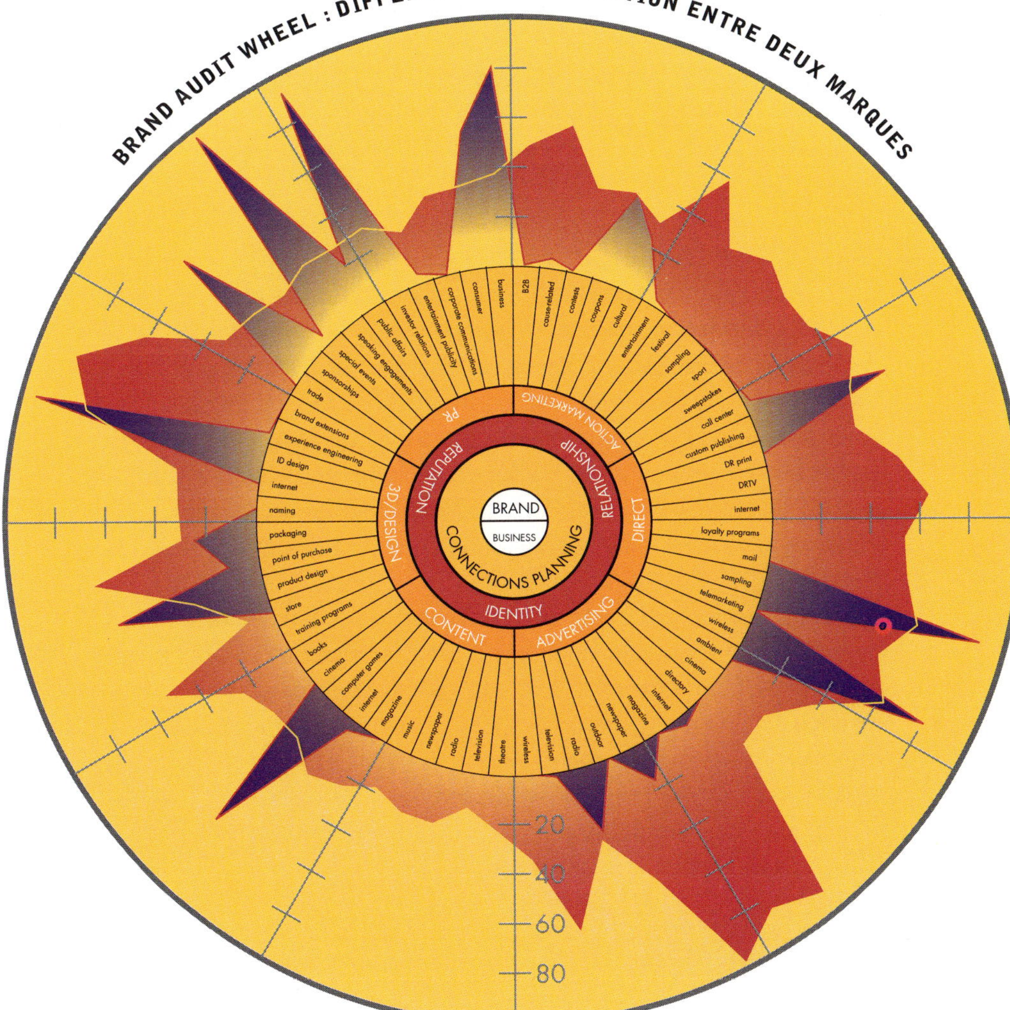

Ce système, tout entier orienté vers la production d'une idée fédératrice, en décuple naturellement l'efficacité. L'idée peut prendre une grande variété de formes et donc provenir de n'importe quelle discipline : SBAB est à l'origine une idée d'événement ; les engagements SNCF, une idée « corporate » ; et l'Institut Danone, une idée publicitaire. L'élaboration de cette « idée connect » est la phase clef. L'inverse n'étant jamais vrai (il devient assez vite laborieux d'exprimer dans l'ensemble des disciplines une fausse bonne idée), c'est à ce stade que l'on en mesure la pertinence. En comparaison, son déploiement et sa scénarisation paraissent d'une étonnante facilité.

En définitive, le scénario obéit à un seul objectif : raconter une histoire, celle de la relation entre une marque et son public. Plus précisément : quel rôle est dévolu à la discipline ou au canal ? Quel chemin mène jusqu'aux publics ? Quelle discipline ou quel canal prend le relais, et avec quel objectif ?

Pour finir, chaque agence établira le dispositif détaillé des actions qu'elle aura à conduire, dans sa discipline et dans le respect du scénario d'ensemble.

Au-delà du système, un état d'esprit

L'histoire du marketing regorge de récits de marques ou d'entreprises qui avaient su mettre une grande idée au cœur de leur stratégie de déploiement. Nous avons évoqué l'Institut Danone ou les engagements SNCF. Sans volonté d'exhaustivité, il faudrait encore citer le parcours initiatique d'Absolut, le Nokia Game ou le Loft Story de M6. Ceci pour dire que Connections Planning n'invente fondamentalement rien. C'est simplement un outil d'action visant à systématiser les chances de parvenir à une plus grande synergie des moyens existants, et donc à une efficacité accrue des messages. Rien n'est plus nécessaire.

Élaborer un message pertinent et distinctif, rechercher des synergies de moyens, des interactions, pour mieux toucher chacun des publics avec lesquels on souhaite entrer en contact, optimiser la gestion du temps et de l'espace : telles sont, résumées, les missions assignées à Connections Planning. Et si vous ne deviez retenir qu'un seul point de cette synthèse nécessairement trop brève, ce serait celui-ci : une idée disruptive peut vous faire gagner beaucoup d'argent, un système optimisé de Connections peut vous en faire économiser beaucoup.

14. UN NOUVEAU BUSINESS MODEL

« Personne n'a pour but d'être vu comme le meilleur parmi les meilleurs. Tout ce que l'on veut, c'est être le seul à faire ce que l'on fait. » Cette citation de Jerry Garcia (le leader défunt des Grateful Dead) éclaire parfaitement la mission que nous souhaitons assigner dans le futur à notre agence. C'est pourquoi, quittant le Boston Consulting Group pour nous rejoindre il y a quelques mois, Robert Birge a entrepris avec nous la redéfinition de l'ensemble de nos activités, de notre « business model. » Je lui ai demandé d'expliquer dans ce dernier chapitre comment la Disruption et les Connections représentent le moyen original et unique de nous distinguer de nos concurrents et comment, en les associant, nous nous donnons les moyens de réaliser notre ambition d'être « les seuls à faire ce que l'on fait ».

De profonds changements se sont produits dans l'environnement des agences de publicité. Certains de ces changements sont structurels et impliquent de réagir. D'autres sont de faux problèmes et doivent être traités comme tels.

S'accrocher à un idéal dans lequel l'agence et le client travaillent main dans la main, ce dernier ne faisant pas un geste sans consulter « son poète », « son guerrier », « son visionnaire » apparaît comme un recours défensif aux vérités éternelles de la publicité. Cet idéal est si rarement atteint qu'il ne peut correspondre au « business model » d'une agence qui souhaite se développer.

La quête de l'excellence, la transformation du chaos en vertu, l'organisation fluide : nous avons tous les atouts. À nous de les mettre en application.

Évolution du contexte

L'industrie publicitaire aurait-elle perdu de sa superbe, comme le suggérait Jean-Marie Dru en 1997 ? C'est en tout cas ce qui apparaît si l'on s'en tient à la manière dont elle se perçoit elle-même. En effet, d'autres dirigeants ont fait des observations similaires... Deux thèmes reviennent ainsi le plus souvent : l'incursion d'autres types de consultants et un déclin concomitant du statut et de l'influence de l'agence de publicité qui se voit ainsi reléguée en bout de chaîne.

Il n'est pas inutile cependant d'opérer des vérifications reposant sur des éléments objectifs. En effet, l'examen des données chiffrées nous montre qu'il faut à la fois relativiser et distinguer entre la performance économique du business publicitaire, qui dans l'ensemble est bonne, et la question de l'influence de la publicité qui, elle, donne des signes très nets de défaillance notamment aux États-Unis. Entre 1985 et 2000, les dépenses publicitaires sont passées de 95 milliards de dollars à plus de 240 milliards et le revenu des agences est passé de 13,6 milliards de dollars à 16,9 milliards (entre 1992 et 1997). Cela étant, l'effondrement récent de la net économie, ainsi que la récession actuelle, a abouti à un ralentissement des dépenses sur le marché.

Par ailleurs, l'étude des rapports financiers des fonds d'investissements et les informations confidentielles du métier viennent conforter l'idée que l'activité publicitaire est devenue plus rentable dans les quinze ou vingt dernières années. Les agences ont en effet réalisé des économies d'échelle du fait de regroupements ainsi qu'en incluant des activités « below the line » à marges plus élevées.

Pourtant, malgré ces éléments plutôt positifs, les clients ont tendance à estimer que les agences ont perdu de leur pertinence et de leur utilité.

Elles seraient ainsi moins en phase avec les problèmes concrets. Par exemple, si l'on en croit l'évolution du critère « L'agence comprend les problèmes qui se posent à mon entreprise » dans une étude professionnelle de l'industrie publicitaire que nous avons pu consulter, il y a quinze ans ce chiffre était au-dessus de 70 %, il est aujourd'hui tombé à 20 %.

Autre facteur de ce possible déclin : la bataille menée pour s'approprier de brillantes recrues ; les agences semblant incapables de concurrencer les entreprises de consultants, les banques d'investissement et les cabinets d'avocats pour embaucher les diplômés les plus prestigieux. Aux États-Unis, très peu d'agences se préoccupent de recruter des étudiants des grandes écoles de commerce ou d'universités cotées. Cette pénurie entraîne alors des coûts prohibitifs lorsque celles-ci veulent faire appel à ce type de compétences.

Il convient d'examiner les causes de ces difficultés, réelles ou imaginaires, afin d'envisager les mesures pratiques et dans l'idéal, disruptives, qui aideront les agences à reconquérir leur leadership dans le monde des affaires. La concurrence des cabinets de conseil, souvent montée en épingle par les patrons de publicité eux-mêmes, est un symptôme plutôt qu'un syndrome. À notre avis, les véritables causes dépendent davantage du contexte général dans lequel opèrent les agences.

À quoi sert un spot TV de 30 secondes quand la hotline met 30 minutes à vous répondre au téléphone ?

La croissance des activités de services a modifié en profondeur le contexte économique. Les marques de services, à la différence des marques de grande consommation, sont évaluées presque exclusivement en fonction de l'expérience positive ou non de leurs clients. À quoi sert un joli spot de trente secondes à la télévision lorsque l'on doit attendre trente minutes au téléphone avant que l'on vous réponde au service après-vente ? Dans un monde orienté vers les services, la communication et en particulier la publicité a moins d'impact sur la marque. L'agence de publicité y perd ainsi une part de son importance stratégique.

Le monde du marketing a changé. C'est une évidence. C'est même un cliché. Mais un examen plus en profondeur de cette tendance et ce, dans une perspective économique, fait apparaître la courbe à long terme de l'offre et de la demande publicitaires. Celle-ci montre que la séduction exercée par le marketing de masse n'a cessé de diminuer depuis l'explosion de la télévision dans les années 1950. Que signifient au fond l'offre et la demande dans un contexte publicitaire ?

L'offre, c'est la quantité de temps que les consommateurs ont de disponible pour recevoir des messages. Elle est donc fonction de la croissance démographique et du temps moyen passé à consommer des médias comportant des espaces publicitaires. La demande, elle, correspond au niveau de dépenses que les annonceurs sont prêts à engager pour diffuser des messages ; c'est-à-dire pour occuper un moment du temps du consommateur. Entre 1985 et 2000, le temps moyen de consommation de médias comportant de la publicité (c'est-à-dire l'offre) a légèrement diminué. Aux États-Unis, les dépenses publicitaires (c'est-à-dire la demande) ont augmenté au rythme annuel de plus de 3 %. Pour chaque dollar investi en publicité pendant l'année 2000, la dépense d'un consommateur est d'environ 27,60 dollars. Ce qui se révèle (compte tenu de l'inflation) être le chiffre le plus bas depuis 1960.

La courbe de l'offre et de la demande pour la publicité télévisée est encore plus parlante. Entre 1995 et 2000, la consommation de programmes télévisés n'a augmenté que de 15 %, tandis que les dépenses publicitaires augmentaient de 450 %. De toute évidence, un tel déséquilibre entre l'offre et la demande conduit à la hausse des prix. C'est ce qui aujourd'hui rend très cher l'accès aux consommateurs via les supports traditionnels.

Par ailleurs, les effets de la mondialisation, l'hétérogénéité et la fragmentation croissantes de la consommation selon les médias, l'encombrement du marché et l'arrivée prochaine de la communication personnalisée de masse sur les canaux du web font que le marketing et la communication atteignent un degré de complexité sans précédent, tandis que les annonceurs sont à l'affût de conseils stratégiques encore plus variés et pointus, cependant que les agences proposent sempiternellement de placer leurs spots de trente secondes en « prime time » !

Qui aujourd'hui nous fait concurrence sur le terrain du conseil stratégique en marketing ? En premier lieu ce sont les clients eux-mêmes qui se sont positionnés dans un rôle historiquement tenu par les agences ; en deuxième lieu seulement, viennent les cabinets de conseil en marque ou en management. Le « business model » de l'agence n'est pas basé sur le conseil, mais sur le travail en aval. Les agences donnent des conseils tandis que les clients les paient pour des campagnes. Résultat : les agences ont dû opérer des coupes sombres dans le secteur du conseil, et les cabinets de conseil ont alors occupé le vide créé. Ils ont ainsi investi l'espace

laissé vacant par les agences, non pas d'une manière délibérée pour les supplanter, mais parce que leurs clients le leur ont demandé.
L'industrie publicitaire a réagi essentiellement par des regroupements et de l'intégration horizontale. Mais en dehors de cela, il n'y a eu que très peu de changements fondamentaux.
Alors, la question est : comment peut-on, une fois encore, rompre avec les conventions du secteur et revêtir à nouveau le manteau du conseiller en marketing en qui les clients ont le plus confiance ?

Disruption des conventions dans les agences

Les conventions que nous avons évoquées jusqu'ici sont implicites. Il s'agit maintenant de les rendre explicites et de faire des propositions disruptives.

Convention n° 1 : La publicité à la télévision est le principal créateur de valeur pour la marque

L'ironie est là : alors que le concept de marque est devenu plus important en business, les agences qui ont été historiquement associées à la création des marques se sont accrochées à une convention aujourd'hui largement obsolète sur ce sujet ; une convention aussi fausse dans son principe qu'erronée dans sa pratique. Depuis vingt ans, l'accent a été mis sur le fait de donner aux marques une valeur monétaire. La plupart des chefs d'entreprise sont persuadés que leurs marques constituent un actif important et intangible. Il est vrai, et de nombreux commentateurs l'ont démontré, que la marque reste pour l'entreprise le seul point d'ancrage dans une ère d'externalisation massive. Mais une étude plus approfondie du concept de marque, nous montre que celui-ci embrasse aujourd'hui tous les aspects de l'interaction entre une entreprise et ses clients, de la mise au point du produit aux pratiques de ventes.
De toute évidence, pour une marque de service comme McDonald's, Carrefour ou Deutsche Bank, la qualité de l'expérience clients constitue le moteur premier de la valeur de marque. Même pour les marques de grande consommation, les consommateurs cherchent à comprendre « la marque derrière la marque ». L'histoire du lien supposé entre Nike et les fabriques artisanales du tiers-monde a fait la une de la presse à travers le monde. Le livre sur les pratiques marketing de Procter & Gamble a été un best-seller aux États-Unis. Enfin, on n'ose imaginer les dégâts provoqués par le président de Coca-Cola lorsque, questionné sur l'affaire de la contamination en Belgique, il a répondu : « Au fait, c'est où la Belgique ? »
Tout ce que fait l'entreprise constitue la marque. Une marque, c'est aussi un comportement.

Alors que devient dans cette perspective notre fameux spot de trente secondes à la télévision ?
Chacun connaît le pouvoir transformateur de la publicité, à l'instar du spot 1984 d'Apple diffusé une seule fois. Les exemples sont innombrables. Mais le créatif d'Apple aurait-il travaillé pour IBM ? En d'autres termes, le fait qu'Apple ait créé une culture révolutionnaire et des produits révolutionnaires, n'est ce pas justement ce qui a permis à l'annonce publicitaire d'opérer sa magie ?
À un niveau plus pratique, la multiplication des médias rend nécessairement moins efficace tout effort créatif, même le plus décoiffant. Aujourd'hui la publicité garde un rôle à jouer dans la construction des marques, mais c'est aussi le cas du marketing direct, du design, des relations publiques, de l'organisation d'événements, des relations avec les investisseurs, du « trade marketing » et de la formation des employés. La publicité n'est qu'une des nombreuses variables avec lesquelles le management des marques doit jongler. De facto, elle est moins centrale dans la création de valeur. Et de par son adhésion obstinée aux spécialisations techniques de la publicité, et au « business model » qui va avec, l'industrie publicitaire serait même, à en croire certains, déjà dépassée.

Convention La publicité à la télévision est le principal créateur de valeur pour une marque.

Disruption Les marques sont des comportements, la publicité n'est qu'une des nombreuses activités d'une marque.

Vision Une agence qui imagine des solutions dans une parfaite neutralité et qui se comporte en conséquence.

Convention n° 2 : Les agences ont une relation spéciale avec leurs clients grâce à leur position privilégiée d'« insider »

David Maister a publié un livre important sur le business des consultants : **The Trusted Advisor.**[1] Il y définit deux conditions essentielles pour qu'une relation de confiance puisse s'établir. Premièrement, le conseiller doit posséder un savoir ou un savoir-faire unique ; deuxièmement, le client doit être sûr que les conseils qui lui sont prodigués sont objectifs ou, pour le moins, désintéressés. Il est intéressant d'examiner les rapports entre clients et agences à l'aune de ces deux critères.
En observant la convention n° 1, nous avons établi le fait que l'agence possède bel et bien un savoir-faire en matière de publicité. Ce savoir-faire, on l'a dit, est devenu moins important pour la valeur globale d'une

marque. Les agences ne sont en contact qu'avec un seul aspect des activités de leurs clients et n'ont donc qu'une vue partielle.

Dans la plupart des cas, la relation entre le client et l'agence passe par un intermédiaire qui est le département marketing de ce client. Ce département est lui-même limité à un rôle de plus en plus étroit. Très peu de départements marketing ont une responsabilité concernant le résultat et, dans la plupart des cas, ils sont éloignés des décideurs clés de l'entreprise. Selon une enquête récente de **The Economist**, moins de 1 % du temps des réunions de direction en Europe est consacré au marketing ! En fait, de nombreux départements marketing sont devenus des départements de communication, et moins de 50 % de leurs budgets sont dépensés en publicité.

Dans la plupart des agences, les responsables de budgets supervisent les rapports entre les clients et l'agence. Leur rôle est double : d'un côté ils sont l'équivalent de contrôleurs aériens, de l'autre ce sont des partenaires de business et des conseillers stratégiques. Dans les entreprises de conseil, on aurait du mal à comprendre la nécessité d'un tel intermédiaire. Dans les agences, la valeur ajoutée est répartie au travers de plusieurs fonctions, celles de responsables de budgets, planning, créatifs, médias. Elle est donc plus difficile à mesurer précisément. En conséquence, le développement d'une relation de confiance entre le client et son conseiller est un processus plus complexe.

Pour les agences, c'est un problème structurel. Certaines ont réagi en encourageant le contact direct entre clients et créatifs. D'autres ont dégagé le responsable de budget de ses fonctions administratives et l'ont intégré dans un département unique, axé sur la stratégie, avec les équipes du planning et celles du planning média.

La notion d'une relation particulière entre l'agence et son client dispense un autre effet plus insidieux. De façon automatique et inconsciente, l'axe primaire de l'agence va consister à protéger cette relation. En d'autres termes, il s'agit de préserver un revenu. Quand les clients le sentent, ils commencent à mettre en doute l'objectivité des avis qui leur sont donnés, et la précieuse confiance se lézarde.

À titre de comparaison, il est instructif d'examiner le « business model » des consultants en stratégie. Des entreprises comme McKinsey, the Boston Consulting Group ou Bain investissent d'énormes fonds propres dans la « création de connaissance ». Ces entreprises, ou leurs patrons, ont créé – et nous utilisons ce mot délibérément – la plupart des grandes idées de management qui sont devenues monnaie courante. Elles refusent souvent de divulguer aux clients leur tarif horaire. Les clients évaluent donc l'addition en termes de qualité des avis donnés, plutôt que par la taille de l'équipe qui travaille sur le projet. Les consultants vivent littéralement avec eux pendant des mois. En retour, ils comprennent réellement leurs clients. Quelles que soient les critiques que l'on peut adresser aux consultants en stratégie, c'est un fait : leur nombre augmente régulièrement. Les patrons paient des sommes conséquentes pour leurs conseils. Pourquoi ? Parce qu'ils ont confiance.

Les agences investissent d'énormes sommes dans leurs départements créatifs (en général c'est le poste le plus coûteux) mais elles limitent le contact direct entre le client et la fonction créative. En agissant ainsi elles sous-évaluent auprès des vrais décideurs l'importance de la créativité comme élément à part entière d'un business.

Convention Les agences entretiennent une relation particulière avec leurs clients et connaissent le business par une position d'« insider » privilégié.

Disruption La seule base réelle dans la relation entre agence et client, c'est la qualité des idées qui créée de la valeur mesurable, pas le système de rémunération ou les départements spécialisés.

Vision Des relations fondées sur la confiance.

Convention n° 3 : Les agences ne peuvent pas faire concurrence aux banques, aux cabinets d'avocats et aux cabinets de consultants pour attirer les meilleurs talents

Les publicitaires voient les consultants en stratégie comme le Canada voit les États-Unis. Ils envient leur puissance tout en les snobant puisqu'ils les jugent moins créatifs. À l'inverse, les consultants ont vis-à-vis des agences le même sentiment que les États-Unis vis-à-vis du Canada : ils n'en pensent pas grand-chose. Si l'on insiste, ils diront peut-être qu'ils admirent notre créativité, mais l'idée d'une éventuelle concurrence ne leur effleure même pas l'esprit. Dans l'ensemble les consultants se sont mis à la stratégie de marque parce que leurs clients le leur ont demandé mais aussi parce que le marketing publicitaire avait laissé la place vide.

Néanmoins, la concurrence est ouverte dans un secteur : celui du recrutement. Un business de conseil ne peut pas survivre longtemps sans un apport constant de professionnels d'exception. La compétition pour attirer les talents est devenue d'autant plus rude que les faits sont là : en matière de salaire, les agences ont beaucoup de mal à s'aligner sur McKinsey, JP Morgan, ou Freshfields. Si les agences sont encore capables d'offrir aux créatifs les meilleurs salaires, c'est autrement plus compliqué lorsqu'il s'agit de diplômés du troisième cycle.

Dans ce domaine, ce qui distingue réellement un cabinet de conseil d'une agence, c'est le fait que le cabinet aborde le recrutement d'un point de vue compétitif, et de façon presque obsessionnelle. En effet, un consultant de haut niveau se distingue avant tout par ses capacités en matière de recrutement. Dans ces cabinets, tous les collaborateurs sont impliqués dans le recrutement. Le cabinet Accenture s'est ainsi glorifié de rencontrer environ un million de candidats par an afin de recruter pour ses différents bureaux à travers le monde.

Un million de candidats

Parallèlement à cette politique de recrutement, des efforts importants sont réalisés dans le domaine de la formation. Les nouveaux collaborateurs suivent un programme de formation intensif aux méthodes du cabinet avant même de pouvoir rejoindre une équipe qui travaille sur un dossier spécifique pour un client. Cette formation durera pendant toute leur carrière. En effet, on leur permet régulièrement de développer leurs connaissances et leur savoir-faire. Par ailleurs, ils se voient également confiés des projets de développement interne pour lesquels ils sont en contact avec les dirigeants du cabinet.

Peut-être ce tableau paraît-il trop lisse, trop parfait. Il s'agit d'un travail souvent sans répit et sans charme. La structure des cabinets est très fortement hiérarchisée, la promotion interne s'y fait sur un système « up or out ». Cependant, en tant que consultants, ces collaborateurs sont régulièrement évalués et savent ce qu'ils peuvent espérer.

Lorsque l'agence ne peut pas être concurrentielle en matière de salaire, elle doit alors chercher d'autres manières de valoriser son offre d'emplois. S'il semble inutile d'entrer en concurrence avec les cabinets pour recruter des troisièmes cycles de type MBA, en revanche c'est sur le terrain de la formation que les agences peuvent se battre. Dans ce domaine, un groupe comme le nôtre investit plusieurs millions d'euros chaque année en séminaires de formation. Il est important pour nous que les nouveaux collaborateurs de l'agence puissent ressentir leur expérience chez nous comme une valorisation de leur carrière.

Les agences peuvent également cibler un type particulier de diplômés, moins conventionnels mais plus attentifs à un certain mode de vie. Elles peuvent en effet concurrencer les cabinets de conseil en matière de style de vie. Les agences sont des univers vivants et fluides où tous les talents peuvent se déployer. Grâce à leurs réseaux internationaux, elles peuvent ainsi offrir des expériences professionnelles et personnelles précieuses et variées, en même temps que ces mouvements renforcent considérablement le réseau.

Convention Les agences ne peuvent pas concurrencer les banques, les cabinets juridiques et les cabinets de conseils pour recruter les meilleurs talents.
Disruption Ce que nous ne pouvons pas, à court terme, offrir sur le plan financier, nous pouvons l'offrir, pour un coût raisonnable, sous forme d'expériences.
Vision Une agence peuplée par des gens brillants et anticonformistes, dans un réseau international cohérent.

Vers une réinvention

Qu'allons-nous faire pour atteindre notre vision ? Dans chaque pays nous avons bâti une structure intégrée horizontalement, c'est-à-dire un ensemble complet de services en communication ayant un management commun. Bien sûr, cela n'a en soi rien de nouveau, le concept de services couvrant la totalité de la communication est dans l'air du temps depuis les années 1970. Le marché exige des agences qu'elles fonctionnent sur ce modèle. À mesure que le marketing devient plus complexe, les frontières entre les disciplines continuent à s'estomper. De ce fait, les clients demandent aux agences une palette plus large de services.
Ce contexte peut nous permettre d'atteindre l'échelle nécessaire pour investir davantage dans les ressources humaines, autrement dit dans le talent. Mais il ne nous suffira pas de mettre ensemble une collection de services marketing. Les clients peuvent tout à faire opérer eux-mêmes « leur intégration ». Et ils le font. Intégration, du latin « integrare », signifie simplement faire un tout avec des éléments séparés. L'intégration se fait à la longue. Cependant, calquer son site web et ses mailings sur le look des dernières campagnes d'affichage n'a pas grand intérêt. Car si la coordination est importante, elle ne transforme fondamentalement pas grand-chose.

Du media neutral au solution neutral

Dans la plupart des approches d'intégration, tout tourne autour de la publicité. C'est une erreur fondamentale, un héritage typique de la pensée des années 1950. La publicité n'est plus aujourd'hui qu'un des multiples moyens – certes important et puissant – pour fournir et exécuter des idées. Beaucoup d'offres intégrées proposent des approches « media neutral ». Nous visons au-delà des médias, une approche « solution neutral ». Pourquoi présupposer l'usage incontournable des médias ?

Afin de communiquer sur sa politique de rénovation urbaine, la ville de Bilbao aurait pu lancer une campagne sur les grands sites touristiques. Au lieu de cela, elle a embauché Frank Gehry pour créer un bâtiment, un élément pivot du nouveau paysage, comme un magnifique totem symbolisant Bilbao pour le monde entier.

Les clients ont besoin d'idées, de stratégies et de conseils pour les aider dans un monde rendu plus complexe. Des idées, des stratégies et des conseils qui transcendent les disciplines du marketing, qui transcendent les médias et le marketing. Plus important encore, ils ont besoin d'idées qui créent de la valeur économique et des avantages compétitifs. Nos équipes comptent certains des esprits les plus créatifs du monde de la publicité. Il est temps d'exercer leurs talents sur des enjeux beaucoup plus vastes. En effet, pourquoi les limiter à la création de messages publicitaires classiques ?

Nous avons fortifié nos capacités stratégiques l'année dernière avec la création de Connections Planning, nouvelle stratégie de communication. Cette activité ne vise pas à concurrencer les cabinets de conseils. De fait, nous nous efforçons de collaborer avec les consultants qui tirent profit de cette relation, comme du temps qu'ils passent avec les responsables produits de leurs clients. Et les agences apprennent beaucoup en travaillant de plus près avec les consultants. Les clients méritent que leurs partenaires collaborent entre eux.

Nous ne cherchons pas non plus à remplacer nos plus brillants stratèges ou nos responsables de planning par de nouvelles compétences stratégiques. Nous additionnons, nous ne soustrayons pas. Nous faisons en sorte de fournir à nos clients des avis plus affûtés que jamais dans nos secteurs de base, la stratégie de marque et la communication.

En définitive, nous restons fidèles à ce qui nous a distingués pendant toutes ces années : la créativité. La créativité au sens le plus large – la création d'idées qui créent de la valeur économique – que ce soit à travers des communications de marque (y compris de beaux spots de trente secondes), une nouvelle approche du service au client, un nouveau concept de produit, ou la commande d'un bâtiment à l'architecte le plus célèbre du monde...

Et quelles que soient les disciplines – publicité, marketing direct, marketing interactif, relations publiques, communication « corporate » ou conseils en politique de marque – nous nous servons de la Disruption comme d'un outil incomparable, un outil d'inspiration pour les idées de demain.

1984

2003

Une multitude d'idées et d'opinions se sont exprimées tout au long de ce livre. À mon tour, j'aimerais en avancer quelques-unes, en guise de conclusion.

Je soulignerais d'abord à quel point la Disruption est ancrée dans la vie. La vie se manifeste dans les accidents et les interruptions, les conflits et les tensions, plutôt que dans une continuité que l'on voudrait linéaire et statique. On peut dire la même chose de la pensée. Penser, pour une large part, c'est rompre avec ses certitudes, modifier ses opinions. En somme déranger des idées qu'on aurait voulues bien ordonnées. Les marques doivent le comprendre. Pour se réinventer sans cesse, elles ont l'obligation de se remettre en question, de se bousculer. C'est pourquoi nous, publicitaires, aimons les voir prendre l'initiative de s'exposer, et de créer des ruptures. Je dis cela et en même temps je continue à me surprendre parfois en flagrant délit d'élaborer à partir d'une expérience passée, de reproduire un schéma que je connais trop bien, un schéma éprouvé, usé. Le Disruption est un garde-fou, elle m'interdit de tomber dans ce piège. J'aimerais qu'elle ait la même fonction pour vous.

La Disruption nous aide à voir le monde tel qu'il est. Nous aimerions que les choses soient simples. Elles ne le sont pas. En nous contraignant à ne pas nous contenter de recettes commodes, à identifier des conventions et ce qu'elles dissimulent, la Disruption nous ouvre les yeux. Sur la complexité du monde et sur l'inanité qui, en retour, consisterait à nier ce fait. On ne peut plaquer impunément des solutions toutes faites sur des questions à peine esquissées. La réponse aux problématiques d'une marque nécessite un investissement, de la réflexion, ce qui veut dire du temps et, ce qui va généralement avec, de l'argent. On n'obtient rien sans rien, ou bien des formules qui vont vite s'avérer creuses, et forcément vaines. C'est pourquoi la Disruption, sans jamais être ennemie de la simplicité, traque la simplification excessive.

Je dirais enfin que la Disruption se veut facteur de croissance. Elle doit être vue comme une méthode simple dont l'objectif est de vendre plus sous la même marque. En un mot, elle permet de faire plus avec moins. De donner plus de sens, plus de substance à ce qui existe. D'atteindre des chiffres de vente plus élevés parce que, grâce à elle, la marque ou l'entreprise a su se rendre plus attractive. On l'a vu dans les chapitres qui composent ce livre, la Disruption génère de la croissance. Après la dernière fièvre des fusions et acquisitions, les responsables d'entreprise doivent répondre à un besoin de plus en plus marqué de croissance naturelle. De croissance organique, la seule croissance vraie, tout bien considéré. Plus facile à dire qu'à faire : n'importe quelle entreprise peut grossir de 2, 3, 5 %, mais comment viser les 10 % sans croissance externe ? Cela requiert discipline et imagination. Je pense que la Disruption conjugue les deux.

Les deux à la fois

Centralisées ou décentralisées, spécialisées ou généralistes... Les entreprises sont aujourd'hui censées se définir, d'un côté ou de l'autre. C'est aussi le cas dans nos métiers. Une agence de publicité sera perçue comme plutôt stratégique ou plutôt créative, pas les deux. Il nous faudrait choisir. Comme si nous ne pouvions pas être, alternativement ou simultanément, l'un et l'autre. Ce type de fausse alternative, plutôt oppressant, me ramène à la « Tyrannie du Ou », évoquée en introduction. Sur ce point, je dirais : le plus souvent possible, il faut choisir de ne pas choisir.

Beaucoup d'annonceurs voient leur réseau de publicité comme un réseau de distribution. Un assemblage de tuyaux destiné à faire circuler à travers le monde une idée conçue centralement. Pour faire bonne mesure, ils envelopperont celle-ci d'un peu de « local flavor », d'une touche d'exotisme, mais sans conviction. Sans voir que la résurgence du « local » se manifeste partout. Oublieux du fait que toute marque, a fortiori quand elle est mondiale, doit se soucier de s'intégrer au tissu social des pays où elle est implantée. Or, l'uniformité – autre effet pervers de la sur-simplification – ne permet pas de se faire entendre de tous, sans compter qu'elle ne pousse pas à l'inventivité.

En somme, les réseaux comme le nôtre doivent organiser les différences. Puis tenter de créer des convergences. La tâche est complexe mais réalisable à condition, là encore, de ne pas se contenter des vieilles formules. Et d'admettre que l'on peut être une chose et son contraire. Global et local.

Cette fausse opposition global/local apparaît clairement dans la façon dont sont perçus les grands réseaux publicitaires : l'idée communément admise voudrait qu'il y ait, d'un côté, les réseaux historiques très centralisés et, de l'autre, des réseaux plus récents, comme le nôtre, qui ne représenteraient que des fédérations peu structurées. Comme si on ne pouvait être que trop ou pas assez centralisé. Là encore, l'alternative est simpliste. On peut trouver dans un réseau un grand nombre d'agences locales fortes, créées par des entrepreneurs qui en gardent les rênes. Ce sont les agences de la première génération, mais qui se trouvent unies par des méthodes et un langage aussi structurés que Disruption et Connections. La force de ce qui vient du centre permet la diversité au plan local. Mieux, plus le concept central est rassembleur, plus les diversités culturelles peuvent être prises en compte.

Convergences

De nombreux instituts de par le monde ont pour mission de décoder les tendances du futur. Leurs analyses offrent, entre autres, un cadre à la réflexion marketing et font le plus souvent appel à la sociologie. Je voudrais pointer ici trois tendances empruntées au domaine commercial plus qu'à l'étude sociologique. Trois évolutions qui, me semble-t-il, vont structurer la pensée marketing et inspirer la réflexion publicitaire des prochaines années. Il s'agit d'une triple convergence : la marque et l'entreprise se superposent, le luxe et la consommation de masse se rejoignent, la publicité et les relations publiques se conjuguent.

Au siècle dernier, les produits se sont donné des marques. Pour être reconnus. Peu à peu, les marques ont en quelque sorte « dépassé » les produits, et ont su s'associer des valeurs propres. Par un glissement de sens, on est passé de la performance produit à la signification de la marque. Aujourd'hui, une étape de plus se dessine, celle où l'entreprise ne peut plus se cacher derrière les marques qu'elle défend et les produits qu'elle commercialise.

Avec l'exemple de McDonald's, on a pu mesurer combien il est illusoire de croire que l'on peut dissocier la marque de l'entreprise. On assiste de plus en plus à un télescopage, je dirais même une compression des trois niveaux : produit, marque, corporate. Et c'est de la gestion de leur interaction que naîtra le marketing contemporain.

Le discours institutionnel se situe sur un registre éloigné du langage commercial, le but étant l'enrichissement de la marque à long terme. Pourtant il m'apparaît que de nombreuses campagnes corporate construisent des ventes ou du trafic à court terme. Il est devenu vain de dissocier long terme et court terme, discours institutionnel ou discours de marque. Tout va ensemble, se télescope, se décuple. À trop mettre les programmes marketing dans les boîtes, on a manqué des opportunités. Des occasions de fécondations mutuelles.

Deuxième convergence : celle du luxe et de la consommation de masse. À la recherche du volume, les marques de luxe se démocratisent. À la recherche de marge, les marques grand public tendent à monter en gamme. Deux modes de marketing se rejoignent : le marketing multidimensionnel, complexe, aux facettes et manifestations multiples des marques de prestige, et le marketing simplificateur et univoque des marchés de masse. À ceux-ci, les marques de luxe empruntent de plus en plus l'idée d'un concept central, d'une architecture plus précise, plus dessinée, moins éclatée. Gucci est plus lisible que Dior. Quant aux marques de grande consommation, elles cherchent à monter en grade. Être le plus cher de sa catégorie n'interdit pas d'être le premier en volume : Ariel et Danone en témoignent.

La recherche de la qualité se manifeste partout. Michelin, Adidas, Nescafé sont tout sauf des marques de luxe, mais chacune à sa façon dit la qualité. Pour revenir à Danone, il est clair que cette entreprise d'envergure mondiale pourrait être à la pointe de cette tendance nouvelle. Quand on a à sa disposition un portefeuille des marques aussi qualitatives que Danone ou Evian, on peut prendre de la hauteur, éviter les stéréotypes et se situer à l'avant-garde de ce qu'on pourrait appeler le « quality marketing ».

Troisième et dernière convergence, celle des relations publiques et de la publicité. Dans son dernier ouvrage, **The Fall of Advertising and the Rise of PR**[1], Al Ries a annoncé prématurément la primauté définitive des relations publiques sur la publicité. L'évolution comparée du chiffre d'affaires des sociétés de relations publiques et des agences de publicité ne lui donne pas vraiment raison. Cela dit, il reste que l'efficacité des plans d'action marketing réside de plus en plus dans la mise en phase de ces deux disciplines. L'une doit créer l'événement, l'autre s'en faire la chambre d'écho.

La campagne de marketing viral pour le lancement de Sony PlayStation II, le plan de communication interne sur les engagements de la SNCF, les grandes messes d'Apple Expo, les dénonciations des blocages de la société Sud Africaine par Nando's... Autant d'événements qui ont précédé les campagnes de publicité. Mieux, ces idées de RP dictèrent le plus souvent les stratégies publicitaires et ont induit la tonalité des messages. Plutôt que de créer l'événement elle-même, la publicité se fait l'écho d'un événement créé dans le monde réel. Le tangible, l'événement, donne plus de poids à l'intangible, la publicité. La publicité devient la conséquence de quelque chose d'autre. Et la créativité réside à imaginer ce « quelque chose », qui n'est pas, ou plus, de la publicité.

Audace

Humaniste éclairé, Benjamin Franklin est une figure appréciée des deux côtés de l'Atlantique. « Il y a bien des manières de ne pas réussir, mais la plus sûre est de ne jamais prendre de risques », ironisait-il. On imagine mal que le grand homme ait inventé le paratonnerre ou participé à la Guerre d'Indépendance contre la Couronne britannique sans s'exposer, un peu, personnellement. Le même Franklin observait que l'humanité se divise en trois groupes : ceux qui ne peuvent pas bouger, ceux qui peuvent mais ne le veulent pas, et ceux qui bougent. Sous-entendu : à ces derniers, les audacieux, gloire et succès.

Dans toute guerre de position, celui qui ne bouge pas est condamné à terme. L'image vaut pour les entreprises et les marques. Pour elles, la régression commence quand elles se mettent à inventer des raisons de ne pas agir. Les marques qui ne veulent pas évoluer ni se mettre continuellement en question se mettent rapidement hors-jeu par rapport à leur époque. Toutes doivent se dessiner un futur, tout en sachant que celui-ci ne pourra jamais être anticipé avec certitude, mais tout juste imaginé.

Ceci nous a amenés à un processus de pensée qui nous tient à distance du changement progressif ou à la marge pour, à la place, favoriser une pensée en rupture. Et permettre le saut dans le futur, le saut dans l'inconnu.

C'est ainsi que l'on crée des marques audacieuses. Pensez à Apple, Ikea et Sony. Pensez à Nordstrom, Southwest et Starbucks. Ces marques ont adopté des visions courageuses. Elles ne se satisfont jamais de moins. Elles se projettent en avant et, de ce fait, vont bien au-delà des frontières de leur propre marché. Elles se battent pour s'emparer d'une part plus large du futur.

Faites de même avec la marque dont vous avez la charge. Cherchez à l'emmener plus loin. Au-delà de ce qui est attendu ou connu. Ne sacrifiez pas l'audace à la raison, la bravoure à la rigueur.

Soyez courageux. Vous n'avez pas le choix.

Par ordre d'apparition

David Hackworthy, directeur exécutif du planning, New York

Ian Leslie, planneur stratégique senior, New York

John Hunt, coprésident et directeur de la création, Afrique du Sud

Marie Jameson, directrice du planning stratégique, Johannesburg

Fiona Clancy, planneur stratégique pour le monde, Londres

Tom Carroll, président pour les Amériques, New York

Cindy Scott, directrice du business stratégique, Los Angeles

Anne Charbonneau, directrice du planning stratégique, Paris

Gavin Heron, directeur du planning régional, Hong Kong

Sandip Mahapatra, chef du planning stratégique, Inde

Johan Almquist, directeur général, Stockholm

Anne Qvennerstedt, directeur de création, Stockholm

Albin Gustavson, directeur du planning, Stockholm

Trevor Beattie, président et directeur de la création, Londres

Rob Alexander, planneur stratégique, Londres

Valérie Hénaff, planneur stratégique, Paris

Ugo Ceria, directeur adjoint, directeur du planning, Madrid

Alastair McLean, planneur stratégique senior, Paris

Laurie Coots, directeur du marketing monde, Los Angeles

Heather Albrecht, experte en marketing et formatrice sur le commerce en ligne

Arthur Sadoun, directeur général, Paris

César Croze, directeur des stratégies média et hors média, Paris

Nicolas Bordas, vice-président exécutif, France

Robert Birge, directeur des opérations, New York

Disruption live est un ouvrage collectif

Je souhaite remercier tous ceux qui ont participé à l'écriture de ce livre. Ainsi que tous les collaborateurs de l'agence qui, en pratiquant la Disruption chaque jour, nous ont donné les exemples repris ici.

Je tiens aussi à rendre hommage à tous les grands créatifs de notre réseau qui ont su traduire des stratégies disruptives en grandes campagnes : Lee Clow, Marie-Catherine Dupuy, Trevor Beattie, John Hunt, Chuck McBride, Bela Stamenkovits, Erik Vervroegen, et tous les directeurs de création à travers le monde.

J'aimerais également remercier ceux qui, sans être crédité d'un chapitre en particulier, nourrissent chaque jour, par leur travail, le concept même de la Disruption : Anne Charbonneau, Emmanuelle Guillon, Corinne Malsert, Hervé Brunette, Rod Wright.

Un ouvrage collectif est un projet compliqué à mener pour celui qui a la responsabilité de coordonner l'ensemble. Dans sa version française, **Disruption live** n'est pas une simple traduction de **Beyond Disruption** (paru en mai 2002 aux États-Unis, au Canada et en Grande-Bretagne). C'est une adaptation méticuleusement retravaillée et enrichie de nouveaux chapitres. C'est à Pascal Dupont que nous devons cette version française. Pascal a orchestré la traduction et a assuré la cohérence de l'ensemble de l'ouvrage. Je tiens à lui dire ma gratitude pour l'ampleur du travail accompli.

L'ont accompagné dans cette mission difficile Camille Bonvallet, Sophie Schmierer, David Toto, Guillaume Bich, Astrid de Valon, Jean-Pierre Lentin, Urania Papandoniou, Marie-France Lavarini, Philippe Ghielmetti, Sophie Gellet, Nicolas Riou, Nicole Baldet ainsi que Isabelle Musnik.

Merci également à Doug Jaeger à qui l'on doit la représentation graphique des trois étapes de la Disruption, à Emma Boyce qui a coordonné la version américaine du livre, ainsi qu'à Djazia Boukhelif et à Nicole Cooper.

Enfin, je ne peux terminer sans exprimer ma reconnaissance à Andrew Jaffe qui a initié les « John Wiley Adweek Series » dont **Disruption** a été le premier ouvrage. C'est à Andrew que je dois la publication de **Disruption**, de **Beyond Disruption** et de **Disruption live**.

JMD

www.disruption.com

En voyageant dans ce livre, vous avez perçu le potentiel offert par la Disruption, pour faire émerger la vision de votre entreprise. En tout cas, nous l'espérons.

Nous aimerions que vous nous rejoigniez pour poursuivre le dialogue sur Disruption.com. Cette communauté interactive est le lieu où vous pourrez en savoir plus sur les cas développés dans le livre, plus quelques histoires de disruption totalement inédites. Vous pourrez mieux connaître les outils et les pratiques les plus utiles. Plus important, vous pouvez vous-même devenir un acteur de l'histoire en participant aux forums en cours ou aux groupes de discussion. Nous espérons que vous visiterez souvent notre site et qu'il vous plaira.

Notes

Introduction

1. Jean-Marie Dru, Disruption, Village Mondial, 1997.
2. James Collins et Jerry Porras, Bâties pour durer, First, 1995.

Chapitre 1

1. Julian Martin, Admap, mai 2000.

Chapitre 3

1. La réponse est S. UDTQCS sont les initiales de 123456 écrit en lettres. On complète la liste en ajoutant 7, donc S.
2. Le mot AU apparaît deux fois.
3. Faites l'exercice littéralement et enlevez SIXLETTRES, il restera BANANE.

Chapitre 6

1. Ng Aik Kwang, Why Asians Are Less Creative Than Westerners, Pearson Education Asia, 2001.

Chapitre 11

1. Seth Godin, Permission Marketing, Maxima, 2000.

Chapitre 12

1. Alexandre Koyré, Études d'histoire de la pensée philosophique, Gallimard, 1981.
2. Albert Einstein et Léopold Infeld, L'Évolution des idées en physique, Champs Flammarion, 1990.
3. Jean Baudrillard, La Pensée radicale, Sens et Tonka, 2001.
4. Thomas Samuel Kuhn, La Structure des révolutions scientifiques, Champs Flammarion, 1990.
5. Ibid.
6. Pierre Bourdieu et Loïc J.D. Wacqant, Pour une anthropologie réflexive, Le Seuil, 1992.
7. Gilles Lipovetsky, L'Empire de l'éphémère, Gallimard, 1997.

Chapitre 14

1. David Maister, The Trusted Advisor, Simon & Schuster, 2000.

Conclusion

1. Al Ries et Laura Ries, The Fall of Advertising and the Rise of PR, HarperBusiness, 2002.

Index

Crédits photographiques

Pages 16 et 17 :
Apple : « The Apple logo is a trademark of Apple Computer, Inc. »
Photo de Muhammad Ali : « Magnum ».
Pages 37 et 192 :
« Copyright, Nissan (2002). Nissan and the Nissan logo are registered trademarks of Nissan. »
Page 82 :
Office du tourisme des Seychelles. TBWA\HUNT\LASCARIS. Photo : Mike Lewis.
Page 92 :
Échauffement : « Courtesy of Roger von Oech, Creative Think, Menlo, CA. »
Page 97 :
Apple : « The Apple logo is a trademark of Apple Computer, Inc. »
Page 122 :
Photo de Buzz Aldrin : « NASA ».
Pages 150 et 155 :
SBAB : TBWA\Stockholm pour la banque SBAB.
Pages 156 et 162 :
Campagne du Parti travailliste : « Photography: Matthew Murray. »
Page 168 :
PlayStation le cintre : TBWA\Paris pour PlayStation : « Le cintre », photo : Jo Magrean.
Page 173 :
McDonald's (l'arche) : « Les marques McDonald's et Golden Arches sont la propriété exclusive de McDonald's Corporation et déposées en tant que telle. »
Page 177 :
Bic Softwin. Photo : Bruno Comtesse.

Achevé d'imprimer en France par I.M.E.
25110 Baume-les-Dames
N° impression : 16167
janvier 2003